自分でできる
# マインドフルネス
安らぎへと導かれる8週間のプログラム

## Mindfulness
A Practical Guide to Finding Peace in a Frantic World

［著］
マーク・ウィリアムズ
Mark Williams
ダニー・ペンマン
Danny Penman
［監訳］
佐渡充洋
大野　裕

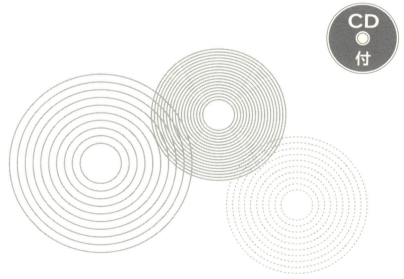

CD付

創元社

Mindfulness: A Practical Guide to Finding Peace in a Frantic World
by Mark Williams
Danny Penman
Copyright©Professor Mark Williams and Dr Danny Penman 2011
Foreword by Jon Kabat-Zinn 2011
Japanese translation ©2016 by Sogensha
Japanese translation rights arranged with
Curtis Brown Group Ltd.
through Japan UNI Agency, Inc., Tokyo
All Rights Reserved.

本書の日本語版翻訳権は、株式会社創元社がこれを保有する。本書の一部あるいは全部について
いかなる形においても出版社の許可なくこれを使用・転載することを禁止する。

**監訳者まえがき**

　本書は、マインドフルネスについて、理論的背景を明らかにしながら、具体的な実践方法をわかりやすく解説している点で画期的ですし、立場を問わず、多くの方々の役に立つ内容になっています。
　中でも、この本を通して、マインドフルなこころの状態になって現実と考えとは違うということを感じ取ることや、マインドフルなこころの状態が思いやりや気遣いに満ちているということを知ることができたのは、私にとっても大きな収穫でした。
　現実と考えが違うというのは、認知療法・認知行動療法の中核的な考え方です。逆に言えば、私たちは、自分で考えたことがいかにも現実であるかのように思い込むために、悩みから抜け出せなくなっています。自分をむやみに責めたり、周囲から認められず孤立しているように感じたり、将来に対して絶望感を抱いたりするのは、極端な考えに縛られているからです。
　もちろん、自分に責任があったり、周囲との関係がうまくいっていなかったり、今後良くないことが起きたりする可能性はありますが、そうに違いないと考えるのは行きすぎ、つまりマインドレスな状態です。そうしたときに自分の思い込みから距離をとって、現実を見つめなおすためにマインドフルネスのアプローチがとても役に立ちます。
　実は、認知療法の創始者のアーロン・ベックもその初期からマインドフルネスの考え方には関心をもっていて、ダライ・ラマと会談していますし、仏教と認知療法についての論文を書いています（『ベックの認知療法』明石書店）。認知療法というと知的な作業をする治療法のように思われがちです。しかし、決してそうではなく、自分の考えから距離をとって、見つめなおし、思い込みから自由になるアプローチで、その点ではマインドフルネスを基礎としていると言うことができます。
　こうした視点は、本書で指摘されているマインドフルネスのもう一つの特徴、思いやりや気遣いともつながってきます。本書で丁寧に議論されているように、マインドフルな状態になると、私たちは周囲に対しても、そして自

分自身に対しても思いやりの気持ちをもって接することができるようになります。逆に言えば、悩んでいる状態は、思い込みに縛られて自分に気遣いができなくなっている状態です。マインドフルネスのアプローチを使ってそうした思い込みの状態から抜け出すことができれば、自分を思いやりながら自分らしく生きていくことができるようになってきます。

　このようにマインドフルネスにはこころを健康にする大きな力が含まれていますが、これも本書に書いてあるように、すぐに身につくものではありませんし、こころは常に揺れ動いています。そうした中でマインドフルネスを最大限活用できる手立てが書かれている本書を手に、読者の方々がご自分らしい生き方をしていけるようになることを願っています。

2016年5月

大野　裕

## 謝　辞

　多くの人々の助けがなければ、この本が出版されることはありませんでした。カーティス・ブラウン社のシェイラ・クロウリー、ピアトゥクス社のアン・ローレンスとそのチームに、心から感謝を申し上げます。

　マークは、ウェルカム・トラストにも感謝いたします。ウェルカム・トラストには、マインドフルネスへの理解を深めていくための研究に多大な財政的な支援をいただきました。またそれのみならず、この研究結果を学術界の外へ広めていくことへの支援もいただきました。

　また、このプロジェクトを支えてくれた多くの個人の方々にも感謝の意を表したいと思います。グィネヴィア・ウェブスター、ゲリー・バーン、そしてオックスフォードのバウンダリー・ブルック・トレーニングセンターの参加者の方々。オックスフォード・マインドフルネスセンター（このセンターはジェフリー・バンフォードによって設立されました）のキャサリン・クレーン、ダニエル・ダガン、トーシュテン・バーンホファー、メラニー・フェンネル、ウェンディ・スウィフトをはじめとした人々。この本の初期の草稿について多くの貴重な意見を寄せてくれたメラニー・フェンネル、フィリス・ウィリアムズ。フェリス・バック・ウルバノウスキィ、アントニア・サムバンドゥ、ジョン・ピーコックには多くの智慧を授けてもらいました。マインドフルネス認知療法の共同開発者であり、長年の親しい友人でもあるジョン・ティーズデール、ジンデル・シーガルにも感謝したいと思います。そして、ジョン・カバットジンにも感謝の意を表します。彼は、寛大にも、彼のこの仕事におけるオリジナルのアイデアを共有してくれただけでなく、この気も狂わんばかりの騒々しい世界に、強くも思いやりに満ちた智慧を広めようとする私たちを励まし続けてくれました。

　この本に記されている多くのアイデアや言葉は、マークとジョン・カバットジン、ジンデル・シーガル、ジョン・ティーズデールの20年以上にわたる親密な共同作業がもとになっています。マインドフルネスの初心者や、もう一度マインドフルネスに取り組んでみようと考えている人々に、この本を

通じて、これらのアイデアを共有することを許してくれた彼らの寛容さに心から感謝を申し上げます。

　また、ダニーは、ネストン郡のパットフィールド総合中学校に感謝を申し上げます。この中学校では、勇気と洞察力とをもって、(彼を含む) 手のかかる10代の若者たちのグループに瞑想を教えてくれました。1980年代初頭にあっては、それは革新的な教育手法であり、多くの人たちの人生を変えました。ダニーは、ピッパ・ストールウォーシーにも、彼女の助けと導きに対して特別な感謝を申し上げます。

　そして最後に、それぞれの家族に対して私たちは、はかり知れない感謝の気持ちを伝えたいと思います。中でも、私たちが、この本の執筆に没頭せざるを得なかった間、ずっと愛情深く私たちを支え続けてくれた妻のフィリスとベラには、特に感謝したいと思います。

## ジョン・カバットジンによる序文

　近頃、世の中はマインドフルネスの話題ですっかりもちきりです。これはとても素晴らしいことです。なぜなら私たちは、摑みどころがないけれど、生きていく上で欠かせない大事なものを、すっかり失くしてしまっているからです。もしかすると私たちは、直感的に、心の奥深いところで、何かが足りないこと、そしてその足りない何かが実は私たち自身の中にあるということに気づいているのかもしれません——その足りない何かとは、人生をしっかりと生きる、瞬間瞬間を大事に生きる意思もしくは力なのです——。私たちは、そのように生きるのに値し、そのように生きることができる存在でもあるのです。これは、とても素晴らしい直感、あるいは洞察と言えるものかもしれません。また、それは、とてつもなく重要で、世界さえ変えてしまいかねないものかもしれません。これに取り組む人には、大いなる栄養が与えられ、人生が確かに変わっていくものでもあるのです。

　マインドフルネスというのは、単なる「良いアイデア」といった次元のものではありません。「確かに以前に比べ、今この瞬間にとどまり、価値判断することが減り、あらゆることがうまくいくようになってきている。なぜもっと前からそうできなかったのだろう？」そのような考えが浮かんでくるかもしれませんが、そうした感覚は、そう長く続くものではありません。「より今にとどまり、価値判断することがより少なくなる」というアイデア自体はとても良いものかもしれませんが、ただそのアイデアだけでは、その先に進むことができないのです。

　実際、そのような考え方では、「十分でない」とか「コントロールできない」といった感覚がより強くなってしまいます。マインドフルネスから何かを得ようと思うのであれば、マインドフルネスと具体的に関わっていく必要があるのです。また、マーク・ウィリアムズやダニー・ペンマンが言うように、マインドフルネスをマインドフルネスたらしめるためには、「実践」が必要にもなってきます。実践とは、単なる良いアイデア、巧みなテクニック、一過性の流行といったものではなく、「ありよう」のことを意味します。

実は、マインドフルネスの概念は何千年も前から存在しており、しばしば「仏教における瞑想の核心」として語られてきました。しかし、注意や気づきに関するそのエッセンスは、何も仏教に限定されたものではなく、普遍的に通じるものなのです。

　マインドフルネスの実践は、健康、幸福感、喜びに強い影響を与えます。この本でも示されていますが、科学的、医学的な根拠がそのことを証明しています。しかし、マインドフルネスは単なる「良いアイデア」といったものではなく、実践そのものであるため、それを涵養していくには、時間とともに広がり深まっていくプロセスが必要になります。自分自身にしっかりとコミットすれば、とても多くのものを手にすることができるでしょう。ここで言う「コミット」とは、ある程度頑張り抜くことや鍛錬することを意味しますが、同時に楽しさを感じたり、安らぎや軽妙さを瞬間瞬間、できる限り感じることも必要になります。それは優しさや、自分に対する思いやりに満ちた態度でもあります。

　あらゆるマインドフルネスのトレーニングや実践には、この軽妙さと堅実で誠意のある関わりとが共存しているという共通の特徴があるのです。

　マインドフルネスを探求する際には、適切な案内役がいることがとても重要です。なぜなら、その道はきわめて険しいものだからです。満たされた感覚、精神的なバランス、幸福感、そして人生が統合された感覚などは言うに及ばず、究極的には、人生そのものの質、他者やあなたが生きる世界との関わり方までもが、危険にさらされることだってあるのです。経験豊かなマーク・ウィリアムズとダニー・ペンマンの手の中で、二人のガイドとしっかりと作り上げたプログラムに身を委ねてみるのがよいでしょう。プログラムは、あなたの心と身体、そして人生とが開かれていく感覚を観察できる構造・構成になっています。また、何が起きてもそれに対応できるよう、体系的で信頼のおけるアプローチがとられています。このプログラムはしっかりとした科学的根拠に基づいて構成されています。このプログラムはマインドフルネスストレス低減法（mindfulness-based stress reduction: MBSR）やマインドフルネス認知療法（mindfulness-based cognitive therapy: MBCT）のカリキュラムがベースになっており、首尾一貫し、人々を惹きつける、常識にかなった8週間のプログラムにまとめられています。このプログラムは、どんどんペースが早まっ

ていくこの騒々しい世界で、自身の身体と精神の健康を気づかう人々のために作られたものです。

　私は、このプログラムの中でも「習慣を手放す」と呼ばれる、習慣を打ち壊す、単純ですが本質的な数々の提案が特に気に入っています。なぜなら、私たちが最も気づきにくい自分の思考や行動のパターンを明らかにしてくれるからです。そうしたパターンに、私たち自身が気づいていないため、そのパターンのせいで私たちは、小さな檻に閉じ込められてしまうことになっているのです。

　また、これはとても重要なことですが、この本のガイドに身を委ねるということは、実は同時に自分自身に身を委ねることにもなっています。というのも、はじめのうちは少々不自然に感じても、しっかりと彼らのガイドにしたがい、さまざまなフォーマル、インフォーマルな実践や「習慣を手放す」に取り組み、それらに注意を注ぎ、自分や他者に対して優しさと思いやりをもって接しはじめることで、自分に何が起きるのかを観察することにつながっていくからです。こうしたコミットの仕方は、究極的には、自分を信用し、信頼するための最も基本的な行為となるのです。

　この本で提供されるプログラムと共に歩を進めていくことは、まさに生涯にわたって続く、とても素晴らしい機会になることでしょう。また、「人生」を取り戻し、その味方となって、瞬間、瞬間、瞬間、人生を存分に生きるとても良い機会となるのです。

　マーク・ウィリアムズは、私の同僚であり、共著もある長年にわたる私の良き友人でもあります。彼はマインドフルネスの分野における世界的な第一線の研究者の一人であり、マインドフルネスを発展させ、世の中に普及させたパイオニアでもあります。彼はジョン・ティーズデールやジンデル・シーガルらと共にマインドフルネス認知療法（MBCT）を開発しました。数多くの研究結果から、MBCTが、うつ病患者の再発リスクを劇的に低下させ、彼らの人生に大きな変化をもたらすことが分かっています。さらに彼は、オックスフォード大学のマインドフルネスセンター、またそれ以前には、北ウェールズのバンガー大学内に設立されたマインドフルネス研究・実践センターの創設者でもあります。どちらもマインドフルネス的介入の研究および臨床実践における最前線の機関です。そして今回、マークは、ジャーナリストのダ

ニー・ペンマンと共に、マインドフルネスとそれを育むための大変実践的で実用的なこのガイドをまとめたのです。このプログラムに取り組むことで、また、「あるがままの尊い人生」とより思慮深く、より充実した関係を築けるようになるための探求の旅へと導かれることで、あなたに大きな恵みが訪れることを心より祈っています。

# 日本語版序文

　ここ数年のマインドフルネスへの関心の高まりは、驚くほどのものです。世界中の数百万の人々が、古来の伝統的な智慧へと導かれています。なぜこのようなことが起きているのでしょうか。

　人々は、決して騒々しい世の中に安らぎを求めるマインドフルネスの「概念」に触発されたのではありません。これらの安らぎや静寂が、日々育むことのできる「実践」にあることに触発されたのです。マインドフルネスという言葉は「気づき」――あなたが行っていることをあるがまま、瞬間瞬間、はっきりと、価値判断することなく、感謝の気持ちをもって知ること――を意味します。定期的な瞑想の実践を通じてマインドフルネスを育んでいくことで、人生が変化し、安らぎがもたらされ、より多くの時間が生まれ、そして多忙さが緩和されていくのです。

　西洋におけるマインドフルネスの実践は、1979年のジョン・カバットジンによるマサチューセッツ大学メディカルセンターでの取り組みから始まりました。彼は、慢性症状を抱える患者が、8週間毎週実施される、マインドフルネスストレス低減法（mindfulness-based stress reduction: MBSR）に参加できるように、クリニックを立ち上げました（現在は、マインドフルネスセンター〔Center for Mindfulness in Medicine, Healthcare and Society〕と呼ばれています）。彼らが実施した研究から、MBSRは、ストレスの軽減、痛みへの対処、生活の質の改善に非常に大きな効果があることが分かっています。

　1990年代初頭、ジンデル・シーガル、マーク・ウィリアムズ、ジョン・ティーズデールは、MBSRを精神保健領域で活用できるように改変し、これをマインドフルネス認知療法（mindfulness-based cognitive therapy: MBCT）と命名しました。このプログラムは、うつ病の再発を防ぐことを目的にデザインされたプログラムです。世界中の研究結果から、8週間のMBCTプログラムが、うつ病の再発リスクの最も高い人々のそれを低下させ、さらにその効果が、少なくとも抗うつ薬と同等であることが分かっています。

　ダニー・ペンマンと私の共著である本書は、痛みやうつ病といった医学的

な症状をもつ人々から、忙しさと疲弊にさいなまれる生活の渦中で安らぎと静寂を求め続ける人々まで、マインドフルネスの適用範囲を広げています。

　なぜそのようなことが必要だったのでしょうか。それは、「現実がこうあって欲しい」と私たちが望むこと自体、実は私たちが日々体験する苦悩の根本的な原因となっているからなのです。もし、ある体験が心地良いものであれば、私たちはそれが続くことを望みます。そして、それが続かなければ失望してしまうのです。逆に、ある体験が不快なものであれば、それが終わることを望みます。そしてそれが終わらない場合、それがいつまで続くのか、それが終わらなければどうなってしまうのかと心配しはじめるのです。あらゆることを、「こうあるべきだ」という自分の考えに一致させようとすると、疲弊してしまうことになりかねません。そして、考えることにとらわれる、すなわち「頭の中で生きる」ことで、本当の世界に触れることを失ってしまうのです。

　「現実がこうあって欲しい」と願い続けていると、私たちの人生は貧しいものになってしまいます。また、私たちが幸福かどうかは、現実が私たちの望みどおりになっているかどうかだけに依存することになってしまいます。そして、現実に対応することの柔軟さが失われていってしまうのです。このような心の癖にはっきりと気づき、知らず知らずのうちにこうした罠に引き込まれてしまう事象が多くあることを認識して初めて、その罠から抜け出し、そうした力から自由になれるのです。

　何世紀にもわたって日本で涵養されてきた伝統と智慧が、解放への道の核心である「マインドフルネスの気づきの実践」として生き続けてきたことに、私たち西洋の人々は感謝をしています。ですから、この本が日本の読者に届けられることに、特別な喜びを感じています。二人の著者を代表して、心からご挨拶申し上げます。マインドフルネスの実践が、瞬間瞬間、そして一日一日、皆様の人生を育んでくれることを祈っています。

マーク・ウィリアムズ<br>
オックスフォード大学臨床心理学名誉教授

❖ 目　次

　　　　監訳者まえがき　　大野　裕　iii
　　　　謝　辞　v
　　　　ジョン・カバットジンによる序文　vii
　　　　日本語版序文　xi

第1章　無駄な努力　2
　　　慌ただしい世の中に安らぎを見つける ……………………………… 8
　　　幸せは待っている ……………………………………………………… 13

第2章　なぜ自分を責めるのか　15
　　　苦しむ心 ………………………………………………………………… 18
　　　悪循環から脱出する …………………………………………………… 29

第3章　自分の人生に目覚める　31
　　　「することモード」と「あることモード」の7つの特徴 ………… 34
　　　意識的なギアシフト …………………………………………………… 42
　　　マインドフルネス瞑想が幸福感へおよぼす影響 …………………… 44
　　　マインドフルネスとレジリエンス …………………………………… 50

第4章　8週間のマインドフルネスプログラムへの導入　54
　　　習慣を手放す …………………………………………………………… 58
　　　瞑想のための時間と場所の確保 ……………………………………… 59

第5章　第1週　「自動操縦」への目覚め　64
　　　小さな果実の大きなメッセージ ……………………………………… 72
　　　身体と呼吸のマインドフルネス瞑想 ………………………………… 76
　　　蝶のように飛び回る心 ………………………………………………… 82
　　　習慣を手放す …………………………………………………………… 84

## 第6章　第2週　マインドフルに身体を感じる　85

- 復習 ......................................................................................... 89
- ボディスキャン ...................................................................... 89
- 習慣を手放す：散歩に出かける ......................................... 99

## 第7章　第3週　迷路の中のネズミ　103

- 積み重ねと洗練 ................................................................... 106
- マインドフルネスを日常生活に織り込む ....................... 108
- さまよう心に辛抱強く付き合う ....................................... 116
- 3分間呼吸空間法 ................................................................ 117
- 習慣を手放す：テレビの習慣を見なおす ....................... 121

## 第8章　第4週　噂をのりこえる　123

- 噂にさらされる ................................................................... 128
- 音と思考の瞑想 ................................................................... 129
- 思考と気分の観察 ............................................................... 133
- 3分間呼吸空間法 ................................................................ 138
- 習慣を手放す：映画館に行く ........................................... 143

## 第9章　第5週　困難と向き合う　145

- 受容へのヒント ................................................................... 152
- 何も変わっていないように感じるときもあるけれど…… ... 159
- 呼吸空間法：毎日の生活に学んだことを生かす ........... 162
- 習慣を手放す：種をまく（または植物を育てる） ....... 163
- そして、その後エラナは？ ............................................... 164

## 第10章　第6週　過去にとらわれたままでいるか、今を生きるか　165

- でもそれが難しいかもしれません…… ............................ 179
- 実践における優しさ ........................................................... 183
- ネガティブな思考に対して呼吸空間を広げる ............... 185

習慣を手放す ………………………………………………………………… 185
　　アインシュタインの才能と智慧 …………………………………………… 187

第11章　第7週　ダンスをやめたのはいつ？　189
　　遊ばずに仕事だけ？ ………………………………………………………… 194
　　ダンスをもう一度 …………………………………………………………… 196
　　ストレスと疲弊に圧倒されるとき──マリッサが気づいたこと ……… 209

第12章　第8週　あるがままの尊い人生　211
　　慌ただしい世界で安らぎを見つけること ………………………………… 214
　　選択する ……………………………………………………………………… 219

　　注　223
　　資　料　231
　　索　引　234
　　監訳者あとがきにかえて──"科学の扉"から入るマインドフルネス　佐渡充洋　241

[エクササイズ一覧]
- チョコレート瞑想　52
- レーズン瞑想　69
- 身体と呼吸のマインドフルネス（トラック1）　78
- ボディスキャン瞑想（トラック2）　91
- 今、この瞬間に感謝する　100
- マインドフルな動きの瞑想（トラック3）　110
- 呼吸と身体の瞑想（トラック4）　115
- 3分間呼吸空間法（トラック8）　119
- 音と思考の瞑想（トラック5）　131
- 激しい行列の際の瞑想法　139
- 困難を探索する瞑想（トラック6）　154
- 現実の出来事の記憶　169
- 思いやりの瞑想（トラック7）　176

[付属CD収録内容]
1. 瞑想1　身体と呼吸のマインドフルネス
2. 瞑想2　ボディスキャン瞑想
3. 瞑想3　マインドフルな動きの瞑想
4. 瞑想4　呼吸と身体の瞑想
5. 瞑想5　音と思考の瞑想
6. 瞑想6　困難を探索する瞑想
7. 瞑想7　思いやりの瞑想
8. 瞑想8　3分間呼吸空間法

（日本語吹き替え　トラック1・5・6：佐渡充洋、
　トラック2・7：朴順禮、トラック3・4・8：藤澤大介）

## 自分でできるマインドフルネス
安らぎへと導かれる8週間のプログラム

# 第1章
# 無駄な努力
Chasing Your Tail

　ベッドに横になったのに、いろいろな考えが頭を駆け巡り、なかなか寝つけなかったことはないでしょうか。少しでも眠るため、心をなんとか鎮めよう、冷静さを取り戻そうとあらゆることを試します。しかし、何をやってもうまくいきません。考えないようにすればするほど、かえって頭から離れないのです。心配しないように言い聞かせても、今度は、別の考えごとが次々と浮かんできます。気持ちを落ち着かせようと、枕を整え、寝返りを打ってみても、しばらくするとまた考えはじめてしまうのです。夜が更けるにつれ、体力はどんどん奪われ、身体がボロボロになってくるようです。そして、目覚まし時計が鳴る頃には、すっかり疲れ果て、気分も冴えず、悲惨な状態になってしまうのです。

　次の日は、今度は逆の問題に悩まされます。しっかり起きていたいのに、あくびが止まらないのです。一応働いてはいるものの、心ここにあらずで、まったく集中できません。目は赤く充血し、腫れぼったくなっています。身体全体が痛み、心はまるで空っぽです。机の上に積まれた書類の束を見つめながら、何か魔法でも起きて、気づいたら仕事が終わっている、そんなことでも起きないだろうかと、ありえない期待をしてしまいます。会議では、なんとか目は開けているものの、まともな発言などできるわけがありません。まるで、人生が崩れ落ちていってしまうかのようです。不安やストレスはさらに増し、そして疲れ果てていくのです。

　この本は、慌ただしい世の中で、いかにして心の安らぎ、充足感を見いだすことができるのか、そのことについて書かれた本です。いやむしろ、それらを「再発見」する方法について書かれた本と言えるかもしれません。なぜなら、どんなにストレスを感じたり、心がかき乱されていると感じたとして

も、私たちの心の奥底には、安らぎや満ち足りた気持ちを感じる源が眠っていて、この慌ただしく、そして冷酷な生活スタイルが作り上げた檻の中から解放されるのを待っているからです。

　私たちやその仲間たちは、オックスフォード大学、そして世界中のさまざまな機関で、不安やストレス、うつについて30年以上研究してくる中で、この仮説が正しいと考えるようになってきました。これらの研究から、どうすれば幸福感を維持できるのか、どのようにすれば不安やストレス、疲弊、そして重度のうつにうまく対処できるのかといったことが明らかになってきました。それは、あなたの心の奥深くに根づき、人生への本当の愛を深めてくれる、ある種の幸福感、安らぎといったものなのです。それは、あなたが行うあらゆることに染みわたり、そしてそのおかげで、人生で起きうる最悪の出来事に対しても上手に対処できるようになるのです。

　このことは、遠い昔にはよく知られたことでしたし、それが今なお根づいている文化圏もあります。しかし、西洋社会では、多くの人々は、素敵で喜びに満ちた存在として人生を送るすべを忘れてしまったかのようにさえ見えます。私たちは、幸せになろうと一生懸命努力していますが、その結果、皮肉にも人生の最も大事なものを失ってしまい、求めていたはずの安らぎさえ壊してしまっているかのようです。

　本当の幸せ、安らぎ、充足感は一体どこにあるのでしょうか。そして、どうすればそれを自分たちの手に取り戻すことができるのでしょうか。私たちがこの本を執筆したのは、そのことを伝えるためです。この本には、不安やストレス、不幸せな気分、疲弊などから少しずつ解放されていくための方法が記されています。私たちは、決して永遠の幸せを約束したりはしません。誰にでもつらく大変な時期というのはありますし、その時に、そうでないかのように振る舞うことはあまりにうぶで、危険でさえあります。だからといって、つらい出来事と不毛な格闘を続けて日々の生活が蝕まれてしまうのも妥当ではないでしょう。そうではなく、何か別の方法でこうしたことに対処することが必要ですし、そしてそれは可能なのです。

　本書と付属のCDには、日々の生活の中で簡単に実践できるエクササイズが多く収められています。それらは、マインドフルネス認知療法（MBCT）に基づいたものです。MBCTはアメリカのマサチューセッツ大学メディカ

ルセンターのジョン・カバットジンの熱意ある取り組みである、マインドフルネスストレス低減法から生まれてきたものです。MBCTは、この本の共著者であるマーク・ウィリアムズ教授と、ケンブリッジ大学のジョン・ティーズデール、トロント大学のジンデル・シーガルによって開発されたものであり、何度もうつ病をくり返している患者が、その病気を克服するのを助けることを目的に考案されたものです。臨床試験の結果から、何度もうつ病をくり返している患者の再発のリスクを下げることが分かっており、MBCTが有効な介入法であることが示されています。少なくとも、抗うつ薬と同じくらいの効果があり、副作用は特に認められていません。効果が高いことが明らかになったため、英国国立医療技術評価機構（National Institute for Health and Clinical Excellence: NICE）の臨床ガイドラインでは、適切な治療法の一つとして推奨されています。

　MBCTのテクニックは、西洋では最近までほとんど知られていなかった瞑想の形態を取り入れています。マインドフルネス瞑想は、美しいほどにシンプルで、私たちに本来宿っている「生きていることへの喜び」を呼び覚ましてくれます。それそのものにも大きな意味がありますが、さらには、ふだん感じる程度の不安、ストレス、悲しみなどが連鎖して、遷延化する不幸せな気分や疲弊 ── もしくは、さらに深刻なうつ病へと発展してしまうことも防いでくれるのです。

## ［1分間瞑想法］

1. 背もたれのまっすぐな椅子に背筋を伸ばして座ります。可能なら、背骨が身体を支えていることが分かるように、背もたれから背中を少し離します。床の上に足を水平に置きます。目を閉じるか、薄く目を開けた状態を保ちます。
2. 呼吸に注意を向け、身体の中に空気が入ってきて、そして出ていくのを感じます。息を吸うとき、息を吐くとき、毎回感覚が異なることに注意を向け続けます。何か特別なことが起きることを期待するのでなく、ただ呼吸を観察します。呼吸の仕方を特に変える必要はありません。

3. しばらくすると、心がさまよいはじめるかもしれません。もしそれに気づいたら、自分を責めることなく、ゆっくりと注意を呼吸に戻します —— 心がさまよったことに気づき、自分を責めることなく注意を呼吸に戻すことこそが、マインドフルネス瞑想の実践のエッセンスです。
4. 最後には、静かな池のように心が穏やかになるかもしれませんし、ならないかもしれません。もし完全な静けさを感じたとしても、それは過ぎ去っていくものです。もし怒りや憤りを感じたとしても、それもまた過ぎ去っていくものです。何が起きても、ただそれをあるがままにしておきます。
5. 1分が経過したら、そっと目を開け、もといた場所へと意識を戻します。

　典型的な瞑想では、空気が入ってきたり、出ていったりするのに気づけるように呼吸に十分な注意を向けます（上記「1分間瞑想法」を参照）。一つひとつの呼吸にこのように注意を向けることで、浮かんでくる考えを観察し、そしてそれを少しずつ手放せるようになっていきます。そして、考えは自然にやってきて、そして流れ去っていくこと、あなたの考えは、あくまで考えでしかないのであって、決してあなた自身ではないことに気づいていくようになります。ちょうどシャボン玉が浮かんで壊れていってしまうように、考えもまた、空の中に浮かんできて、そして消えていくシャボン玉と同じようなものであることに気づくかもしれません。そして、考えや気分（不快なものも含めて）というものは、一時的で移ろいゆくものにすぎないことにはっきりと気づけるようになります。ただ、やってきて、立ち去っていく、そしてそれらに反応するかしないかも、私たち自身が決められることなのです。
　マインドフルネスとは、批判することなく観察すること、すなわち、自分自身に思いやりを向けることを意味します。不幸なことが起きたり、ストレスにさらされたときに、まともにそれを受けてしまうのではなく、まるで空に浮かぶ黒い雲が過ぎ去っていくのを、そっと、しかし好奇心をもって眺めるように対処できるようになることでもあります。本質的には、マインドフ

ルになることで、負のスパイラルに陥ってしまう前に、自分に否定的な考えが浮かんできていることに気づけるようになります。そうすることで、自分自身をコントロールできる状況を取り戻せるのです。

マインドフルネスを継続することで、気分や幸福感の度合い、満ち足りた感覚といったものが徐々に変わっていきます。これまでの科学的研究の結果から、マインドフルネスは、ただうつ病の再発を防ぐだけでなく、日々の不安やストレス、落ち込み、いらだちのもととなる脳のパターンをうまく改善させるため、こういった問題により上手に対処できるようになることが明らかになっています。その他の研究でも、日々瞑想をしている人は、医者にかかる頻度が少なく、病院の入院期間も短いことが明らかになっています。また、記憶力も良くなり、創造性が増し、そして反応速度も速くなることも分かっています（下記「マインドフルネス瞑想の効果」を参照）。

[ マインドフルネス瞑想の効果 ]

数々の心理学的研究から、習慣的に瞑想を行っている人は、ふつうの人よりも幸福であり、より満たされていることが明らかになっています[1]。医学的な見地からも、これらはとても重要な結果です。なぜなら、ポジティブな気分は健康に長く生きるためにとても重要だからです[2]。

- 不安、落ち込み、イライラなどは、瞑想の継続によって低下します[3]。記憶力は改善し、反応速度は速くなり、精神的、身体的スタミナが増します[4]。
- 習慣的に瞑想を行っている人は、より良好で、満足度の高い対人関係を維持しています[5]。
- 世界各国で行われた研究から、瞑想が高血圧など慢性的なストレスの重要な指標を改善させることが分かっています[6]。
- 慢性疼痛[7]やがん[8]といった、より重大な疾患の症状を和らげるのに効果的であること、薬物、アルコール依存症[9]の症状を緩和するのに効果があることも分かっています。
- また、これまでの研究から、瞑想が免疫機能を高め、風邪やその他の

疾患への抵抗力を高めることも分かっています[*10]。

　このように、瞑想のさまざまな効果が明らかになっていますが、それでもまだ多くの人が「瞑想」という言葉に、何らかの警戒心をもつかもしれません。ですから、先に進む前に、瞑想に関する誤解を解くことから始めてみたいと思います。

- 瞑想は宗教ではありません。マインドフルネスとは、メンタルトレーニングの一つの技法にすぎません。瞑想を実践している人の多くは信仰心をもっていますが、一方で、無神論者、不可知論者の多くも瞑想を実践しています。
- 雑誌やテレビで見るように、床にあぐらをかく必要はありません。もちろん、そのようにしたい場合は、そうしてもらって構いません。私たちのクラスに来られる人のほとんどは椅子に座って瞑想をします。しかし、マインドフルネスによる気づきの実践は、何をしているときでも —— たとえば、飛行機や電車に乗っているとき、もしくは歩いて仕事に向かっているときなどでも —— 行うことができるのです。どのようなところであっても、何らかの瞑想を行うことができるのです。
- マインドフルネスの実践には、辛抱強さや根気強さが多少必要になりますが、それほど多くの時間が必要というわけではありません。多くの人は、瞑想をすることで時間のプレッシャーから解放されることにすぐに気づくようになります。ですので、他のことをするための時間をもてるようになるのです。
- 瞑想は複雑なものではありませんし、「成功」や「失敗」といったこととも関係ありません。たとえ瞑想を難しく感じるときであっても、心の動きについて貴重な何かを学ぶことになるでしょうし、そしてそれはとても意義深いことなのです。
- 瞑想は、何もあなたの心の感覚を鈍くさせたり、職業上の重要なキャリアや人生のゴールをあきらめさせるものではありません。ましてや、人生に対して、無理に底抜けに明るい楽天家のような態度をとらせるものでもあ

りません。また、受け入れがたいことを無理に受け入れさせようとするものでもありません。瞑想とは、現実をより明晰に捉えようとする試みのことであり、そうすることで、何かを変える必要のあることに対して、より賢明でより妥当な行動をとれるようになるのです。瞑想によってあなたは、深遠で思いやりに満ちた気づきを育むことができ、そしてそれによって、自分自身のゴールを評価し、あなた自身が最も大事にする価値を実現するための最適な方法を見つけることができるのです。

## 慌ただしい世の中に安らぎを見つける

　この本を読んでいる間、あなたが欲しがっていた心の安らぎや幸せといったものがなぜこうも逃げていってしまうのか、自分自身に何度も問いかけることになるでしょう。なぜ人生は、こうも忙しさや不安やストレス、そして疲弊に満ちあふれているのでしょうか。この問いに私たちは何年も悩まされてきましたが、とうとう科学がその答えを見つけたのです。そして、皮肉にもその答えの底流にある原理は、古くから知られていることでした。それらは不滅の真理だったのです。

　私たちの気分は、自然に良くなったり悪くなったりするものです。心とはそういうものです。しかし、ある特定の考え方のパターンをしていると、生き生きとした気分や満ち足りた気分を感じる時間が短くなり、代わりに不安やストレスを感じる時間が長くなってしまうのです。悲しさや怒り、不安といったものをほんの少し感じただけなのに、それが、一日中、いやもっと長い期間にわたって続く「悪い気分」にとって代わってしまうのです。最近の科学によると、これらのごくふつうの感情の波が、長い間継続する幸せでない気分、強い不安、そして落ち込みへとつながっていくことが分かっています。しかし、こうした知見は、以下のように、より幸せで、良い意味で「自分中心」の人間になるための道筋も示しており、その点において、より重要な知見なのです。

- ちょっとした悲しみや不安、いらだちを感じたとき、ダメージを受けてしまうのは、気分そのもののせいではなく、その気分へのあなたの反応の仕方が原因です。

- いやな気分や不幸な感覚から逃れようとして、なぜ不幸せな気分なのだろうか、どうすればよいのだろうかと考えれば考えるほど、しばしば状況が悪くなってしまいます。これはちょうど蟻地獄のようでもあります。つまり、逃れようともがけばもがくほど、深く沈み込んでいってしまうのです。

　心がどのように働くのかが分かると、私たちがなぜ日々不幸せな気分やストレスやイライラに悩まされているのかが、よく分かるようになります。

　ちょっとした不幸せな気分を感じはじめたとき、その気分をどこかに追いやってしまおうとするのは自然なことです。なぜ不幸せな気分になっているのかを突き止めて、その解決策を見つけようとします。しかし、その過程で、過去に起きた出来事に対する後悔が蒸し返され、将来への不安が膨らむことになります。そして、さらに気分が落ち込んでしまうのです。きっと気分を改善させる方法が見つからずにいやな気分になるまでにそう長い時間はかからないでしょう。そして、すべての人の内面にある「自分への批判」の声がささやきはじめるのです。「この失敗はおまえ自身のせいだ。どんなに大変でも、もっと頑張るべきだ」と。そして、あなたの最も深遠で思慮深い部分がどこかへ飛んでいってしまうのを感じはじめ、鳴りやまない自己批判の嵐にさらされるのです。「理想に届かない自分の失敗だ」「なりたい自分になれていない自分の過ちだ」。

　こういった気分の「蟻地獄」に陥ってしまうのは、私たちの心が、記憶と密接に結びついているからです。私たちの心は、今の感情の状態と一致する記憶を常に探しています。たとえば、あなたが何か恐怖を感じたときには、心は、過去に危険にさらされたときの記憶を瞬時に引っ張り出してきます。そうすることで、過去と現在の状況の類似点を見つけだし、その時と同じようにその状況から逃げ出す方法を見つけられるからです。この作業は瞬時に行われます。あまりに瞬時なので、そのような作業が行われていることに気づくことさえ困難です。これは、人類が長年の進化の過程で磨き上げてきた基本的な生存スキルなのです。とてつもなく強力なスキルで、それを止めることはほとんど不可能です。

　不幸せな気分や不安やストレスについても同じことが言えます。ちょっとした不幸せな気分を時折感じるのは、ごくふつうのことですが、時として、

些細な悲しい考えがきっかけとなって、連鎖的に過去の不幸な記憶やつらい気分、そして厳しい自己批判が思い出され続けてしまうことがあります。そうするとまもなく、「私の何が間違っていたのだろう」「私の人生はメチャクチャだ」「役立たずだとバレてしまったら、どうなってしまうのだろう」といった自分を責めるような否定的な考えがすべてを覆いつくしてしまうようなことが、何時間も、何日も続いてしまうのです。

　このような自分を攻撃する考えは信じられないくらい強力で、いったん弾みがついてしまうと、その流れを止めることはほとんど不可能です。たった一つの考えや気分が、次の考えや気分を引き起こし、そしてまた次の……といった具合です。最初に浮かんだ考えがすぐに消え去ったとしても、似たような悲しさ、不安、恐怖が次々に浮かんできて、悲嘆の網に絡め取られてしまうのです。

　これは何も驚くようなことではありません。なぜなら、状況というものは、私たちの記憶にとても大きく影響するからです。数年前、心理学者が面白いことを発見しました。海深くまで潜るダイバーは、浜辺で覚えた単語を海に潜ってしまうと忘れてしまうのですが、再び浜辺に上がると思い出すというのです。また、まったく逆のことも同じように起きました。海の中で覚えた単語は、浜辺では思い出しにくくなっていたのです。このことから、海や浜辺という状況が記憶と非常に強く結びついていることが分かります[*11]。

　同じようなプロセスが、あなたの心の中でも起きているのです。子どもの頃、休暇で訪れた思い出の場所に、再び訪れたことはないでしょうか。おそらく、訪れる前は薄ぼんやりとした記憶しかないはずです。しかし、ひとたびその場所を訪れて、道を歩き、景色を眺め、音や匂いに触れると、さまざまな当時の記憶が押し寄せるようにあふれ返ってくるはずです。過去の記憶を思い返して、心躍るかもしれませんし、懐かしさを感じるかもしれません。もしかすると、恋に落ちるような感覚すら感じるかもしれません。その状況に戻ることで、関連する記憶が呼び起こされてくるのです。しかし、そのように記憶を呼び起こすきっかけになるものは、何も場所だけではありません。歌を聴いていて、感情を伴う記憶がよみがえってきたことはないでしょうか。花の香りや焼きたてのパンの匂いで同じようなことを経験したことはないでしょうか。

　昔、休暇で行った場所への訪問や、大好きな音色と同じように、私たちの

気分は、私たちの内にある状況として、とても強力に作用するのです。ほんのちょっとした悲しみ、フラストレーション、不安といったものが、望むと望まざるとにかかわらず、心をかき乱すような記憶を呼び起こしてくるのです。そして、やがて憂うつな考えと、否定的な気分にさいなまれることになるのです。しかも、たいていの場合、こういった考えや気分が、どこから来るのかさっぱり分かりません。まるで突然どこからか降って湧いてきたかのように感じられるのです。なぜだかよく分からないのに、機嫌が悪くなり、いらだちを覚え、あるいは悲しい気分になります。そして、あなたは困惑するのです。「なんでこんなに気分がすぐれないのだろう？　なんで今日はこんなに気分が悪く、すごく気だるく感じるのだろう？」

　つらい記憶、自分を責める考えなどが呼び起こされること自体を止めることは困難です。しかし、次に起きることは止めることができます。つらい記憶や否定的な考えがもとになって、否定的な考えが次々に引き起こされてしまうことは止めることができるのです。あなたを不幸せな気分や不安やストレスやイライラや疲弊といった状況に引きずり込んでしまう破壊的な感情の連鎖は止めることができるのです。

　マインドフルネス瞑想をすることで、つらい記憶や考えが浮かんできたとき、そのことに気づくようになります。そして、それらが記憶にすぎないということ、プロパガンダのようなものであり、現実ではなく、あなた自身でもないということを思い出させてくれます。否定的な考えが浮かんできたとき、それらをただ観察し、そのままにしておいて、目の前から消えてなくなっていくのをただ眺めている、そんなことができるようになるのです。そして、それができるようになると、不思議なことが起きてきます。幸せや安らぎが空っぽの空間を満たしていくような、そんな奥深い感覚を感じるのです。

　このようなことが起きるのは、マインドフルネス瞑想が、私たちの心と外界との関わり方を変化させるからです。ほとんどの人は、心の「分析する」側面のことしか意識していません。解決策を探している間、過去の記憶をたどりながら、思考したり、判断したり、計画したり、答えを探し求めたりするその過程です。しかし、心は実は「気づいている」のです。私たちが、何かをただ「考える」だけでなく、考えていることにもまた気づいている存在であることを。私たちが外界を認識するのに何も言葉はいらないのです。た

だその感覚から直接それを感じ取ることができるのです。鳥のさえずりやきれいな花の香り、そして愛する人の微笑みをそのまま感じ取るのと同じように、さまざまなこともそのまま感じ取ることができるのです。そして、頭で知るだけでなく心でもそれを知ることができるのです。考えるという行為だけが、意識的な体験というわけではないのです。心は、思考よりもずっと大きなものなのです。

　瞑想することで、心はより研ぎすまされます。さまざまなことを純粋で寛大な気づきをもって見ることができるようになります。それは、考えや気分が浮かんできたときに、そこからその考えや気分を眺めることができる小さな穴のようなものでもあるのです。そして、何かが起きたときに、私たちがそれにすぐに反応してしまうのを防いでくれます。また、私たちの内面—— それは生来、幸福感と安らぎに包まれたものであるのですが ——が、もはや、困難に直面することで粉々になってしまった心のノイズによってかき消されてしまうことがなくなるのです。

　マインドフルネス瞑想をすることで、私たちは、自分自身に対して、より辛抱強く、より思いやりをもち、より開かれた心と穏やかな根気強さを育むことができます。そして、こうした特性は、科学がこれまで示してきたとおり、悲しみやさまざまな困難な出来事を解決すべき問題として扱わなくても大丈夫だということを思い出させてくれ、私たちが不安、ストレス、そして不幸せな気分に引きずり込まれないように手助けしてくれるのです。私たちは、こうした問題を解決「できない」ことを悪く思う必要はないのです。実際、それが最も賢いやり方であることがしばしばあるのです。それは、困難な状況を解決しようとする私たちの習慣的なやり方では、問題が悪化することがしばしばあるからです。

　マインドフルネスは、問題を解決したいという脳の願いそのものをなくすものではありません。単に、それを解決するために最善の選択をするための時間と空間を与えてくれるにすぎません。情緒的に扱うのがよい問題もあります。そのようなときは、最も良いと「感じる」解決策を選びます。論理的に打破すべき問題もあります。また直感的に独創的に扱うのがベストな問題もたくさんあります。そうかと思えば、今はそのままにしておくのがよいものもあるのです。

## 幸せは待っている

　マインドフルネスは二つの部分から成り立っています。最も重要な部分は、マインドフルネス瞑想プログラムそのものです。これは、シンプルな毎日の瞑想の継続のことです。自宅の静かな場所でこれを実施するのが最も効果的であると感じるかもしれませんが、ほとんどどこでも実施することは可能です。3分程度ですむものもあります。20〜30分程度かかるものもあります。

　また、マインドフルネスは、満ち足りた人生を送るのを妨げてしまっているあなたの無意識の思考や行動の癖のいくつかを打ち破ってくれるかもしれません。判断を下したり自分を責めるような考えは、習慣化している考え方や行動の中から生まれてくるものです。いつものルーチンをいくつかやめることで、否定的な思考パターンが次第に解消されて、よりマインドフルに、そして「気づき」をもてるようになるのです。生き方をほんの少し変えるだけで、これほど多くの幸せや喜びを得られることに驚くかもしれません。

　習慣を手放すというのは、なにも難しいことではありません。会議のときに同じ椅子に座らないとか、しばらくテレビを消しておくとか、通勤経路を変えてみるとかといったことです。植物の種をまき、それが育つのを観察するとか、友人のペットを数日間世話するとか、地元の映画館で映画を見るとか、そういったことかもしれません。そのようなシンプルなことを毎日の短い瞑想と一緒に行うことで、あなたの人生はもっと喜びにあふれ、満たされたものになるのです。

　このプログラムは、期間を長くしても短くしてもかまいません。しかし、ここで推奨されているように8週間実施するのがベストです。もちろん、あなたに合わせて柔軟に実施してよいのですが、その潜在的な効果を最大限に得るためには、実践の時間が必要だということは覚えておいてください。だからこそ、このプログラムは「実践」と呼ばれるのです。

　この本は、あなたがこのコースに沿って進んでいけるようにつくられています。そして、このコースを進んでいけば、あなたはきっと、この慌ただしい世の中に安らぎを見つけはじめることができるでしょう。

　プログラムを今すぐ始めたいということであれば、まず第4章から

始めることをおすすめします。どのように、そしてなぜ私たちが否定的な思考や行動の罠にはまってしまうのか、そして、マインドフルネスがどのようにそこから解放してくれるのか、それを明らかにする新しい科学的知見についてもっと知りたいということであれば、第2章、第3章を読むことが役に立つでしょう。これらの章を読むことで、なぜマインドフルネスがそれほどまでにパワフルなのか、本当に深いレベルで理解していただけると思います。これらの章は、あなたが大きく前進するのを助けてくれますし、「チョコレート瞑想」を試してみることも可能です。プログラムを今すぐに始められない理由はないはずですが、もしも今始めることに不安があるようなら、第2章と第3章を読み進めてみてください。

　付属のCDには、8つの瞑想が収録されています。本を読み進めるうち、それぞれの瞑想の箇所にさしかかったら、それを読み、そしてCDのガイダンスにしたがって瞑想することをおすすめします。

# 第2章
# なぜ自分を責めるのか
Why Do We Attack Ourselves?

　ルーシーは中心街の洋服チェーン店のバイヤーで、表向きには成功していました。しかし、彼女は仕事に行きづまっていました。午後3時頃、ストレスで疲弊困憊し、とてもみじめな気持ちで窓の外の木をじっと見つめながら座っていました。

　　なぜこのプロジェクトをうまく進められないのかしら。いつもだったらこんな計算、すぐにできるのに。なぜ決められないの？　私の何が間違っているの？　すごく疲れたわ。まともに考えることもできないなんて……。

　ルーシーは1時間以上、このような自己批判的な考えで自分自身を責め続けていました。その直前、娘のエミリーがその日の朝、ルーシーがいつもより早く家を出るときに泣いていたため、そのことが心配になり、幼稚園の先生と長時間話したところでした。また、その後すぐに、今度は配管工に電話をして、なぜ家の故障したトイレを見てもらえなかったのかを尋ねたところでした。今、彼女はパソコンの表計算をじっと眺めながら、エネルギーが尽きるのを感じ、昼食の代わりにチョコレートマフィンをつまんでいたのです。
　自分の人生に求める水準と現状とのギャップに対する不満は、この数か月で着実に大きくなっていました。仕事は以前よりストレスでいっぱいになり、通常の就業時間を超えて長くなりはじめていました。夜は眠れなくなり、そのため、日中の眠気が強くなりました。身体の節々が痛み、生活の中に楽しみを見いだすのが難しくなっていたのです。なんとかもちこたえようとすることで精一杯でした。こんなふうに感じたことは、昔、大学生のとき、試験前

などに経験したことはありました。しかし、それはあくまで一過性のものでした。こんな状態がこんなにも長く続いたことはこれまでありませんでした。

彼女はくり返し自問し続けました。「私の人生は、どうなってしまったのだろう？　なぜ私はこんなに燃え尽きているの？　私は幸せであるはず。私は幸せだったのに、そのすべてはどこに行ってしまったの？」

ルーシーは極度の疲労状態にあり、生活全般にわたって不幸せな気分、不満、ストレスを感じる日々を過ごしています。彼女は精神的、身体的なエネルギーを失っていて、だんだんコントロールがきかないと感じはじめていました。彼女は必死に幸せと安らぎを求めています。しかし、どうすれば、それが得られるのかが分からないでいるのです。彼女の不幸せな気分や不満は医者に行くほど重篤ではありませんが、多くの人生の喜びを失わせるには十分なものでした。彼女は心から「生きている」というより、ただ「存在している」だけになっていたのです。

ルーシーの話は決して珍しいものではありません。医学的にうつ病や不安障害と診断されるほどではないものの、心からの幸せを感じられない人は、とてもたくさんいます。彼女もそういった人たちの中の一人なのです。私たちの気分やエネルギーといったものは、時として上がったり、下がったりするものですが、こういった気分の変化は、しばしば突然起こります。ある時には、人生がうまくいっていなくても幸せを感じたり、空想にふけったり、満足を感じたり、無関心であったりします。しかしある時、微妙な変化が起こるのです。その変化に気づくより早く、私たちはちょっとしたストレスを感じはじめるのです。あまりに多くのことをしなくてはならないのに時間がなく、さらに、しなくてはいけないことのペースはますます早くなっているように感じられます。疲れを感じ、夜よく寝たはずなのに気力が回復していないと感じます。そして立ち止まり、どのようにしてこのストレスが起こったのだろうか？と考えるのです。生活に影響するような何か大きな変化はないかもしれません。友達をなくしたわけではありませんし、突然背負いきれないような借金を背負う羽目になったわけでもありません。何も変わっていないのです。しかし、どういうわけか喜びが人生から消えてしまい、その代わりに、漠然とした苦悩や無情感に覆われてしまうのです。

たいていの人は、ほとんどの場合、これらの下向きのスパイラルからさっ

と抜け出してしまいます。そのような状態は通常さっと過ぎ去ってしまうのです。しかし、時々、憂うつで気落ちした状態が数日続くことがあります。あるいは、ルーシーのケースのように、明確な理由がないのに、これらの症状が数週間、数か月持続することもあるのです。重症なケースでは、医療的な対応が必要なほどの不安もしくはうつ症状を呈することもあります（下記「不幸せな気分、ストレス、そしてうつ病」を参照）。

[ 不幸せな気分、ストレス、そしてうつ病 ]

　うつ病は現代社会に莫大な損失をもたらしています。今後、人口の10％近くの人々が医学的な意味でのうつ病になると予測されています。事態は悪くなっているようです。世界保健機関[*1]は、うつ病が2020年までに世界的に二番目に大きい疾病負荷を社会にもたらす疾患になると予測しています。うつ病は10年以内に、心臓病、関節炎、さまざまな種類のがんよりも、個人と社会に大きな負担を負わせることになるでしょう。

　かつてうつ病は、中年後期の疾病でしたが、現在では、たいていの人は20代半ばに最初のエピソードを経験します。また、かなり多くの人が10代のときに最初の落ち込みを経験しています[*2]。15〜39％程度の患者では、うつ病の症状が1年以上継続します。また約五分の一の患者は「慢性」うつ病の定義にもあるように、2年あるいはそれ以上、うつ病に罹患したままです[*3]。しかし、最も恐ろしいことは、うつ病がくり返す傾向にあるということです。もしあなたが一度うつになったら、完全に回復したとしても、再発の可能性が50％あるのです。

　うつ病は社会に莫大な損失をもたらすかもしれませんが、慢性的な不安もまた、とても大きな問題になってきています。1950年代であれば「医療が必要である」と判断されるレベルの不安が、現代の子どもや若い人たちにとってはごくふつうのレベルの不安になってしまっています[*4]。この数十年のうちに、幸福感や充足感よりも、不幸せな気分、うつ、不安を感じることのほうが、人々にとってごくふつうの状態になっていると考えたとしても、あながち無茶なことでもないのかもしれません。

苦悩や疲弊といったものは、しばしば、どこからともなく訪れるように思われますが、心の奥深いところで起きる基本的なプロセスにしたがって引き起こされています。このプロセスは、1990年代から2000年代はじめにかけて明らかになってきました。この理解に基づくと、私たちは悩みの「外に出る」ことで、不幸せな気分、不安、ストレス、疲弊、そしてうつから自由になれるということが分かってきたのです。

## 苦しむ心

　ルーシーに、コンピュータを見つめていたとき、どのように感じていたかと尋ねたら、彼女は「ものすごく疲れていた」あるいは「緊張していた」と答えるでしょう。一見、これらの感覚は事実を明確に表しているように見えます。しかし、彼女がもう少し内面をよく見たとしたら、「疲労」や「緊張」といった一言でラベルづけされるようなものだけではなかったことを実感するでしょう。これらの情緒は、実際には思考、生の感情、身体感覚、衝動（叫びたいという欲求や部屋から飛び出したいという欲求のようなもの）が「束」になったものなのです。これが情緒というものです。情緒というのは、思考、感情、衝動、身体感覚といったものがすべて融合して、全体的なテーマや心の状態が生まれてくるときの背景色のようなものです（図「何が情緒を作っているか？」を参照）。情緒をつくり上げるさまざまな要素は、すべて互いに対立関係にあり、全体的な気分を強める（あるいは弱める）ことがあります。そこには緻密な相互作用がたくさんあり、そして驚くほど複雑なしくみをしているのです。私たちはまだこのしくみについて理解しはじめたばかりです。

　思考を例に挙げてみましょう。数十年前に、思考が私たちの気分や感情を引き起こすことが分かってきました。しかし、1980年代以降、その逆のプロセス、つまり気分が私たちの思考を決めることも明らかになってきたのです。このことについて少し考えてみましょう。あなたの気分はあなたの思考を決めます。つまり、ほんの少しだけ感じた悲しみが、あなたがどのように世界を眺めたり解釈したりするかに影響し、さらに不快な思考を生み出す源になるということです。どんよりした空を見ると、とても憂うつな気分になるように、瞬間的に生じた悲しい気分が、動揺させる思考や記憶を思い起こ

させ、さらに沈んだ気分にさせることがあるのです。他の気分や情緒についても同様です。ストレスを感じたら、そのストレス自体がさらなるストレスの源になるのです。不安や恐怖、怒り、あるいは愛情や幸福感、思いやりや共感のような「ポジティブ」な感情についても同じことが言えるのです。

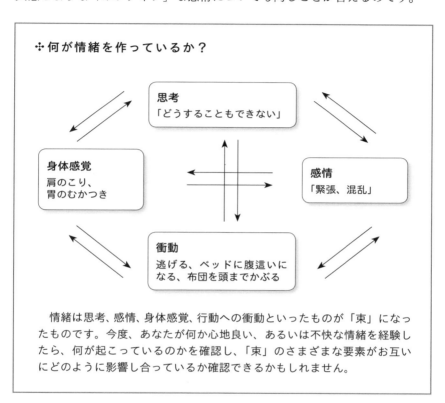

情緒は思考、感情、身体感覚、行動への衝動といったものが「束」になったものです。今度、あなたが何か心地良い、あるいは不快な情緒を経験したら、何が起こっているのかを確認し、「束」のさまざまな要素がお互いにどのように影響し合っているか確認できるかもしれません。

しかし、思考と気分だけが互いに作用し合って、満ち足りた感覚が損なわれるのではありません。身体もまた関係しています。というのも、心は独立して存在するわけではなく、身体の基本的な一部であり、心と身体は互いに情緒的な情報をたえず共有しているからです。実際に、身体が感じていることの多くは私たちの思考や情緒に彩られていますし、私たちが考えることはすべて、身体に生じていることから情報を得ています。このプロセスは、非常に多くの情報のやりとりがされる複雑なプロセスですが、研究の結果から、

私たちの人生に対する見方は身体のごく小さな変化によって変わりうることが示されています。顔をしかめる、笑顔をつくる、あるいは姿勢を変えるなどのわずかな変化が、気分や心に浮かぶ思考に驚くべき影響を与えることがあるのです（下記「うつ的な気分、うつ的な身体」を参照）。

[ うつ的な気分、うつ的な身体 ]

　気分の落ち込みが身体に、たとえば動き方といったようなものに、どのような影響を与えるかご存知でしょうか。

　ボーフムのルール大学の心理学者、ヨハネス・ミシャラク[*5]らは、モーションキャプチャを使って、うつの人とそうでない人とで、歩き方にどのような違いがあるかを調べました。実験室にうつの人とそうでない人を集め、自由に歩くよう依頼しました。身体に40個以上の小さな反射マーカーをつけて歩いてもらい、歩行者の動きを3Dで記録したのです。

　その結果、うつの参加者は腕を動かさずに、よりゆっくりと歩き、上半身は大きく上下させない代わりに、左右に揺れるように歩くことが分かりました。最終的に、うつの人は前かがみ、前傾姿勢で歩くことが分かったのです。

　このような前かがみの姿勢になるのは、うつ状態だからというだけではありません。あなたが肩を前かがみにして頭を下げた姿勢で数分間座った後、どのように感じるか注意を向けてみてください。もし気分が悪くなっているのを感じたら、肩の上にある頭と首のバランスをとって顔を上げた姿勢に座りなおして、この実験を終えるとよいかもしれません。

　このフィードバックがいかに強力であるかを検証するために、フリッツ・ストラック、レオナルド・マーティン、サビン・ステッパー[*6]は、あるグループに漫画を見せて、どれぐらい面白いか評価するように依頼しました。グループのうちの何人かは唇の間にペンを挟み、唇をすぼめてしかめ面になって漫画を見るように指示されました。他の人は歯の間にペンを挟み、笑顔をつく

りながら漫画を見るように指示されました。結果は予測どおり、笑顔をつくるように指示された人は、顔をしかめるように指示された人よりも、有意に漫画を面白いと評価したのです。幸せなとき、人は笑顔になります。しかし、驚きかもしれませんが、笑顔になることで幸せな気分にもなるのです。これは心と身体のつながりがいかに強いものであるかを示す、非常に分かりやすい例です。笑顔はまた、人に広がりやすいものでもあります。誰かが笑いかけたのを見たら、あなたは否応なく微笑み返すでしょう。それを避けることはできないはずです。つまり、たとえ指示されたものであったとしても、笑顔になれば幸せな気分になるし、また、もしあなたが笑顔になれば、他の人はあなたに笑顔を返すことになり、その笑顔がまたあなたを幸せにする、という好循環が生まれるのです。

　しかし、反対に同じような悪循環もあります。私たちは脅威を認識すると、緊張し、闘うあるいは逃げる準備をします。これは「闘争－逃走」反応と呼ばれるもので、意識化されないものです。脳の最も「原始的な」部分の一つによってコントロールされており、すぐに危険を認識するために、単純化された反応になっているのです。実際に、このプロセスは虎のような外的な脅威と、悩ましい記憶や将来の心配といった内的な脅威とを区別しません。どちらの脅威に対しても、闘うか逃げるかの反応を必要とするものだと判断するのです。脅威が認識されたとき、現実のものか想像上のものかにかかわらず、身体は緊張し、行動に備えます。これは、しかめ面、胃のむかつき、肩の緊張、血の気が引くなどの身体反応として現れます。心が身体の緊張を感じ、これは脅威であると解釈するのです（しかめ面がどのようにあなたを悲しい気分にさせるかを覚えているでしょう）。そして、身体をさらに緊張させる……。こうして悪循環が始まるのです。

　実際、あなたがほんの少しのストレスや傷つきを感じることで、情緒のわずかな変化が引き起こされ、結果としてあなたの一日が台なしになったり、長期間にわたって、不満や心配な気分に陥ってしまうこともあるでしょう。そのような変化はしばしば突然訪れるのです。エネルギーが枯渇し、あなたは、なぜ私はこんなに不幸せなの？と自問することになるでしょう。

　ジャーナリストのオリバー・バークマンは、このスパイラルを自ら体験しました。彼はイギリスの『ガーディアン』という新聞のコラムに、小さな身

体感覚がどのようにストレスの源となり、情緒のスパイラルを引き起こしていくかということについて、記事にしています。

　　私は自分のことを、基本的に幸せな人間だと思っています。ですが、突然襲ってくる不幸せな気分や不安な気分に苦しむことがしばしばあります。本当に気分が良くない日には、私は自分の人生の何かを大きく変えなければならないのではないかと考えながら、不安だらけの中、だらだらと何時間も動かずに過ごしてしまうのです。昼食を食べ忘れていたことに気づくのは、大体そんな時です。そして、ツナのサンドウィッチを一つ食べてしまえば、そんな気分は去っていってしまうのです。しかし、最初に「おなかが空いているから気分が悪いのだろうか」という疑問が頭に浮かんでくることはないのです。私の脳は、近くのカフェに行くように指示するのではなく、最終的な人間の存在価値のなさについて深く考え、苦悩することを選ぶのです。

　もちろん、オリバー・バークマンも「不安だらけでだらだら過ごす」時間のほとんどは、すぐに過ぎ去ってしまうことを理解しています。たとえば、友達が電話をかけてきて元気づけてくれるとか、映画を見て、その後ホットチョコレートを一杯もって早めにベッドに入るといったようなことがきっかけで、気分は晴れるのです。私たちは、ほとんどいつも、人生の不運な出来事に翻弄されていますが、こういった偶発的な出来事がバランスを取り戻してくれるのです。しかし、いつもこのようにうまくいくわけではありません。私たちの記憶は思考、感情、衝動、究極的には身体にも強く影響するので、私たちのこれまでの経験の重みが、情緒のスコールを引き起こしたりするのです。

　ルーシーの場合を考えてみましょう。彼女は自分自身を「うまくやれている」とか「おおむね成功している」と評価していますが、実際には、人生から基本的な何かが欠落してしまっていることを自覚しています。彼女は、自分が望んだもののほとんどを成し遂げてきたので、それでも幸せでないこと、満足していないこと、安らぎをもてないことについて困惑しているのです。まるでそう唱えれば不幸せな気分から逃げられるかのように、「私は幸せで

あるはず」といつも自分自身に言い聞かせています。

　ルーシーの不幸は、彼女が10代のときに始まりました。彼女の両親はルーシーが17歳のときに離婚し、家は売りに出されました。両親はそれぞれ、かろうじて住めるようなアパートに引っ越すことを余儀なくされました。彼女自身や家族も驚くことに、それでも、ルーシーはこの状況を耐え忍んだのです。もちろん、彼女は当初両親の離婚に途方に暮れていました。しかし、すぐに学校で頑張ることで気を紛らわすことを学び、そのことが彼女の救いになったのです。良い成績をおさめ、大学へ進学し、優秀な成績で卒業しました。そして、国際的な洋服チェーンのバイヤーの研修生として最初の仕事に就けたことに、彼女自身改めて驚いたのです。そして、バイヤーのチームのマネージャーになるまでの間、20代のほとんどを昇進の階段をのぼるために費やしました。

　仕事は次第にルーシーの生活の中心となり、彼女自身のための時間はますます少なくなりました。このような変化はゆっくりと起きたことなので、彼女は自分の人生が過ぎ去りはじめたことにほとんど気がつきませんでした。もちろん、トムと結婚したことや二人の娘に恵まれたことなど、人生の絶頂期もあり、彼女は彼らをとても愛していました。しかし、それでもまだ、人生はどこか他人に起きる出来事のようだという感覚を完全に振り払うことができませんでした。彼女は「濃縮されたシロップの中」をゆっくり歩いているようだったと私たちに話してくれました。

　この「濃縮されたシロップ」というのは、現在の忙しさやストレスを表すだけでなく、昔からの思考や感情の古いパターンをも表していました。ルーシーは表向きには成功していましたが、心の内側では、しばしば失敗への恐怖がつきまとっていました。そのため、ただの気分の落ち込みにすぎないことを体験したときでさえ、彼女の心は自然と過去に似たように感じたときの記憶を探しはじめ、厳しい「内的な批判」が、彼女に、気分の落ち込みは弱点を示す恥ずべきものだと語るのでした。恐怖のような、あるいは安全を感じられないような曖昧な感情は、現実に生々しく感じた過去の記憶から、大量の痛みに満ちた感情を引き起こしました。そして、それらは、他のネガティブな感情の波を引き起こしながら、人生全体をあっという間に覆ってしまうのでした。表面的には、こうしたさまざまな感情は、互いにほとんど関係な

いように思えます。しかし、ある感情が別の感情を引き起こすというように、まるで星座のように、これらの感情は一つのセットとして訪れるので、互いに結びついているのです。

　ルーシーが語るように、緊張あるいは悲しみといった感情は、それだけが感じられることはまれです。それらは、怒り、いらだち、苦しさ、嫉妬、憎しみといったものと密接に結びついて、不快で突き刺さるような痛みの固まりとして感じられたりします。こういった感情が他者に向けられることもありますが、たとえ自分自身が気づいていない場合でも、しばしば私たち自身に向けられているのです。生涯を通じて、これらの感情の数々は、思考、感情、身体感覚、行動とより密接に結びついていきます。このようにして、過去が現在に非常に大きな影響をおよぼすようになっていくのです。ある感情のスイッチが入ると、うずきや痛みといった身体感覚を伴いながら、さまざまな感情が後に続き、それが引き金となって、習慣的な思考、行動、感情パターンを引き起こします。私たちは意味がないと分かっていながら、それを止めることができないのです。そして感情、思考、行動、身体感覚といったものの間に、大きなネットワークをつくり、どんなわずかな感情の乱れをも捕まえて、それをより激しい嵐へと変えていくのです。

　ネガティブな思考と気分のきっかけがくり返し起こることで、次第に心に溝が掘られていきます。時が経つにしたがい、この溝はどんどん深くなり、ネガティブで自己批判的な思考、気分の落ち込み、あるいはパニック状態が引き起こされやすくなり、さらにそれらを振り払うことがますます難しくなっていくのです。しばらくすると、ちょっとした気分の落ち込みやエネルギーのわずかな低下といった、本来ほとんど取るに足らないものでさえ、気分を持続的に落ち込ませるようになりうるのです。こういった引き金はとても小さなものなので、気づきさえしないかもしれません。さらに悪いことには、ネガティブな思考は、しばしば答えを求める厳しい質問を投げかけるため、あなたは悩んで心をすり減らしてしまうことになるのです。「なぜ私は不幸せな気分なのか？　今日私に何が起こったのか？　どこで私は間違ったのか？　この不幸せな気分はいつ終わるのか？」といった質問に、すぐに反応することを要求してくるのです。

　過去にさかのぼって、さまざまな感情同士の密接な結びつきを知ることで、

なぜ小さなきっかけが気分にとても大きな影響を与えるのかが分かります。時として、まるでスコールが通りすぎるかのように、こういった気分は、来たと思ったらすぐに消えてなくなります。しかし、ある時には、ストレス、疲弊、あるいは気分の落ち込みがずっと残ってしまうこともあります。そのままそこにとどまり、取り除くことができないのです。それはまるで、心のある部分のスイッチが入ってしまい、スイッチを切ることを拒否しているかのようでもあります。それはまるで、ひとたび心のスイッチが入ってしまうと、自動的に最大限の警報が鳴り響き、危機が去って警報が必要でなくなった後なのに、その「スイッチが切れない」、そんなことが起きているかのようなのです。

　動物がどのように危険に対処するか、そしてそれが人間とどのように違うかを比べてみると、そのことがよく分かります。最近テレビで見た大自然のドキュメンタリー番組を思い出してみてください。アフリカのサバンナでヒョウに追われているガゼルの群れのシーンがあったかもしれません。ヒョウがガゼルの1頭を捕まえるか、一日追い回してあきらめるまで、怯えたガゼルたちは狂ったように走り回ります。しかし、いったん危険が過ぎ去ると、ガゼルの群れは、何もなかったかのように、また草を食べはじめるのです。ガゼルがヒョウに気づいたときに発令された警報は、一度危険が過ぎ去るとスイッチが切れてしまうのです。

　しかし人間は、特に、不安、ストレス、心配、いらだちを引き起こす「実体のない」恐怖がやってきたとき、動物とは違った反応をするのです。恐ろしいもの、あるいはストレスになるものがあるとき、それが現実のものか想像上のものかにかかわらず、まず古来の「闘争－逃走」反応が始動します（21ページ参照）。しかし、その後、闘争－逃走反応とは別の反応が起こるのです。なぜこのように感じるのか、説明できる理由を見つけようと、心が記憶を通じて、その候補を探しはじめるのです。もし私たちがストレスや危険を感じたとしたら、心は過去に恐怖を感じたときの記憶を探し出そうとします。そして、もし今自分に起こっていることを過去の記憶で説明できない場合には、この先起こるかもしれない可能性についてシナリオを作り上げるのです。その結果、脳の警報信号は「現在の」脅威だけでなく「過去の」恐怖や、「将来の」不安によっても作動してしまうのです。このような反応は、私たちが

気づく前に、咄嗟に起こっています。日々マインドレスに忙しく過ごしている人、現在にとどまることが難しいと感じて、外界との接触を避けようとする人は、扁桃体（闘争－逃走に関わる脳の原始的な部分）が、常に「警報の感度の高い」状態にあるという新しいエビデンスが、脳イメージング研究からも示されています[*7]。したがって、現在のシナリオだけでなく、それ以外の脅威や喪失を思い出したときでも、私たちの身体の闘争－逃走システムは、その危険が過ぎ去った後でもスイッチが切れないのです。ガゼルとは違って、危険が去った後でも私たちは走ることをやめないのです。

　この反応の仕方では、つかの間のほとんど問題にならないような気分でさえ、永続的で問題のある感情に変わってしまいかねません。要するに、私たちの心は、事態を実際よりはるかに悪化させてしまうことがあるのです。これは、たとえば疲れのような、ごく日常的に体感するさまざまな感情についても当てはまります。

　ここに座ってこの本を読みながら、今あなたの身体にある疲れの感覚に注意を向けられるかどうか、確かめてみてください。しばらくの間、どのように疲れを感じているかということに注意を向けてみてください。一度疲れを心に感じたら、自分にこう問いかけてみてください。「なぜ私は疲れを感じているのか？　何がうまくいかなかったのか？　このように感じている私について、この疲れは何と言っているだろうか？　この疲れを振り払うことができなかったら、何が起こるのだろうか？」

　しばらく、こうした質問すべてについて考えてみてください。あなたの心に質問が渦巻くままにしておいてください。「なぜ？　何がうまくいかないのか？　この疲れは何を意味しているのか？　この後はどうなるのか？　なぜ？」

　どのように感じるでしょうか。さっきより気分は悪くなっているのではないでしょうか。おそらく、ほとんどの人がそうなのではないでしょうか。なぜなら、先ほどの自分への問いかけの背景には、疲れを取り除きたいという欲求があり、疲れている理由やその意味、また疲れを取り除けなかったときに何が起きるのかを理解すれば、疲れを取り除けると考えているからです[*8]。疲れについて説明したい、あるいは疲れを振り払いたいという衝動は、あなたにより疲れを感じさせることでしょう。

このことは不幸せな気分、不安、ストレスを含む人間の感情や情緒にも当てはまります。たとえば、私たちが幸せでないとき、なぜこのように感じているのかを理解しようとしたり、不幸せな気分という「問題」の解決法を探そうとするのは自然なことです。しかし、緊張、不幸せな気分、あるいは疲労は、解決できる「問題」ではありません。それらは感情であって、心や身体の状態を表しているにすぎないのです。それ自体は「解決される」のではなく、ただ「感じられる」ものなのです。あなたがそのような感情をもち、つまり、それらの存在を自覚して、説明したり取り除こうとするのをいったんやめたとしたら、それらは、春の朝の霧のように、自然に消える可能性があるでしょう。

　この一見変わった考え方について説明させてください。なぜ不幸せな気分を取り除こうというあなたの懸命な努力が、期待と反して悲惨な結果を招くのでしょうか。

　あなたが不幸せな気分（あるいは他の「ネガティブな感情」）という「問題」を解決しようとするとき、心の最も強力な手段の一つである、合理的で批判的な思考が展開されます。それはちょうどこんな感じです。あなたはある場所（不幸せな気分）にいて、どこに行きたいか（幸福感）を知っています。心が、この二つの距離を分析し、それを埋める最も良い方法を考え出そうとするのです。このとき、「することモード」を使うのです。このモードは問題解決や物事を行うときにはうまく機能します。「することモード」は、あなたが今いる場所とあなたがいたい場所のギャップを積極的に埋めようとします。問題を細分化し、細分化された問題は、心の中で一つひとつ解決されていきます。そして、その解決策が目標に近づいたかどうか再分析されるのです。これは、しばしば瞬間的に起きているため、私たちはそのプロセスにさえ気づいていません。「することモード」は問題解決のためにはとても強力な手段なのです。街を横切るための道をどのように見つけるか、どのように車を運転するのか、どのように多忙な仕事のスケジュールを調整するか、などの問題を対処するのに、この「することモード」は用いられます。さらに言えば、どのように古代文明人がピラミッドを建設したのか、どのように原始的な帆船で世界を航行したか、といった問題も解決してきたのです。「することモード」は、人類が最も差し迫った問題の多くを解決することを手助けしてくれるのです。

このアプローチを不幸せな気分という「問題」を解決するために用いることは、とても自然なことです。しかし、しばしばそれは、あなたが取りうる手段の中で最も良くない手段でもあるのです。なぜなら、あなたが今どのような状態にあるかということと、どのような状態になりたいか、ということとのギャップに焦点を当てようとするからです。ギャップに焦点を当てると、あなたは、「何が間違っているのか？　どこで間違ったほうに行ってしまったのか？　なぜ私はいつも同じような間違いをするのか？」というような、批判的な質問を自分に投げかけてしまうのです。このような問いかけは、厳しく、自己破壊的であるだけではありません。このギャップが生じている理由を心がきちんと説明することを求めるのです。そして心は、そのような根拠を提供することにかけては本当に素晴らしい能力を発揮するのです。

　ある春の日、美しい公園を散歩しているところを想像してください。あなたは幸せな気持ちでいます。しかし、思い当たる理由もないのに、悲しみが心の中をちらつくのです。それは昼食を抜いたため、空腹が原因で起きたのかもしれません。あるいは、知らず知らずのうちに悩ましい記憶を思い出したからなのかもしれません。しばらくして、少し気分が落ち込むのを感じはじめるかもしれません。落ち込んだ気分に気づくとすぐに、自分に問いかけはじめるのです。「今日は素敵な一日なのに！　こんなに美しい公園なのに！　私は今よりももっと幸せな気分でいるはずなのに、なんで気分がすぐれないのだろう。」

　「今よりももっと幸せな気分でいたいのに！」という考えをしばらく頭の中に思い浮かべてみてください。

　今どのような気分になっているでしょうか。おそらく気分が悪くなっているのではないでしょうか。なぜなら、今どのように「感じている」か、ということと、本当はどのように「感じたい」か、ということのギャップに焦点が当たってしまっているからです。ギャップに焦点を当てることで、そのギャップはよりいっそう際立ちます。そして心は、そのギャップを解決すべき問題とみなすのです。感情の問題をこのアプローチで対処しようとすると、思考、感情、身体感覚が相互に複雑な結びつきをしているために、お互いに刺激し合って抑制されず、とても悲観的な方向に思考が追いやられていくことがあります。そしてあっという間に自分自身の思考の罠に巻き込まれてし

まうのです。そして、じっと考え込みはじめ、「今日は何があったのだろうか？ 幸せであるはずなのに、なぜ私は冷静になることさえできないのだろうか？」というような即答を求める質問を延々と続けてしまうのです。

　あなたはさらに落ち込みます。身体は緊張し、口はゆがんで、落胆しているのを感じるかもしれません。少し身体がうずいたり痛みが出てくるかもしれません。こうした感覚は心にフィードバックされ、脅威や落ち込みをより強く感じることになるかもしれません。もし気分がとても深く沈み込んでしまえば、完全に心が奪われてしまい、ささやかではあるけれど、あなたを元気づけてくれるような美しいことも見逃してしまうようになるでしょう。咲きはじめた水仙や、湖で遊んでいるアヒル、子どもの無邪気な笑顔などを見逃してしまうかもしれないのです。

　もちろん、誰も問題を考え込みすぎることが大事だと思っているわけではありません。考え込みすぎることが得策ではないことは分かっているのです。ただ単に、不幸せな気分の原因について十分に考えれば、最終的には解決策を見つけられるだろうと信じているだけなのです。そして、もうひと踏ん張りだけしてみよう、問題についてもう少しだけ考えてみようとするのです。しかし、実際には、考え込むことで問題解決能力は低下してしまい、情緒的な問題に対処することをより難しくしてしまうことが研究によって示されているのです。

考え込むことは解決策ではなく、問題そのものなのです。
科学的根拠がそれを示しています。

## 悪循環から脱出する

　不幸な記憶やネガティブな独り言、評価的な考えといったきっかけを止めることはできません。しかし、その次に起こることは止めることができるのです。そのきっかけが、悪循環の源とならないようにしたり、ネガティブな思考が次のスパイラルの引き金とならないようにするのです。あなた自身や世界と、違った関わり方をすることによって、悪循環を止めることができるのです。「することモード」で問題を分析するよりもはるかに簡単に、心は

悪循環を止めることができます。問題は、「することモード」をあまりに頻繁に使ってしまうために、その代わりになるものに気づけないことなのです。しかし、別の方法があります。しばらくの間、立ち止まり、そして内省してみてください。すると、心がただ考えるのではなく、心が考えているということに気づけるはずです。この純粋な気づきの形は、あなたに世界を直接経験させてくれます。これは考えることよりも重要なことです。その体験は、あなたの思考、感情、情緒によって覆われていないのです。それはちょうど高い山のようです。見晴らしの良いところからすべてを遠くまで見ることができるのです。

　純粋な気づきは考えることよりも素晴らしいものです。純粋な気づきは、ネガティブな独り言、反応的な衝動や情緒から解放してくれます。そして、開かれた目をもって世界を見せてくれます。そうすることで、不思議で静かな満足の感覚が、あなたの人生にもたらされるようになるのです。

# 第3章
# 自分の人生に目覚める
Waking Up To the Life You Have

> 本当の発見の旅とは、今まで見たことのない新たな景色を探しだすことではなく、今までにない新たな視点で景色を見ることだ。
> ——M・プルースト（1871-1922）

　あなたは、雨が降りしきる中、街外れの丘の上に立ち、眼下に灰色の街を見下ろしています。その街は、自分の生まれ育った街かもしれませんし、今現在住んでいる街かもしれません。雨の中で、その街は冷たく無愛想に見えます。街の建物は古びていて、交通は渋滞し、そこにいるすべての人は憂うつで不機嫌そうに見えます。そのとき、奇跡が起こります。街を覆っていた雲が消え去り、太陽が現れ、光があふれ出すのです。世界が一瞬で変化します。ビルの窓は金色に光り輝き、灰色だったコンクリートもブロンズ色になり輝いています。道路もきらきら輝き、虹が出ています。濁っていた川は、今はうっとりするくらい美しくきらめいています。あなたの呼吸、鼓動、心、空の鳥、街の動き、時間、すべてが一瞬止まった後、まったく違って見えるようになったのです。

　この突然起きた、街が美しく見えるようになるという変化は、単なるものの見え方に変化が生じたというだけでなく、あなたの考え方、感じ方、そして世界との関係のもち方にも大きな変化をもたらします。一瞬であなたの人生観を大きく変える可能性すらあります。しかし、本当に注目すべきは、実際にはほとんど何も変化してないという事実です。見ているのは同じ街であり、単にそこに太陽が現れて、それまでとは異なる光の中でその街を見ただけです。ただそれだけなのです。

　異なる場所から自分の人生を眺めてみると、あなたの感情は変化するかも

しれません。たとえば、休暇の準備をしているときのことを思い浮かべてください。休暇をとる前にはやるべきことがたくさんあり、すべてをやり終えるには時間が足りません。仕事を残したまま、職場から夜遅く家に帰ります。まるで自分がくるくる回る車輪の中に閉じ込められたハムスターになったかのようです。休暇先に何を持っていくか決めることさえ難しく感じ、荷造りが終わる頃には疲れ果て、今日一日の出来事に心がかき乱され、眠れなくなってしまうのです。翌朝、なんとか起きて、車にすべての荷物を積み込み、家に鍵をかけ、自分も車に乗り込み、休暇先に向け出発します。……すると、どうでしょう。

休暇先では、美しいビーチに横たわり、一緒に休暇を過ごす友人と冗談を言い合って笑えるのです。休暇前に心を占めていた仕事のことは、はるかかなたに遠ざかり、仕事について思い出すことすらできないほどです。リフレッシュした気分で、あたり一面すべてが光り輝きはじめます。もちろん、休暇前にしていた仕事は何一つ片づいたわけではありません。今は、その仕事を単に別の場所から眺めているのです。ただそれだけなのに、ものの見え方は大きく変わるのです。

時間もまた、物事の見方を根本的に変えてしまう力をもっています。職場の人や知らない人（コールセンターの人など）と言い争いになったときのことを思い浮かべてください。きっと腹を立てるはずです。何時間か後になっても、「もっとこう言えばよかった」とか、「もっとこう言うべきだった」と考えるかもしれません。その言い争いのせいで、その日一日が台なしになったかもしれません。でも、数週間経った後には、そのことにイラつきを感じることはないのではないでしょうか。もしかすると、その言い争いについて思い出すことさえほとんどないかもしれません。つまり、その出来事によって生じた心の痛みはすでになくなってしまっているのです。その言い争いが生じたという事実は変わりませんが、ただ時間が経過したというだけで、これほど物事の見え方は変わるのです。

このように、見方が変わると、経験が変わります。ただし、ここで示した事例には、大きな問題があるのも事実です。それは、自分以外の要因、すなわち環境が変化したことによって、見方が変わっているという事実です。ここで言う環境の変化とは、太陽が出てきた、休暇に出かけた、時間が経った

などといったようなことです。幸せを感じたり、十分なエネルギーを感じるために、環境の変化だけに頼るのは問題です。なぜなら、環境の変化が起こるのにとても長い時間がかかることだってあるからです。太陽が出てこないかなと願ったり、素晴らしい旅行に行けることを夢見たりしている間に、現実の時間はまるでなかったかのように、あっという間に過ぎ去ってしまうことだってあるからです。

しかし、別の方法もあるのです。

　第2章で説明したように、ネガティブな感情を消し去ろうと頑張りすぎたり、何度も同じことを考えすぎたりすると、いとも簡単にネガティブな感情のサイクルにはまってしまいます。心の問題解決モードである「することモード」（27ページ参照）では、困っている問題を解決しようとするあまり、結果的にその問題をより悪化させてしまうことになるのです。
　しかし、私たちの心は、「することモード」とは別の方法で世界と関わることができるのです。それは「あることモード」[*1]と呼ばれる方法です。「あることモード」は見方を変えることに似ていますが、実際はそれ以上の効果をもたらします。心が「現実」をいかに歪めているかを知るようになると、考えすぎたり、分析しすぎたり、判断しすぎたりするいつもの「することモード」から抜け出せるようになり、現実を歪めることなくありのままの世界を体験できるようになるのです。それまで感じていた問題を、まったく異なる角度から眺めることになるため、まったく異なる方法で、その問題を扱えるようにもなります。自分のまわりで何が起きているかにかかわらず、自分の内側の景色を変えることができるのです。そのため、幸せや満足感や安定のために自分のまわりの環境に頼る必要がなくなるのです。
　「することモード」が罠だとすると、「あることモード」は自由です。
　昔から、多くの人たちが、「あることモード」を手に入れようと試行錯誤をくり返してきてくれたおかげで、今ではそれを手にする方法が明らかになっています。マインドフルネス瞑想は、この「あることモード」に入っていくためのドアなのです。マインドフルネス瞑想を実践すれば、必要なときに、この「あることモード」へのドアを開けられるようになるのです。

意図的に、判断することなく、今この瞬間に起きていることに
　　注意を向けることができるようになると、自然とマインドフルな気づき、
　　つまりマインドフルネスが、「あることモード」から生まれてくるのです。

　マインドフルな状態になると、現実がそうあって欲しい、あるいはそうあって欲しくないと望むのではなく、ありのままの現実をただそのまま見られるようになるのです。
　この考え方は、あまりに抽象的すぎるので、最初は理解しづらいかもしれません。そのため、マインドフルネスでは、それを完全に理解するためには、実際にそれを体験することが必要になります。マインドフルネスに至るプロセスを少しでも理解しやすくするために、次の節では、「することモード」と比較しながら、「マインドフル」なモード（あることモード）について説明していきます。最初のうちは、マインドフルネスの定義や説明を完全に理解することが難しいかもしれません。でも、マインドフルネスは、私たちに確実にプラスの利益をもたらしてくれます。今では、最先端の脳イメージング技術を使えば、マインドフルネスが脳におよぼすポジティブな影響を視覚化して見ることもできるようになっています（44〜47ページ参照）。
　ただし、「することモード」は、私たちにいつも害をもたらす敵ではありません。この本を読めば、「することモード」が、時と場合によっては役立つ味方であることを理解できるようになるでしょう。しかし、「することモード」を、ネガティブな感情を「解決しようとするとき」に使ってしまうと、問題が生じてしまうのです。このような場合には、「することモード」から「あることモード」にギアを入れ替えることをすればよいのです。ずっと同じモードで対処するのではなく、必要なときにギアを入れ替えるという力こそ、マインドフルネスが私たちに与えてくれる力なのです。

## 「することモード」と「あることモード」の 7 つの特徴

### ❶「自動操縦」対「意識的な選択」
　「することモード」では、習慣という方法で生活を自動化します。これは「す

ることモード」の最も気づきにくい特徴です。なぜなら、これなくしては私たちの生活が成り立たないぐらい、私たちの生活に浸透しているからです。もし物事をくり返しても学習できず、習慣化できないなら、大人になっても靴ひもを結ぶ方法を毎回思い出さなくてはならなくなり、生活がとても不便になることでしょう。しかし、生活の多くをあまりに習慣化してしまい、いろいろなことを無意識のうちに行ってしまうようになると、「することモード」の悪い面が大きくなってしまいます。「することモード」では、今行っていることに意識的な注意を向けなくても、考えたり、働いたり、食べたり、歩いたり、運転したりすることができます。しかし、そのせいで、人生の多くを失ってもいるのです。

　マインドフルネスは、意識的な気づきの世界——選択と意図の世界——へと、あなたをくり返し、くり返し、連れ戻してくれます。

　マインドフルネス、あるいは「あることモード」によって、人生を再びはっきりと意識できるようになります。「あることモード」では、自分の内面に気づくことができるようになり、その結果、物事を意識的に選択できるようになります。第1章で述べたように、マインドフルネス瞑想ができるようになるためには、ある程度の時間、実践することが必要です。しかし、一度できるようになれば、練習に費やした以上の時間を手に入れることができます。それは、よりマインドフルになれば、自動操縦によって、いつの間にか道を外れてしまうことが減り、本当の目的にたどりつけるようになるからです。また、これまでの習慣で無駄な考えや行動のために時間を浪費することが減り、より有益なことに時間を使えるようにもなるからです。さらには、マインドフルネス瞑想をすることで、本当は手放すのが賢明なゴールに向かって、あまりにも長い時間ただ格闘することに費やしてしまうことも少なくなるからです。そして、しっかりと意識的に、気づきとともに生きられるようになるのです（下記「人生の時間を倍に増やす方法」を参照）。

[ 人生の時間を倍に増やす方法 ]

　「することモード」で、日々の忙しさに絡め取られてしまうと、人生の多くの時間が失われてしまいます。ちょっと時間をとって、自分の生活を振り返ってみましょう。

- 今この瞬間瞬間に起こっていることに、注意を向け続けるのが難しいと感じていませんか。
- 目的地へと急いで歩くあまり、その途中で経験していることに注意を払わないことが多くないですか。
- 自分が今現在していることに十分に気づくことなく、「自動的に走っている」かのようではありませんか。
- 自分が今行っている活動に本当に十分な意識を向けることなく、慌ててその活動をしていることはありませんか。
- 自分がこれから達成したいと思っている目標に注意を向けすぎてしまい、今行っていることへの注意が損なわれていませんか。
- 将来のこと、あるいは過去のことに心を奪われてしまっていませんか[*3]。

　別の言い方をすると、自分の人生を生きるのではなく、自分の頭の中だけで生きることになっていないでしょうか。
　残りの人生を、次のように過ごすケースを考えてみてください。もしあなたが30歳であれば、人生はあと50年あります。しかし、もしあなたが一日のうち、2時間しか「あることモード」で生きていないのであれば、あなたの本当の余命は6年3か月しかないことになります。つまりそれは、あなたが上司と会議をして過ごす時間より少ないかもしれない！ということなのです。もしあなたの友人が末期の病気で余命6年と診断されたとしたら、あなたは悲しみに暮れ、その友人を慰めることでしょう。しかし、あなた自身、いつの間にかその友人と同じ運命をたどっているのに、ただそのことに気づいていないだけなのかもしれないのです。

もし日々の、本当に生きる時間を倍にできれば、実質的な余命は倍になります。それは、130歳まで生きることと同じようなものです。あなたの本当に生きる時間が3、4倍になることを想像してみてください。ほんの数年長生きするために、薬やサプリメントに大金を費やす人もいますし、人間の寿命を大きく延ばそうとして大学に莫大な資金提供をする人もいます。しかし、マインドフルに生きることを学べば、このような努力と同じような効果（より長く生きること）を手に入れることができるのです。

　もちろん、人生の長さだけがすべてではありません。しかし、マインドフルネスを実践している人は、よりリラックスして、より満足して、よりエネルギーに満ちて、不安やストレスがより少なくなる、という研究結果がもし正しいのだとすれば、時間がゆっくり流れ、今ここにとどまることで生きる時間が長くなるだけでなく、その時間をより幸せに生きることにもつながっていくのです。

## ❷「分析する」対「気づく」

　「することモード」では考えることが必要です。つまり、分析したり、思い出したり、計画したり、比較したりといったことです。それが「することモード」の役割なのです。私たちの多くは、「することモード」をとても得意としています。そのため、現実に自分のまわりで起こっていることに気づかないまま、「頭の中で」とても長い時間を過ごしてしまいます。多くの時間を「することモード」に費やし、世界を直接的に体験しないで、気づきのないまま、思考の中に生きてしまうのです。そのため、前章で述べたように、「することモード」が害となってしまう場合があります。「することモード」はいつも有害なわけではありませんが、有害になる危険性を常にはらんでいるのです。

　マインドフルネスでは、このいつもの「することモード」とは違う方法で世界を体験します。これは単に別の方法で思考するということではありません。マインドフルになると、それまでほとんど使ってこなかった感覚を使うようになります。そのため、まるで生まれて初めて見たり、聞いたり、匂い

をかいだり、味わったりしているかのように、世界を感じるようになるのです。世界に対して再び強い好奇心をもつようになるのです。最初は、このような体験は、取るに足らない変化のように思うかもしれません。しかし、日々の生活のその瞬間瞬間をマインドフルに感じられるようになると、そこに単なる生活以上のものを発見できるようになるのです。つまり、マインドフルになって、自分の内面や外側の世界で起きていることを、そのまま直感的に感じるようになると、驚くべきことに、これまでとは違った方法で自分や世界に注意を向けられていることに気づくでしょう。今この瞬間に、自分の内面や自分のまわりで起きていることに、目を覚まし、意識的に関わること、これこそが、マインドフルな気づきのまさに根幹なのです。

### ❸「闘う」対「受容する」

「することモード」では、「現実の世界」と「こうあって欲しいと願う世界」とを比較します。この比較が行われると、理想と現実の二つの世界のギャップに強く注意が向けられるため、視野が狭くなるという問題が生じます。

これとは反対に、「あることモード」では、評価や判断を行いません。瞬間瞬間をあるがままの状態にしておきながら、世界をそのままの状態で眺めます。「あることモード」では、私たちは事前に結果を予測せずに、問題や状況にアプローチするので、あらかじめ考えていた結論に縛られなくなります。そうすることで、創造的な選択肢を失ってしまうことを避けることができるのです。

マインドフルに世界をそのまま受け取るということは、運命をあきらめるということではありません。今この瞬間の体験を認めるということです。マインドフルネスでは、日々の生活をコントロールしたり、判断したり、闘ったり、議論したり、間違いを証明したりしようとするのではなく、今この瞬間に生じていることを批判したり否定したりしないで、思いやりの心をもって、ただ眺め続けるのです。今この瞬間のすべてを認めることができるようになると、思考のネガティブスパイラルに入らなくてすむようになります。あるいは、もしすでに思考のネガティブスパイラルが始まっているのであれば、その影響力を小さくすることができます。マインドフルネスによって、問題の外側に出て、問題を外から眺めることができるため、意識的に選択す

ることができるのです。このマインドフルのプロセスを通して、次第に、不幸せな気分、恐れ、不安、消耗から解放されるようにもなります。それにより、日々の生活をコントロールする以上のものを得ることができるようになるのです。しかし、最も重要なことは、マインドフルネスによって、最も適切な方法で、最も適切な瞬間に、問題に対処できるようになる、ということなのです。

### ❹「絶対的な事実として思考を捉える」対「心の出来事として思考を捉える」

「することモード」では、心は思考やイメージをつくり出します。思考はそれ自体が価値をもってしまうという意味で、貨幣と同じようなものとも言えます。その結果、現実を見誤ってしまうことがあるのです。もちろん、ほとんどの場合、思考を事実として扱ったとしても問題はありません。たとえば、あなたが友達のところに行こうとするとき、まず行き先を考える必要があります。頭の中で、友達のところに行く方法を考え、それを実行することで、その目的地（友達のところ）にたどり着くことができます。このときに、「私は本当に友達に会いに行くのであろうか？」などと、自分の思考が事実かどうか疑うことには意味がありません。このような状況では、自分の思考を事実として捉えることは役立ちます。

しかし、ストレスを感じているときに自分の思考を事実であると捉えると、それは問題となります。たとえば、「もしこんなことが続くようだったら、私はおかしくなってしまうだろう」「私はもっとうまく対処するべきだったのに」「私は弱い」「私はダメだ」などと考えてしまうとき、こういった思考さえも事実であると捉えてしまうことがあります。このように自分を厳しく批判する思考をもってしまうと、ますます一生懸命努力するようになり、その結果、弱っている身体からのメッセージや友達からのアドバイスを無視してしまい、さらにネガティブな感情が強くなってしまうのです。あなたが思考をコントロールするのではなく、思考があなたをとても厳しくコントロールするようになるのです。

マインドフルネスは、私たちに思考はただの思考にすぎないことを教えてくれます。思考は心の中の出来事なのです。もちろん、思考は多くの場合、とても大事なものなのですが、思考は「あなた自身」でも、「現実」でもない

のです。思考は、自分自身や世界に対する自分の「解釈」にすぎません。この、シンプルなことを理解できれば、終わりのない心配や悩み、思考の反芻のために歪められてしまった現実から抜け出すことができるようになります。そうして再び、人生における明確な道を見つけることが可能となるのです。

### ❺「回避」対「接近」

　「することモード」では、心の中にゴールを設定するだけでなく、「アンチ・ゴール」を設定することによっても問題を解決しようとします。「アンチ・ゴール」とは、行きたくない場所のことを意味しています。これは、たとえば、A地点からB地点まで自動車で行くときに、あの高速道路は使わないようにしよう、あるいはあの場所には近寄らないようにしよう、と考えるようなものです。しかし、もし心についても同じ方法をとってしまえば、これは問題となるのです。たとえば、もし疲れやストレスを感じないようにしようとすれば、消耗や燃え尽きといった「行きたくない場所」を心の中にもち続けることになってしまいます。そうすると、単なる疲れやストレスに加えて、疲れやストレスを感じたらどうしよう、そういうことを感じないようにしなければいけないといった新たなストレスが付け加わることになってしまいます。その結果、不安やストレスがさらに高まり、もっと疲れを感じてしまうのです。つまり、使うべきでないときに、「することモード」を使ってしまうと、一生懸命努力したにもかかわらず、より疲れを感じ、燃え尽きてしまうことになるのです。

　これとは逆に、「あることモード」では、回避しようとするそのものに「近づく」ようになります。つまり、「あることモード」では、心の中にある自分にとって最も避けたいつらいことを、共感的な関心をもって批判や否定をしないで眺めることになるのです。マインドフルネスでは、「心配しないでください」とか「悲しまないでください」とは言いません。その代わりに、マインドフルネスによって、心の中の不安や悲しみ、自分の疲れや消耗に気づくようになり、これらの感情や自分を圧倒するようなどんな感情に対しても「向き合う」ことができるようになるのです。この思いやりに満ちたアプローチによって、少しずつネガティブな感情のパワーを小さくしていくことができるようになるのです。

## ❻「過去や将来について考えること」対「現在の瞬間にとどまること」

　過去について記憶したり、将来に向けて計画を立てたりすることは、日常生活をスムーズに営むためにはとても有益です。しかし、過去についての記憶や将来に対する予測は、それを考えているときのその人の感情によって歪められてしまいます。ストレスを感じているときには、自分に起こった良いことを思い出しにくく、自分に起こった悪いことしか思い出せません。同じように、将来について考えるときも、ストレスを感じていると、災害がすぐそこまで迫っているかのように感じ、不幸せな気分や忍び寄る絶望を感じて、将来を楽観視することがほとんどできなくなってしまうのです。つまり、現在のネガティブな感情の影響を受けて、ネガティブな過去の記憶が想起されたり、未来について悲観的に予測したりしてしまうのです。このような現在の感情が与える影響に気づかないと、過去の記憶や将来の予測が単に自分の思考にすぎないということを忘れてしまい、精神的なタイムトラベルの中に迷い込んでしまうのです。

　私たちは過去の出来事を「再び体験し」、その痛みを「再び感じ」、そして、私たちは将来の災害を「事前に体験し」、その災害の影響も「事前に感じる」のです。

　瞑想によって心をトレーニングすると、今自分の心に浮かんでいる思考を意識的に「見る」ことができるようになります。その結果、今、ここに生きることができるようになるのです。これは、人を現在に閉じ込めるということではありません。瞑想して心のトレーニングを積んでも、過去を思い出すこともできるし、未来について予測を立てることもできます。「あることモード」によって、現在の感情の影響を受けずに過去や未来を歪めずありのまま見ることが可能となるのです。つまり、記憶を「ただの記憶」として見るし、未来の予測を「ただの予測」として見ることができるのです。こうして、「今自分は思い出している」「今自分は計画を立てている」ということに意識して気づけると、精神的なタイムトラベルの中に迷い込むことがなくなります。再び過去を生きたり、事前に将来を生きたりすることで生まれる不要な苦痛を避けることができるのです。

### ❼「消耗させられる活動」対「栄養を与えてくれる活動」

　「することモード」のとき、あなたを突き動かすのは、自動操縦だけではありません。それ以外にも、重要な仕事や人生のゴール、たとえば、家事や子育て、高齢の親族の介護なども、「することモード」でそれらに対処しようとすると、それらに巻き込まれてしまうことがあります。これらはやりがいのあることでもあるのですが、あまりに大きな負荷がかかるため、そのことに集中しすぎてしまうと、それ以外のこと、たとえば、自分自身の健康や幸福感などが置き去りにされてしまう場合があるのです。最初はこの忙しさは一時的なものだと自分に言い聞かせて、自分の心に栄養を与えるような趣味や余暇の時間を削ります。でも、自分の心を豊かにする時間を失うことによって、だんだん疲れがたまっていき、最後には自分の感情すら感じなくなるほど消耗してしまうことになりかねないのです。

　「あることモード」では、自分の心に栄養を与えてくれるものや内的なエネルギーを奪ってしまうものに、よりはっきりと気づけるようになります。心を癒したり、心にスペースが必要であることに気づき、そしてそれを実行に移すことを後押ししてくれるのです。人生の中で避けられない自分のエネルギーや自分の幸福感を徐々に失わせかねない状況にさえ、「あることモード」ではもっとうまく対処できるのです。

## 意識的なギアシフト

　マインドフルネス瞑想を行っていくにつれて、ここまでに述べてきた「あることモード」と「することモード」の7つの特徴をだんだんと理解できるようになります。そして、「することモード」か「あることモード」か、今、自分はどちらのモードにいるのかが分かるようになっていきます。それは、考えすぎているときには、「今、あなたは考えすぎていますよ」と教えてくれ、不幸せな気分やストレスや焦燥感を感じているときでも別の方法があることを思い出すきっかけになるのです。まさに穏やかな音色のアラームのようなものです。たとえば、考えすぎたり、自分に対して厳しい判断をしているときに、マインドフルネスは、状況をそのまま受け入れられるようにしてくれたり、自分に思いやりと関心をもてるようにしてくれたり、起きている問題

にもっと適切に対処できるようしてくれたりするのです。

　あなたに一つ秘密をお教えしましょう。それは、上に挙げた7つの特徴のうち、どれか一つでも「あることモード」にシフトすれば、それ以外の特徴もすべて「あることモード」へとシフトするということです。たとえば、マインドフルネスプログラムの間、回避することをやめるようになると、判断することも少なくなってきます。「現在にとどまる」ことができるようになると、考えに支配されることが減っていることにも気づくでしょう。あなた自身に対してより共感的に、寛大になっていくと、あなたは他人に対してもより共感的に、寛大になっていけるでしょう。そして、このようなことを行うことによって、それまで長く忘れ去られていた自然な熱意、エネルギー、落ち着きが、透明な湧き水のようにあふれ出てくるようになるのです。

　この本でお伝えしている瞑想は、大体一日2、30分しかかかりません。その一方で、瞑想は、あなたの生活全体にポジティブな影響を与えてくれます。瞑想を実践しはじめるとすぐに、多少の比較や判断は毎日の生活に必要ではあるけれども、私たちの文化では比較や判断を重視しすぎていて、まるでそれらを神のごとく絶対視してしまっていることに気づくでしょう。しかし、多くの選択は、実は選択する必要すらない間違ったものであるのです。それらは、単に思考の流れに引っ張られた選択以外の、なにものでもないのです。自分と他人とを比べ続ける必要はありません。自分の人生を、将来の理想の人生や過去の良かったときの人生と比較する必要もないのです。夜中に目を覚まして、会議中の自分の発言が将来の自分のキャリアにおよぼす影響について考える必要はないし、友達が自分に言ったちょっとしたことについて心配する必要もないのです。もしあなたが、マインドフルにただ人生をそのままに受容すれば、人生はもっと充実し、心配からもどんどん解放されていくことでしょう。そしてもし何か行動しないといけないときには、くよくよ考えていない状態で、ぽっと頭に浮かんできた方法をとるのが、たいていの場合、一番良かったりするのです。

　ここで、もう一度、マインドフルな受容とは、単なるあきらめではないことを強調しておきます。マインドフルな受容とは、受容できないことを受容するということではありません。マインドフルな受容は、生まれつきの能力以上のことをせず、怠惰に何もしないで生きていくための言い訳でもあり

ません（有意義な仕事は、お金を稼ぐものであっても稼がないものであっても、幸福感を高める確実な方法なのです）。定期的に時間をとってマインドフルネスを実践していると、だんだんと自然にマインドフルネスのことが、分かってくるようになります。マインドフルネスによって、比較したり判断したりすることなく、落ち着いてそのままの世界を自分の感覚を通して体験できるようになります。マインドフルネスによって、広い視野を得ることができ、何が重要で何が重要でないかを感じられるようになるのです。

　マインドフルになると、自分自身や他人に対して、思いやりをもって接することができるようになります。批判したり否定しないで思いやりをもって自分に接することができるようになると、過度な不安や心配を感じることがなくなるため、毎日の生活の中で幸福をより感じられるようになります。この幸福感は、慣れてしまうにつれて、だんだんと消えてしまうような種類の幸福感ではありません。そうではなく、むしろその幸福感はだんだんと自分自身の中に深く浸透していくような種類の幸福感なのです。

## マインドフルネス瞑想が幸福感へおよぼす影響

　驚くべきことに、マインドフルネス瞑想は、脳をポジティブな状態へと変化させます。脳イメージングの最新科学を使うと、瞑想しているときに、幸せ、共感、思いやりといったポジティブな感情と結びつく脳の部位がより活性化していることを実際に視覚化して見ることができます。脳イメージングによって、脳の重要なネットワークが活性化しているところを見ることができるのです。まるで、それはそのネットワークがマインドフルネスによって輝き、歌っているかのようです。そして、その部分が活性化されると、不快感や心配やストレスが消え、元気が出てくるのです。この変化のために何年も瞑想に時間を費やす必要はありません。研究によれば、8週間毎日瞑想を練習すれば、この変化が生じてくるのです[*4]。

　瞑想のこうした効果が分かってきたのは、比較的最近のことです。それまでは、私たちがどの程度幸せであるかは、各々がもっている「感情に関するサーモスタット」によって決定されてしまうものだと考えられてきました。つまり、生まれつき幸せを感じやすい気質をもっている人もいれば、逆に、

不幸を感じやすい気質をもっている人もいると考えられていたのです。愛する人が亡くなったり、宝くじに当たったりといった人生の大きな出来事に出くわすと、私たちの気分は大きく揺さぶられます。こうした気分は数週間〜数か月続くこともありますが、その後は、いつもの感情の状態（感情の定位置）に戻ると考えられてきました。そして、この感情の定位置は、生まれつきのものか、あるいは幼少期に決まってしまうと考えられてきたのです。身もふたもない言い方をすれば、ある人は幸せに生まれ、ある人は不幸に生まれる、と考えられていたということです。

しかし、数年前、ウィスコンシン大学のリチャード・デビッドソンとマサチューセッツ大学メディカルスクールのジョン・カバットジンによって、この感情の定位置仮説は間違いであることが明らかにされました。彼らは、マインドフルネストレーニングによって、いつもの感情の定位置から抜け出すことが可能であることを発見したのです。これまで幸福感のレベルは変えられないと考えられてきましたが、トレーニングによってそのレベルを変えられることが彼らの研究によって明らかになったのです。

この発見は、デビッドソン博士の研究に基づくものですが、この研究では、fMRIによる脳のスキャニングや頭皮に取りつけられたセンサーで脳のさまざまな部位の電気活動を見ることによって人の幸福感を測定していました[*5]。デビッドソン博士は、人がうつや不安、怒りなどで感情が動揺したときには、脳の右前頭葉前部皮質が左脳の同じ部分よりも活性化され、逆に、ポジティブな気分を感じたときには（たとえば、幸福感やエネルギーに満ちていたり、何かに熱中したりしたときには）、脳の左前頭葉前部皮質が右脳の同じ部分よりも活性化されることを発見しました。この発見から、デビッドソン博士は、左右の前頭葉前部皮質の電気活動比率に基づいて、「気分インデックス」を開発しました。この「気分インデックス」を使うと、日常的な気分を非常に正確に予測することができるのです。これは、人の「感情に関するサーモスタット」の針を見るようなものです。もし「気分インデックス」が左に偏っていれば、その人は幸せで、満足しており、エネルギーにも満ちています。反対に、もし「気分インデックス」が右に偏っていれば、落ち込み、元気がなく、エネルギーや熱意に欠けていることになるのです。

この研究を応用して、デビッドソンとカバットジンは、バイオテクノロジー

の領域で働いている人たちの「感情のサーモスタット」へのマインドフルネスの影響を調べました[*6]。この研究に参加した人たちは、8週間にわたってマインドフルネス瞑想を学びましたが、その結果は驚くべきものでした。この研究に参加した人たちは、以前よりも幸福になり、不安が減り、よりエネルギーに満ち、より仕事に打ち込めるようになっただけでなく、デビッドソンの「気分インデックス」で気分を測定すると、以前よりも左側に変化していることが明らかになったのです。さらに、参加者に気分を落ち込ませるようなスローでもの悲しい音楽を聴かせたり、ネガティブな記憶を思い出させたりしたときでさえ、この変化は続いていました。マインドフルネス瞑想では、不安や悲しみや怒りといったネガティブな気分をどうにかしようと戦ったり、その気分を抑え込もうとして回避したりするのではなく、その気分に「接近」し、よく観察し、優しく友達であるかのようにその気分を扱っていきます。マインドフルネスは、主観的な幸福度を押し上げる（そして、ストレスのレベルを押し下げる）だけでなく、実際の脳の機能にまで影響を与えることが明らかになったのです。このことは、マインドフルネスは脳に対して非常に奥深く、強いポジティブな影響をもたらすことを示しています。

　また、これは想定外の出来事だったのですが、マインドフルネスのコースを終えたバイオテクノロジーの労働者の免疫力が高まっていることも明らかになりました。デビッドソンとカバットジンは、研究の参加者にインフルエンザ予防のための注射を打ち、参加者の病気に対抗する抗体の濃度を測定していたのですが、「気分インデックス」が左にシフトしている人ほど、免疫力が高まっていることが分かったのです。

　さらに、マサチューセッツ総合病院のサラ・ラザールの研究によって、人が何年にもわたって瞑想を続けていると、その人の脳自体の物理的構造も変化することが明らかになりました[*7]。感情に関するサーモスタットもより左側へと完全にシフトしていたのです。つまり、マインドフルネス瞑想を続けていけば、悲しみではなく幸せを、怒りや攻撃性ではなく楽しみを感じられるようになり、疲れたり無関心になったりするのではなく、よりエネルギッシュに生きられるようになるのです。サラ・ラザールの研究によって明らかにされた脳の電気回路の変化は、「島(とう)」という脳の表面の部分に最も顕著に現れてきます。この「島」は、私たちの人間性を左右する共感する力（下記「『島』

と共感」を参照）に影響を与えています[*8]。

> [「島<sup>とう</sup>」と共感]
>
> 　脳イメージング（fMRI）を用いた科学的な研究によって、「島」が瞑想によって活性化することが明らかになっています[*9]。脳の「島」の部分は共感することに関係しているため、それがないと他の人との絆を感じることができません。ですから、瞑想が「島」の機能を活性化させるというこの研究結果は重要なものです。なぜなら、人に共感することによって、その人のことをありのままに見ることが可能となり、「内側から」その人の苦しみを理解することができるようになるからです。そうすることで、本当の思いやりや優しさが生まれてくるのです。fMRIを使って脳を見てみると、人に対して共感しているときには脳の左側が活性化していることが分かります[*10]。瞑想はこの「島」の部分を一時的に活性化させるだけでなく、その部分を成長させ、大きくするのです。
>
> 　しかし、なぜこのことが重要なのでしょうか。それは、共感は社会にとって役立つだけでなく、共感する人自身にとっても役立つものだからです。自分自身や他者に対して共感し、純粋な思いやりと親愛の情を抱くと、自分自身がより健康的になり、満ち足りた感覚がとても高まります。より長く瞑想するほど、「島」がより開発されていきます。わずか8週間、マインドフルネストレーニングを行うだけで、脳機能のこの重要な領域である「島」に変化が生じるのです[*11]。

　現在では、マインドフルネス瞑想は脳に非常にポジティブな影響を与え、それにより、幸福感、満ち足りた感覚、身体的な健康にまでも良い影響が与えられることが、多くの臨床研究から明らかになっています。次のページにこれらの研究例を示します。

[ 証明されている瞑想のその他のメリット ]

　世界中の研究者によって、マインドフルネス瞑想が精神的、身体的な健康に良い影響をおよぼすことが明らかにされています。ここで、いくつかの研究を紹介しましょう。

### ✣ マインドフルネス、慈愛、ポジティブな気分

　ノースカロライナ大学チャプルヒル校のバーバラ・フレドリクソンらは、自己や他者に対する慈愛に焦点を当てる瞑想がポジティブな気分を高め、生きる意欲を強めることを明らかにしました。たった9週間の瞑想トレーニングによって、目的意識が高まり、孤独感や孤立感が弱まり、頭痛・胸痛・鬱血・疲れといったような身体症状が和らいだのです[*12]。

### ✣ マインドフルネスのさまざまな側面のさまざまな気分への影響

　この本で紹介されるそれぞれの瞑想は、お互いに関連しながら、それぞれ異なる効果を発揮します。たとえば、オランダのグローニンゲン大学メディカルセンターの研究では、日々のルーチンの活動に注意を注ぎながらそれを行ったり、日頃のさまざまな体験をしっかり観察したり、そこにとどまるようにしたり、無意識に行動しないようにすることで、ポジティブな気分や満ち足りた感覚が増すことが明らかになっています。また、判断せずに思考や感情を受け入れ、つらい感情に心を開いて、関心をもつことで、ネガティブな気分が減少することも明らかになっています[*13]。

### ✣ マインドフルネスと主体性

　ニューヨークのローチェスタ大学のカーク・ブラウンとリチャード・ライアンは、マインドフルな人ほど、より主体的に活動していることを明らかにしました。つまり、マインドフルな人は、他人がそうすることを望んでいたり、他人からそうするよう圧力をかけられたからといって、それにしたがって行動するわけではないのです。また、マインドフ

ルな人は他者に良く思われたいために行動することもなく、他人の気分を良くするために行動することもありません。そうではなく、自分にとって本当に価値があることに時間をかけ、そのようにすることがただ面白く、興味がもてるから、それらの活動をしていたのです[*2]。

### ❖ 瞑想と身体の健康

今まで行われてきた多くの臨床研究によって、瞑想は身体の健康にもとても良い影響を与えることが明らかになっています[*14]。アメリカ国立衛生研究所の研究費で実施され、2005年に発表された研究によると、1960年代から西洋で実践されている超越瞑想という瞑想を行うと、死亡率が大きく低下することが明らかになりました。対照群と比べて、瞑想を行った群は瞑想を行っていた19年間の死亡率が23％、心疾患による死亡率が30％低く、がんによる死亡率も大きく低下していました[*15]。この瞑想の効果は新薬の効果と同じくらいです（一方で、瞑想による重篤な副作用はありませんでした）。

### ❖ 瞑想とうつ病

8週間のマインドフルネス認知療法（MBCT）── このプログラムの中心となっているのはマーク・ウィリアムズらによって開発されたマインドフルトレーニングです ── が、うつ病になる可能性を低下させることが研究によって明らかになっています。実際、MBCTはうつ病を3回以上経験した人の再発率を40〜50％低下させていました[*16]。MBCTはうつ病が寛解した後の再発予防に関する有効性が確かめられた初めての治療法です。そのため、英国国立医療技術評価機構（National Institute for Health and Clinical Excellence: NICE）が作成しているうつ病の臨床ガイドライン（2004; 2009）の中では、うつ病のエピソードを3回以上経験している人に対してMBCTが推奨されています。アデレードのモーラ・ケニーとサンフランシスコのスチュワート・アイゼンドラスによる研究では、うつ病のエピソードを3回以上経験している人で抗うつ薬や認知療法といった他のアプローチの効果が認められないうつ病患者にはMBCTが有効かもしれないことが示唆されています[*17]。

### ❖ 瞑想と抗うつ薬

「抗うつ薬を飲んでいてもマインドフルネス瞑想を行ってよいですか」とか、「マインドフルネス瞑想は抗うつ薬の代わりになりますか」といった質問をよく受けます。これらの質問に対する答えは両方とも「はい」です。ベルギーのゲントのキー・ファン・ヘーリンゲン教授のクリニックの研究結果から、すでに薬物療法を受けている人に対しても、マインドフルネスは効果的であることが明らかになっています。この研究に参加した人のうちの多くは抗うつ薬による薬物療法を受けていましたが（MBCT実施群と対照群のどちらにおいても薬物療法を受けていた人の割合は同程度でした）、MBCT実施群はうつの再発率が30〜68%低くなっていました[18]。瞑想は薬物療法の代わりになりうるかという質問に関わる研究として、エクセターのウィレム・クイケンらとトロントのジンデル・シーガルらの研究があります。この研究によると、薬物療法を中止して、代わりにMBCTの8週間のコースを受けた人は、薬物療法を続けた人と同等かそれ以上に良い経過をたどっていました[19]。

## マインドフルネスとレジリエンス

マインドフルネスは、レジリエンスを高めることも分かってきています。レジリエンスとは、強い苦難や困難に抵抗する力のことです。耐久力には、個人差があります。他の多くの人が怖気づくような強いストレスでも、それを楽しんでしまう人もいます。強いストレスの例としては、増え続ける仕事上のノルマ、南極を旅すること、三人の子どもを育てること、ストレスフルな仕事をすること、住宅ローンを払うことなどが挙げられます。

多くの人を意気消沈させるようなことに対処できる人はどのような心理的特徴をもっているのでしょうか。ニューヨークのシティ大学のスザンヌ・コバサ教授は、「耐久力」が「コントロール」「コミットメント」「チャレンジ」という三つの心理的要因から成ることを明らかにしました。他にも著名なイスラエルの医療社会学者であるアーロン・アントノフスキー博士は、ストレス耐性に関して鍵となる心理的要因をつきとめました。彼は、ホロコースト

で生き残った人々を対象に研究し、彼らには「首尾一貫性の感覚」(①理解性〔訳者補足：自分が置かれている状況や将来起こるであろう状況を理解できるという感覚〕、②対応できるという感覚、③有意義感〔訳者補足：自分の人生に、意味や価値があるという感覚〕)があることを明らかにしました。つまり、多くの人が意気消沈してしまうようなことにも対処できる「耐久力のある」人は、たとえその状況が混沌としていて、手がつけられないような状況であっても、その状況を「理解」でき、その状況に「コミット」し、自分の人生を「コントロール」できると考えて、それには何かしらの意味があると信じているのです。

コバサとアントノフスキーが明らかにした心理的要因(「耐久力」と「首尾一貫性の感覚」)は、その人のレジリエンスの程度に大きく影響します。一般的に、「耐久力」や「首尾一貫性の感覚」が高い人ほど、人生の試練や苦難により対処することができるのです。

現在進行中のマサチューセッツ大学医学部のジョン・カバットジンのチームによる8週間のマインドフルネスのトレーニングコースの効果研究では、瞑想が耐久性や首尾一貫性の感覚を高め、それによりレジリエンスのスコアが高まることをはっきりと示しています。このトレーニングコースの参加者は、幸福感がより高まっただけでなく、よりエネルギーを感じるようになり、ストレスをより少なく感じるようになり、その結果、自分の人生に対してより大きなコントロール感を感じるようになっていました。そして、このコースの参加者は、自分の人生はより意味のあるものであり、そして人生における難題は、脅威というよりも良い機会と捉えるべきだと考えていました。その他の研究でも同じような結果が出ています[*20]。

しかし、このカバットジンらの研究結果の中で一番興味深いことは、これらの「根本的な」性格傾向が変化しうるという事実です。これらの性格傾向は、わずか8週間のマインドフルネストレーニングによって、より良い方向に変化したのです。これらの変化を過小評価してはいけません。なぜならば、こうしたことは、私たちの日々の生活に非常に大きな影響を与えるからです。共感と思いやり、内面の平穏といった心理的な要素は、「満たされた感覚」にとってきわめて重要な要素ですが、同時に一定程度の忍耐力もまた、そこには必要になってきます。そして、マインドフルネスを育むことで、人生のこうした重要な要素が大きく変化する可能性があるのです。

以上述べてきたような実験や臨床研究の結果は、大きな意味をもっています。それは、これらの研究結果によって、科学者の心に対する考え方が変化し、今までに自力でマインドフルネスの利点を発見してきた数えきれないほど多くの人たちの経験を、私たちは信頼できるようになったからです。マインドフルネス瞑想をしている人は、マインドフルな気づきが日常生活の喜びを大きく高めたと言います。実際、日常の非常に些細なことでさえ、魅力的に感じるようになります。私たちが「チョコレート瞑想」（下記参照）をとても気に入っているのもこのような理由からなのです。チョコレート瞑想では、食べるチョコレートに積極的に関わるように求められます。8週間のプログラムを始める前に、チョコレート瞑想を試してみるのはいかがでしょうか。次に述べるチョコレート瞑想を行えば、驚くようなことを発見できることでしょう。

[ チョコレート瞑想 ]

　チョコレートをいくつか選んでください。できれば今まで食べたことのないタイプのチョコレートか、最近食べていないタイプのチョコレートがよいでしょう。暗い色のものでも、何かしらの風味がするものでも、オーガニックのものでも、フェアトレードのものでも構いません。でも、あなたがいつも食べていないタイプのチョコレートか、あなたがめったに食べないタイプのチョコレートを選んでみましょう。

- チョコレートのパッケージを開けます。その香りを嗅いでみます。
- チョコレートを割り、それを見てみましょう。すみずみまでじっくり見てみます。
- チョコレートをひとかけら、口に入れてみます。舌の上にチョコレートを乗せ、できるだけ舌を動かさないようにして、チョコレートが溶けるにまかせるようにしてみます。そうすると、それを飲み込もうとしてしまう自分に気づくかもしれません。しかし、飲み込まないようにします。チョコレートには300種類以上の異なったフレーバーがあ

ります。そのうちのいくつかを感じることができたでしょうか。
- もし「チョコレート瞑想」をしている間に自分の心がさまよっていることに気づいたら、優しく今この瞬間に戻ります。
- チョコレートが完全に溶けきった後、それをゆっくりと飲み込みます。チョコレートがのどを通っていくのを感じてみます。
- 以上、同じことをくり返し行ってみましょう。

　どのように感じましたか。いつもと違っていましたか。ふだんチョコレートを食べるときよりも、チョコレートをより感じることができたでしょうか。

# 第4章
# 8週間のマインドフルネス プログラムへの導入
Introducing the Eight-week Mindfulness Programme

　これ以降の章では、マインドフルネス瞑想を用いて、あなたの心が徐々に落ち着き、幸福感と満足感が高まっていく8週間のプログラムを紹介していきます。このプログラムを実践すれば、数えきれないほど多くの哲学者や瞑想実践者がこれまで探求してきた道と同じ道を、あなたもたどることができるでしょう。近年の科学的な研究によって、マインドフルネス瞑想が、不安、ストレス、不幸せな気分、疲労感を軽減させることが明らかになってきています。

　次章以降、それぞれの章で主に二つの課題が出されます。一つは、付属のCDの音声ガイダンスを使って行う20〜30分間程度の瞑想です。もう一つは、長年にわたって染みついた習慣を穏やかに解放していくための「習慣を手放す」です。「習慣を手放す」は、あなたの奥深くに隠れていた好奇心を呼び覚ますためのもので、多くの場合、楽しいものです。「習慣を手放す」とは、たとえば、映画館に行って選り好みしないで適当に選んだ映画を見たり、会議でいつもとは違う席に座ってみたりといったことなどです。十分な注意を注ぎながら、つまりマインドフルに、これらの課題に取り組んでいただくことになります。もしかすると、こうしたことをくだらないと感じるかもしれません。でも、このようなことは、あなたを否定的な思考に誘い込んでいる習慣を壊していくためにはとても効果的なものなのです。「習慣を手放す」で決まりきったルーチンから抜け出すことで、新たに探索すべき人生の道を見つけられるのです。プログラムでは、毎週一つずつこれを行っていくことになります。

　それぞれの瞑想は1週間のうち6日間行うことが理想的です。理由が何で

あれ、その週に指定された実践を週のうち6日間できなかった場合、次の週には進まず、もう1週間その週の課題を継続して行うのがよいでしょう。ただし、1週間のうち4、5日間練習ができたのであれば、次の週の課題に進んでも構いません。この判断はあなたにお任せします。マインドフルネスの恩恵を最大限得るためには、8週間以内にプログラムを終了させることが絶対に必要というわけではなく、最後までプログラムをやり通すことが重要なのです。

　各週の課題内容を明確にするために、各章に「今週の実践」欄を設けました。この欄に目を通せば、8週間のプログラムを実際に体験する前でも、本書全体がより読みやすくなるでしょう。もしプログラムを始める前に本書を読むのであれば、各週で実際に指定された瞑想を行うときに、再度、該当する章を読みなおすとよいでしょう。そうすることで、それぞれの課題の目的や意図をより理解できるでしょう。

　プログラムの最初の4週間では、主に開かれた心で内的・外的世界のさまざまな側面に注意を向けることを学びます。また、前半の4週間で、自分自身を落ち着かせるためや、慌ただしく毎日が過ぎ去っていくと感じたときに、「3分間呼吸空間法」（119ページ参照）を使う方法を学びます。この3分間呼吸空間法は、より長時間の瞑想の実践による学びの基盤となります。世界中のマインドフルネスコースの受講者の多くが、この3分間呼吸空間法は、自分の人生に対するコントロールを取り戻すために学んだスキルの中で最も重要なものだと述べています。

　8週間のプログラムの後半4週間では、この3分間呼吸空間法を用いて、思考を、たとえば大空に浮かんだ雲のように、現れては消え去る心の出来事にすぎないものだと捉えるような実践的な方法を学び、そして自分や他者に対する受容、思いやり、共感の態度を養っていきます。このような心の状態からすべてが始まるのです。

[ 各週のプログラムの概要 ]

　第1週では、「自動操縦」が起きていることを知り、その瞬間瞬間に起きていることに気づけるよう練習していきます。「身体と呼吸のマイ

ンドフルネス瞑想」が第1週目の中心課題であり、この瞑想によって心を安定させていきます。身体と呼吸のマインドフルネス瞑想によって、一度に一つの対象にすべての気づきをそこに集めたときに何が起きるのか、気づけるようになります。また、身体と呼吸のマインドフルネス瞑想以外に短い瞑想としてマインドフルに食べるということをやってみます。これによって、自分自身の感覚とつながれるようになるでしょう。これらの二つの課題はとてもシンプルですが、第2週以降の課題となる他の瞑想のための大切な土台となります。

　**第2週**では、「ボディスキャン」を練習します。この練習は、感覚について「考えること」と感覚を「体験する」こととの違いを探るのに役立ちます。私たちは「頭で」生活しがちです。そのため、感覚を直接体験することはおろそかになってしまいがちです。ボディスキャン瞑想は、評価や分析をすることなく、身体感覚に対して直接注意を集中させるトレーニングです。この練習をすることで、次第に心がさまよいはじめる瞬間に気づけるようになり、「考える心」と「感じる心」の違いを「味わう」ことができるようになっていきます。

　**第3週**では、第1週と第2週で学んだ内容を発展させていきます。ヨガをもとにした、負担の少ない「マインドフルな動き」を練習します。この動きの実践は難しいものではありませんが、この練習を通して、精神的、身体的な限界と、そこに到達したときの自分の反応をより明確に理解できるようになります。このことによって、心と身体とを結びつけていくことができるようになります。このムーブメントの練習をすることで、目標にこだわりすぎているときに現れる落ち着かない気持ちに対して、身体はとても敏感であることが次第に分かってくるでしょう。そして、思ったとおりに物事が運ばないときに、自分がどのように緊張したり、怒りや不幸せな気分を感じたりするのかを理解できるようになるでしょう。そうすると、手がつけられなくなる前に問題を解消することができるようになるのです。

第4週では、「音と思考の瞑想」を紹介します。これは、私たちが知らず知らずのうちに、どのようにして「考えすぎ」の状態にはまり込んでしまうかを気づかせてくれる瞑想です。この練習を通して、音が現れては消えていくように、思考も心の中で現れては消えていくものと捉えることができるようになるでしょう。周囲の音に注意を向けていく瞑想をすることで、「思考と心の関係は音と耳の関係と同じである」ことを理解できるようになるでしょう。この瞑想によって、さまざまな思考や感情に巻き込まれないでいられる、つまり思考や感情に対して適度な距離を保つ「脱中心化」の立場をとれるようになり、思考や感情を気づきの中で、現れては消えていく一過性のものとして捉えられるようになります。このことによって、気づきが高まり、忙しさやトラブルに対してそれまでとは異なる視点をもつことができるようになるのです。

　第5週では、「困難を探索する瞑想」を紹介します。この練習を通して、人生の中で時折出会う困難に対して、逃げずに向き合うことを学びます。人生の問題は自然に解決されてしまう場合も多いのですが、いくつかの問題に対しては、心を開き、好奇心や思いやりをもって向き合う必要があります。なぜなら、それらの問題を対処せずに放置すると、それらがだんだんと人生を蝕んでいく可能性があるからです。

　第6週では、第5週に行ったことをさらに発展させていきます。「思いやりの瞑想」と日常生活での優しく温かさのある寛容な行為によって、優しさと思いやりをもてるようになると、どのように否定的な思考が消えていくのかを見ていきます。失敗したと思ったり、自分に欠点があると思ったときでさえ、自分自身に優しさと思いやりをもつことは、慌ただしい世界の中で平らぎを見いだすための土台となります。

　第7週では、毎日のルーチン、活動、行動と気分との密接な関係を探っていきます。私たちはストレスや疲れを感じているとき、より差し迫ったことがらや、より重要なことがらを先に片づけようとし、そのために自分自身に栄養を与えることをあきらめてしまいがちです。第7週では、

瞑想を使って上手な選択が徐々にできるようになることに焦点を当てます。この練習により、自分自身に「栄養を与えること」をより多くできるようになり、自分のもっている力を弱めたり、消耗させたりするような否定的なことを控えられるようになります。そして、実際に上手な選択ができるようになってくると、創造性や回復力がより高まります。その結果、こうあって欲しいという人生ではなく、あるがままの人生を楽しめるという好循環に入っていくでしょう。不安、ストレス、恐れは避けては通れませんが、それらに対して優しさと思いやりをもって接することができれば、それらはやがて消えてなくなっていくのです。

**第8週**では、必要に感じるときはいつでもマインドフルネスを活用できるように、マインドフルネスを日常生活に織り込むことを目指していきます。

ここまで述べてきた8週間のプログラムを通して、マインドフルな「あることモード」（第3章参照）のさまざまな側面を学ぶことができるようになっています。このプログラムを実践していくと、人生に目覚めたときに何が起きるのか、最も深いレベルで分かるようになるでしょう。8週間のプログラムの各課題は関連していないように感じるかもしれませんが、実際はすべてつながっています。43ページで述べたように、マインドフルネスのある側面に変化が起こると、それが他の側面にも影響をおよぼします。そのため、このプログラムでは多くの異なる実践を行うこと、そして少なくとも1週間に一つの課題を続けることをすすめているのです。それは、各課題は、気づきへとつながるそれぞれ別の入り口となっていますが、どの課題を練習することが、あなたの中にある最も深く、最も賢いものと再びつながることに役立つかは、誰にも分からないからでもあるのです。

## 習慣を手放す

各週で指定されている「習慣を手放す」実践は、とてもシンプルで、その

名が示すとおり、あなたを否定的な思考に誘い込んでしまっている習慣を手放すためのものです。この課題を行っていくことで、いつもの悩みの多いパターンから抜け出し、わくわくする新たな道を探っていくことができるようになります。また、瞑想を通して、不幸せな気分を感じているときに好奇心をもつことが難しい、ということも理解できるようになるでしょう。心の奥底で眠っている好奇心を呼び覚ますことは、この慌ただしい世の中に上手に対処するための、とても素晴らしい方法です。たとえ時間に余裕がないときでも、今この瞬間においては豊かでいられることにすぐに気づくでしょう。

## 瞑想のための時間と場所の確保

　マインドフルネスのプログラムを開始する前に、そのための時間と場所を確保する方法を考えてみましょう。瞑想や他のエクササイズをするために、8週間毎日一定の時間をとれるのが理想です。プログラムでは、毎週新しい課題が追加されていくため、8週間の間、毎日学びを深めることができます。

　実践するための時間を確保することは重要なことです。実践を「難しい、退屈だ、同じことのくり返しだ」と感じたとしても、できるだけ実践することが大切です。私たちは、苦手なことを避けて通りがちです。しかし、このプログラムの間、苦手なことを避けて通ろうとしない姿勢を保つようにしましょう。「どうせ瞑想をやっても無駄だ」とすぐに判断するのではなく、むしろ、練習中に心が激しく揺れ動いてしまったら、それを、心をより深く探る良い機会として利用していきます。そのとき、「何か特定の目標を達成しようとしない」ということを覚えておいてください。意外に思うかもしれませんが、リラックスさえも求めないようにしましょう。このプログラムにおいて、リラクセーション、心の平安、満足は、あくまでも副産物であって、目標ではないのです。

　それでは、どのようにして、毎日実践する時間を確保できるのでしょうか。まず、その時間を「自分らしくなるための時間」であり、「自分自身のための時間」と考えてみましょう。プログラムを始めたばかりの頃は、実践する時間を確保することが難しく感じるかもしれません。そう感じたときは、そもそも自分には実践するための時間がない、ということをまず認める

ことが大切です。時間は「見つける」ものではなく、「作らなければならない」ものなのです。もし以前に毎日30分ほどの時間的余裕があったとしても、今はすでに別のことをするためにその時間が埋まってしまっている可能性があるでしょう。そのため、8週間のプログラムの実践を行う時間を捻出するためには、生活全体を見なおすことが必要になるかもしれません。2か月もの間、時間を捻出するのはとても大変なことですが、そうする必要があるのです。そうでなければ、より優先順位が高く見える他のことのために、このプログラムの実践がなおざりになってしまうからです。もしかすると、少しだけ早く起床することになるかもしれません。その場合、睡眠時間が短くならないように、早く就寝する必要があるかもしれません。それでもまだ、瞑想のために時間をとられすぎていると感じるようなら、次のように考えてみてください。今、自分は、他の人が言っていたこと —— 実践を続けていくと、そのために使う時間よりももっと多くの時間を自由に使えるようになるということ —— が本当かどうかを確かめるための実験をしているのだと。思ったよりも自由に使える時間が増えていることに気づくでしょう。

　次に、これはプログラムの参加者にはいつもお伝えしていることですが、実践のための時間と場所を確保した後は、暖かくて心地良い環境を用意することも忘れないでください。また、誰かがあなたを訪ねて来たり、電話がかかってきたときに対応してもらえるよう、あなたをサポートしてくれる人にこのプログラムについて伝えておくことも大切です。もし他に誰もいない状況で電話が鳴ったときは、電話に出ないで鳴りっぱなしにさせておくか、留守電にするかのどちらかにしておいてください。邪魔は外からだけではなく、私たちの「内側」からも現れます。たとえば、実践している最中にしておかねばならなかったことを思い出して、それをすぐにしなければと思ったりすることもあります。そのようなときは、その考えにしたがってすぐに行動してしまうのではなく、その考えを、心の中に現れては消えていくものとして扱うことができるかどうか試してみてください。

　最後に、実践すること自体を楽しいと感じる必要がないことも覚えておきましょう（どちらかと言えば心地良いと感じる人のほうが多いですが、それでもそれほど明確には感じるものでもありません）。実践することが日課になるまで毎日地道に続けてください。続けていくと、それは決して毎日同じことのくり返しで

はないことに気づくと思います。自分の実践に対して責任をもてるのはあなただけです。そして、実践によって得られる成果もあなただけのものなのです。実践することによってその瞬間に得られるもの、そして、感じられる安らぎや自由がどのようなものであるか、誰も前もってあなたに教えることはできないのです。

**必要なもの**

　CDまたはMP3プレイヤー、邪魔されない場所または部屋、(横になる場合は)マットまたは厚いじゅうたん、あるいは(座る場合は)椅子かスツール、クッション、身体を冷やさないための毛布、メモを書き留めるための筆記用具を用意しましょう。

**注意事項**

　プログラムを進めていく中で、「うまくいかない、失敗した」と感じることが何度もあることは、前もって知っておいてください。あなたの心は、一つのところにとどまることを拒み、野ウサギの後を追うグレイハウンド犬のように走り回ることでしょう。どんなに頑張っても、たちどころに鍋の中でぐつぐつ沸騰しているお湯のように、いろいろな考えが次から次へと浮かんでくることでしょう。もしかしたら、蛇と格闘しているかのように感じるかもしれません。そして、心を落ち着かせることができなかった自分自身に失望するかもしれません。また、眠気のために、意識がぼんやりしてしまうかもしれません。最終的に、「何をやってもダメだ」と思ってしまうかもしれません。

　しかし、このようなことが起きたとしても失敗ではありません。むしろ、これはとても大切なプロセスなのです。たとえば、絵画やダンスを初めてするとき、思い描いたような成果が得られず、フラストレーションを感じることがあります。このようなときは、練習を続け、そして自分に対して思いやりと優しさをもつことが大切です。明らかに「失敗」だと感じるとき、実はそこから最も多くのことが学べるのです。集中できないこと、落ち着かないこと、眠くなることを「観察する」ことで、最も多くの学びを得ることができるのです。心はあなたが意識的にコントロールできるものではないという

こと、そして、身体はとても長い間、私たちの多くが無視してきたことを実は必要としているということ、このような深遠な真実にあなたは気づけるようになるでしょう。実践を継続して行っていくと、次第に自分の考えていることは自分自身ではないし、深刻に受け止める必要もないことに気づいていくでしょう。心の中に思考が湧き上がってきたら、ただそのままにするだけでよいのです。しばらくすると、その思考は消えていくのです。湧き上がってくる思考は「真実」でも「現実」でもないことが分かると、あなたは飛躍的に解放されることでしょう。思考は心の中の出来事にすぎず、あなた自身ではないのです。

　このことが理解できた瞬間、あなたを縛りつけていた思考や感情は、急に勢いをなくし、心が落ち着いていき、あなたの身体は深い満足感で満たされることでしょう。しかし、またすぐに、心はどこかに行ってしまい、以前と同じように考えごとをしたり、比較したり、判断したりしていることに気がつくことでしょう。「やっとできたと思ったのに、また心がどこかに行ってしまった」と嘆いてしまうかもしれません。そんなときは、心は海のようなものであることを思い出してください。常に波が寄せては返し、海は決して静止することがありません。あなたの心も、いったん落ち着いたとしても、それはほんの少しの間にすぎないでしょう。プログラムを実践していくと、次第に平静な状態を長く保てるようになり、心がどこかに行ってしまう時間も短くなることに気がつくでしょう。失望でさえも、心の一つの状態にすぎないことに気づくでしょう。今ここに存在し、そして消えていくのです……。

　……積極的に取り組めるようになるまでには、ためらいを感じたり、後退したり、いつもうまくいかないと感じることもあるでしょう。あらゆる自発的（そして創造的）な行為について、それを無視してしまうと多くのアイデアや素晴らしい計画を台なしにしてしまうほどの、一つの本質的な真実があります。それは、人が心から積極的に何かに取り組んだときに、思いもかけないことが起きる、ということです。心から積極的に関わることで初めて起こるさまざまなことが、その人を助けてくれるのです。心から積極的に関わろうと決意すると、それまで決して自分に起こると思わなかったような予想もしない出来事が起きたり、予想し

なかった人と出会ったり、予期しなかったような物理的援助を得られたりするのです。このように、自分に起こるとは夢にも思わなかったさまざまなことが、川の流れのように次から次へと生まれてくるのです。ここに私が特に好きなゲーテの言葉を引用します。

「あなたができること、夢見ることができるものを、それが何であれ、始めてみなさい。思い切ってやってみることによって、才能、力、魔法が生み出されるのです。」
　　　　──W・H・マーリー『スコットランドのヒマラヤ遠征隊』（1951）

　次章以降を読み進めていく中で、私たちがお伝えしようとしていることの核心が、分かりにくいと感じることがあるかもしれません。それは、瞑想を通して得られる概念や智慧の多くは、いかなる言語を使ったとしても表現しきれないということがあるからです。そのため、ただ実践を続けて、自ら学んでいくしかないのです。実践していけば、「なるほど！」と理解できる瞬間がきっと何度も訪れることでしょう。それは、とても穏やかで有意義な洞察の瞬間です。何千年もの間、瞑想を行ってきた多くの人たちが学んできたこと、つまり、気づきを保ったまま、心配ごと、ストレス、不安をより大きな空間の中に置くことができる、そうするとその器の中でネガティブな感情は現れては消えていく、このことを理解できるようになることでしょう。言ってみれば、頭の中でどのように考えていたとしても、自分自身を欠けたところのない完全で全体的な存在である、と感じる感覚が分かるようになるでしょう。8週間のプログラムを終了した人の多くは、自分の深いところで静けさ、幸福感、満足感、自由を得ることができると実感しています。そして、それはあなたの目の前にあるのです。
　あなたがこれまで多くの人がたどってきたこの道を上手に進むことができるように祈っています。

# 第5章
# 第1週 「自動操縦」への目覚め
Mindfulness Week One: Waking Up to the Autopilot

　ある晩、アレックスは、とぼとぼと寝室に向かって階段を上がっていきました。寝間着に着替えながら、まだ日中の仕事のことを考えていました。次から次へといろいろなことが頭に浮かんできました。明日の午後、郊外でやらなければならない仕事について、それから、その現場へ車で向かうのに道路工事を避けることができる一番良い道順についてなど。「そうだ！　車の保険の更新をしなければならなかった。そうすると、明日はクレジットカードが必要になる。そうだ、カード！　クレジットカードの支払いはもう済んだっけ？」それから、来月予約しているホテルの部屋の請求について思い出し、もうすぐ行われる娘の結婚式について考えていました。

　「アレックス！」と、妻が大声で彼の名前を呼びました。「用意はまだ？　私たちはみんな用意できたわ。出かけるわよ。」

　アレックスは、ハッとして、自分がベッドに入るためでなく、パーティに行く準備をするために階段を上がったのを思い出しました。

　アレックスは認知症でもなければ、記憶力が特に悪いわけでもありません。彼は単に「自動操縦」中だっただけで、そのときどきに頭に浮かんだ心配なことに、意識が奪われてしまっていただけだったのです。この「自動操縦」はよくある問題です。あなたは、本当は友達の家に行こうとしていたはずなのに、無意識のうちに職場に向かっていることに気づいたことはないでしょうか。あるいは、夕飯に米を炊こうとしていたのに、じゃがいもの皮をむきはじめていたことはないでしょうか。「自動操縦」は、突然、あなたの人生をコントロールしはじめ、まったく思ってもみなかった方向にあなたを駆り立てることがあります。「自動操縦」中は、まるで心と身体が別々の場所にあるかのようです。

心理学者のダニエル・サイモンは、私たちがどこか別の場所に自動的に注意を向けてしまうために、非常に明白な事実すら見逃してしまう傾向があることを、数多くの研究で示しました。ある研究では、彼は、役者を使って道で一般の人に声をかけて道順を尋ねる実験を行いました[*1]。一般の人が、その役者に道順を教えている最中に、別の二人の役者がドアを運びながら、二人の間を通りすぎていくのです。道を教えている人の視野が、ドアで遮られている間、道を教えてもらっていた最初の役者がドアを運んでいた役者の一人と入れ替わりました。入れ替わった役者は、最初の役者とは外見がまったく異なっていました。ジャケットの形も色も違いましたし、セーターも着ておらず、角刈りでもありませんでした。声もまったく違いました。にもかかわらず、半分ほどの人は二人が入れ替わったことに気づかなかったのです。この実験は、人が自分のしていることにいかに没頭しやすいかということを示しているものです。そして、その副作用がどれほど大きいものかということも示しています。まるで、私たちの心から意識が追いやられてしまい、完全に「自動操縦」任せになっているかのようです。

　このように、自動操縦は不便なものかもしれませんが、間違いというわけでもありません。自動操縦によって、思いがけないときに失望させられる可能性もありますが、人間の進化の最大の財産の一つでもあるのです。自動操縦によって、あらゆる動物に共通する弱点を回避できるのです。それは、一度に完全な注意を注げるのは一つだけで、どんなに頑張っても、せいぜいいくつかのことに断続的にしか注意を払えないということです。人間の心には、いわゆる「ワーキングメモリ」という限界があり、一度には、限られた数の簡単なことしか頭に浮かべることができないのです。電話番号が昔から7桁（と市外局番）になっているのもそれが理由の一つで、人はそれ以上の数字を覚えきれないのです。心に、ある考えが一つ浮かぶと、それ以外の考えは追い出されてしまうようです。

　心の中に情報があふれると、ワーキングメモリはオーバーフローしはじめ、ストレスを感じはじめます。人生に対するコントロールを失ってしまうのです。無力さを感じ、心はたびたび固まり、決断力を失い、次第に周囲の物事に気づかなくなっていきます。忘れっぽくなり、疲れ果て、理解力も落ちていきます。それはまるでコンピューターのウィンドウを開けば開くほど、だ

んだんとコンピューターの動きが遅くなっていくのに似ています。最初はことの重大さには気づきませんが、いったん、目に見えないある限界を超えてしまうと、どんどん動きが遅くなって機能しなくなり、最後には壊れてしまうのです。

　短期的に見れば、習慣化することによって、自動操縦がワーキングメモリを拡張します。何回か同じことをくり返し行うと、心はすばらしく完璧なやり方で、それをするのに必要なあらゆる行動を結びつけてくれるのです。毎日行われる多くのことは、複雑な現象であり、無数の筋肉と数千束の神経との協調運動が必要になります。しかし、習慣を利用すると、脳のほんの一部しか使わなくても、こうしたことが行えるようになるのです。脳は、意識的な情報入力がほとんどない場合にも、習慣をつなぎ合わせて、長くて複雑な課題を実行することができます。たとえば、マニュアル車を運転しはじめたときのことを考えてみてください。最初は、ギアチェンジするのも難しかったはずです。でも、運転に慣れてくれば、意識しなくてもギアチェンジできるようになります。運転能力が上がるにつれて、同時にたくさんの複雑な動作を間違いなくこなすことができるようになるのです。ですから、運転に慣れれば、簡単にギアチェンジもできるし、同時に会話だってできるようになるのです。これらはすべて、自動操縦によって鎖のようにつなぎ合わされた習慣であると言えるのです。

[ マインドフルネスと自動操縦 ]

　ある一通のメールを送ろうとパソコンを立ち上げたのに、他のメールに返信することに心を奪われて、最初に送るはずだったメールを送らないまま、パソコンの電源を落としてしまったことはないでしょうか。

　もともとそうしようとしていたわけではないはずです。しかし、その結果、何が起きるでしょうか。今度、パソコンを立ち上げたときには、最初のメールを送る必要があるし、先ほど送ってしまったメールに対する返信も全部見ないといけなくなるのです。

　もしかすると、「仕事を片づけた」という意味では、良いことをしたと考えるかもしれません。しかし、実際にやっていることは、ただ単に

> メールのやりとりのスピードを上げただけなのです！
> 　マインドフルネスは何も、「メールを送るな」とは言いません。しかし、「今私がやろうとしていることは、本当に自分がしようとしていることなのか？」ということを、自分自身に問いかけるよう思い出させてくれるのです。

　はっきりと意識できていれば、自動操縦をコントロールしながら、習慣的な作業を自動操縦で行うことができます。たとえば、午後5時半が来たらメールの最終チェックをし、コンピューターを閉じ、鍵、携帯、財布があるかどうか確認するためにカバンをさっと調べるといった「その日の業務終了」の習慣を行うといったようなことです。それと同時に、夕食に何を食べようか考えながら、同僚との会話を続けることもできるのです。しかし、自動操縦は、いとも簡単にその意識的なコントロールを失ってしまうものです。ある習慣が次の習慣のきっかけとなり、さらにその習慣が別の習慣のきっかけとなってしまうからです。たとえば、いつもの習慣で、仕事の後、そのまま帰宅してしまい、友人と飲みに出かけるのを忘れてしまうかもしれません。一見些細な方法ですが、習慣は、密かに私たちの生活をコントロールできるのです。
　しかし、長い時間をかけ、人生の大半を自動操縦（その中には何を考えるのかということも含みます）に委ねるようになってしまうと、習慣は大きな問題となってきます。習慣が、考えを引き起こし、その考えがさらなる考えのきっかけとなって、最後にはいつもの考えを引き起こしてしまうからです。ちょっとしたネガティブな考えや感情が、情緒を増幅してしまうことだってあるのです。そのことに気づく前に、奥深いところにあるストレスや不安、悲しみに圧倒されてしまうことがあります。望まない考えや感情に気づく頃には、その考えや感情が強くなりすぎて、もはや抱えることができなくなるのです。たとえば、友人の「心ない」発言が、あなたを不幸せで落ち着かない気持ちにさせたとします。そんなとき、車があなたの前を横切ったとすると、イライラや怒りといった感情が湧き上がってくるでしょう。その結果、疲労感、疎外感を感じるかもしれません。そうすると、感情のコントロールを失ったことに対して罪の意識を感じ、落ち込んでしまうのです。その結果、さらな

る悪循環が始まるのです。

　必死になってその悪循環を食い止めよう、なんとかしてストレスを抑え込もうとするかもしれません。「こんなふうに感じるなんて、私はなんてバカなんだ」と自問自答するかもしれません。しかし、思考や感情、情緒についてこのように考えても、状態をさらに悪化させるだけなのです。あまりにも多くの思考、記憶、不安、そしてやるべきことで、自動操縦はあふれ返ってしまい、すぐにその限界を超えてしまいます。ちょうどパソコンでたくさんのウィンドウを開けたままにしているようなものです。心の動きは遅くなってしまいます。疲れ果て、不安を感じ、混乱し、人生に満足できない日々が続くようになってしまいます。そして、パソコンのようにフリーズしてしまうか、さもなければ壊れてしまうのです。

　このように、過重負荷が原因で、いったん「意識的な心」が機能しなくなってしまったら、もっと「考える」ことによって、そのプロセスをもとに戻そうとするのはとても難しいことです。それはまるで、パソコンがフリーズしているにもかかわらず、他のプログラムを開こうとしたり、さらにその上に別のウィンドウを開こうとしているようなものです。そうではなく、悪循環が始まったと気づいた時点で、悪循環を断ち切る方法を見つける必要があるのです。これこそが、人生にもっと上手に対処していくやり方を学ぶための第一歩なのです。自動操縦になっていることに気づけるよう訓練すると、心が何に注意を向けるべきか、分かるようになります。心の奥で動いているいくつかの「プログラム」を閉じることを学ぶ必要があるのです。生まれながらにもっているマインフルネスを再び取り戻すための最初のステップは、基本に立ち返ることです。一度に一つのことだけに注意を集中させる方法を学びなおす必要があるのです。

　第3章の「チョコレート瞑想」(52ページ参照)を覚えているでしょうか。マインドフルな食べ方をするチョコレート瞑想と同じような実践をすることで、一つのことにさらに注意を集中することができるようになります。次の「レーズン瞑想」は、マインドフルにチョコレートを食べるよりも、もっと繊細な注意を必要とする方法です。注意を集中させながら食べることで、これまでの食べるという体験とは驚くほど異なる体験になることでしょう。

　たった一度、このレーズン瞑想を実践してみるだけでよいのです。しかし、

やりたいときにはいつでもこれを実践しても構いません。レーズン瞑想は、マインドフルネス瞑想の一つの見本です。これをやり終えたとき、あなたはもうマインドフルネス瞑想プログラムを始めたことになるのです。

> [ レーズン瞑想[*2] ]
>
> 　一人でいられる場所で、電話や家族、友人に邪魔されないよう、5〜10分の時間をとりましょう。携帯電話は心を乱すので、電源を切っておきます。レーズン（あるいは他のドライフルーツやナッツ）を数粒用意します。後で記録をするときのために紙とペンを用意しておきます。やることは、以前チョコレートを食べたのと同じように、マインドフルなやり方でレーズン（あるいはドライフルーツやナッツ）を食べることです（52ページ参照）。
>
> 　何をしたらいいのかを理解するために、以下の指示を読んでください。必要であれば、もう一度読みなおしても構いませんが、すべての指示に忠実にしたがうことより、瞑想を行う心構えのほうがもっと大切です。以下の8つのステップにそれぞれ、20〜30秒の時間をかけましょう。
>
> **1. 手にとる**
> 　レーズン（あるいは、ドライフルーツやナッツ）を一粒手にとり、手のひらにそれをのせるか、親指と他の指でそれをつまみます。レーズンに注意を集め、まるで初めて見るものであるかのような態度で臨みます。手の中でそのレーズンの重みを感じることができるでしょうか。手のひらの上にその影を見ることができるでしょうか。
>
> **2. 見る**
> 　じっくりと時間をかけてレーズンを眺めてみます。それは一度も見たことがないものだ、と想像してみてください。それに大きな関心を寄せ、最大限の注意を向けてみます。それのありとあらゆる部分に目を配るのです。光が当たって明るいところ、そして皺のくぼみのためにより暗く

なっているところをよく見てみます。

### 3. 感触を確かめる
その質感を調べるような感じで、指の間でひっくり返してみましょう。もう片方の手の親指と人差し指の間でつまんでみると、どのように感じるでしょうか。

### 4. 匂いを嗅ぐ
今度は、鼻先にレーズンを持っていきます。一呼吸ごとに何を感じるでしょうか。匂いがありますか。そこに気づきを集めます。匂いはないですか。あるいはかすかな匂いがあるでしょうか。どんな匂いでしょうか。

### 5. 口に入れる
ゆっくりとそれを口に運びます。手と腕がそれをどのように運ぶか、運ぶべき場所をいかに正確に知っているかに気づきます。それから、口の中にそっとそれを置きます。あなたの舌はそれをどう「受け止める」でしょうか。それを噛まないで、舌の上にある感覚をただ探索するのです。その後、舌でその物体を調べます。30秒間、必要ならばもっと長く続けます。

### 6. 噛む
準備ができたら、意識的にそれを一回噛んでみて、その感じを確かめます。そこから広がるあらゆる味に気づくのです。歯でそれを噛んだとき、どのような感覚が広がったでしょうか。ゆっくりと何回か噛みます。まだ飲み込んではいけません。口の中で起きていることに気づきます。

### 7. 飲み込む
それを飲み込もうとする意思が心に湧き上がってきていることに気づ

くかどうか、よく観察してみます。実際に飲み込む前に、今起きているあらゆることに注意を十分に向け、気づくようにします。舌はどのように飲み込む準備をするでしょうか。それを飲み込むとき、それが口の中から食道を通っていく感じを確かめてみます。できれば、それが胃の中に落ちていく感じを感じてみます。もしも一度に全部を飲み込めなかった場合は、すべて飲み込むまで二回か三回、同じことをくり返します。飲み込んだ後、舌がどう動くのかに気づきます。

**8. 余韻を味わう**

　最後に、そのまましばらくの間、口の中の感覚を味わいます。後味が何か残っているでしょうか。それが口の中にないことをどのように感じるでしょうか。もう一粒食べようとする意思を感じることができるでしょうか。

　では、このレーズン瞑想をしながら気づいたことを書き留める時間をとりましょう。以下は、私たちのコースに参加した人が以前書いてくれたものです。

> 「匂いが衝撃的だった。それまでそんな匂いがあるなんてまったく気づいていなかった。」
> 「自分がとても間抜けだと感じた。自分が美術学校かそういう場所にいたかのようだった。」
> 「小さくてシワシワで、なんと醜く見えるものかと感じた。しかし味は私が思っていたものとまったく違った。実際、とてもおいしかった。」
> 「ふだんまったく考えずに口に放り込んでいる20粒以上のレーズンよりも、今日のたった一粒のほうが、より味があるように感じた。」

## 小さな果実の大きなメッセージ

　自分の行動にこんなに注意を払ったことが、一体これまでに何回あったでしょうか。集中するという本当に単純な行為によって、レーズンを食べるという体験が、どのように変化したか気づいたでしょうか。多くの人が、生まれて初めて、食べることで「払った金額に見合うだけのものを手にした」と言います。ふだん私たちは、どのようにして食べているのでしょうか。気づかないうちに、食べ物はただ消えてしまっています。レーズンは、取るに足らないもののように扱われているのです。私たちは、「もっと重要なこと」をしながら、何十粒のレーズンを一度に口の中に入れてしまいがちです。見逃していたものが味だけならば、たいした問題ではありません。でも一度、日常生活の些細なことに最大限注意を払うことによって得られるものを知ると、注意を払わないことによって失ってしまったものの大きさを感じるようになります。もし注意を払っていれば、見る、聞く、味わう、嗅ぐ、触れることで得られたはずの喜びについて考えてみましょう。日々の生活の中で、それらの喜びは見失われがちです。私たちは「今この瞬間」だけにしか存在しないのに、みな、過去や未来の中に生きてしまいがちです。私たちは、今この瞬間に起きていることについて、めったに気づくことがありません。

　レーズン瞑想には、マインドフルネスプログラムの中心となる教えが含まれています。それは、日々の活動の中で、気づきを得る方法を学ぶことによって、人生をあるがままに見ることができるようになり、一瞬一瞬を広げることができるようになるということです。これは簡単なことのように思えるかもしれませんが、かなりの練習が必要になります。レーズンでの練習の後、私たちのマインドフルネスクラスでは、いつもは何も考えずに行っている活動を一つ選んで、その後数日間、その選んだ活動を行いながら「レーズンの心」が得られるかどうかを観察することにしています。もしかするとあなたも、このような活動を一つ選び、日頃の生活の瞬間に目覚めるための、単純だけれど深い旅をしたくなるかもしれません（下記「無意識のうちに行ってしまいがちな習慣的な行動」を参照）。

## ［無意識のうちに行ってしまいがちな習慣的な行動］

　以下のうち一つ（あるいは、自分で見つけた別のことでも構いません）を選んでください。そして、来週は毎日、その選んだ行動をやっている間、注意を払えているかどうかよく観察してみます。ゆっくりとそれを行う必要はありませんし、それを楽しむ必要もありません。ただ普通にやることをやるだけですが、その間、その時に起こっていることに十分気づけているかよく観察します。

- 歯を磨くこと
- 家か職場で、ある部屋から別の部屋へ歩くこと
- お茶、コーヒー、ジュースを飲むこと
- ゴミを捨てること
- 洗濯機か乾燥機を回すこと

　あなたが選んだものをここに書き留めておきましょう。

　-------------------------------------------------
　-------------------------------------------------

　1週間の間、毎日、選んだ活動をしているときに、何に気づくかをよく見てみましょう。いつもと違うように感じる必要はありませんが、ただ、「意識がはっきりしている」ときに少し時間をとってみてください。選んだ行動をするときは、自分のペースでやりましょう。たとえば、

**歯を磨くこと：**歯を磨くとき、心はどこにありますか？　すべての感覚に注意を注いでみましょう。たとえば、歯ブラシと歯の関係、歯磨き粉の匂い、口の中の湿度、つばを吐くあらゆる動き、など。

**シャワーを浴びること：**身体にかかる水の感覚、その温度や圧力に注意を向けてみます。身体を洗うときの手の動き、身体の向きを変えたり、屈んだりするときの身体の動きなどに気づくようにしてみます。もし

「シャワーを浴びること」を、注意を向けるいつもの行動として選んだのであれば、そうしようという意図をもってシャワーを浴びてみましょう。

次の週は、気軽に別の活動でこの実験を続けてみましょう。

　アレックスは、レーズン瞑想をしたことで、人生の中で起きる良いことや悪いこと、実に多くのことを見すごしてきたことに気づいたそうです。「良いものを見すごしていた」というのは、彼の人生が、本来そうであるほどには豊かでなかったということです。「レーズンに集中したとき、これほどおいしく感じたのだから、これまで私が食べたり飲んだりしてきた他のものは、一体どうだったのだろうか？」と彼は考えました。彼は、毎日を慌てて過ごしてきたことで、もしかしたら手に入れられたかもしれない味、風景、音、触り心地、これらすべてを失ってしまっていたことに気づいて、少し悲しい気持ちになりました。しかし、彼は、そこで立ち止まりました。そこには、「選択」がありました。つまり、これまでどおり、マインドフルでない、ただ通りすぎていってしまうだけの人生を送り続ける選択もできたし、自分の人生をしっかりと生きはじめる選択もできたのです。何年か後、アレックスは一粒のレーズンを食べるということが、自分の人生を変え、自分の結婚生活を救ってくれたということを打ち明けてくれました。

　ハンナはこのレーズン瞑想で、アレックスとは違う経験をしていました。彼女は、次のように自分の経験を語りました。「レーズン瞑想では、心に浮かぶあらゆる考えや感情が、レーズンを味わうのを妨げていることに気づきました。私は、たった一瞬だけでも、考えることをただやめたかっただけなのです。でも、やめるのは本当に大変で、まったく心地良いものではありませんでした。」ハンナの体験は、よく聞かれるものです。自分の心がいかに忙しくしているのかを、以前よりも、よりはっきりと分かるようになると、瞑想以外のことをやっているときでも、そのひどさに愕然として、心をなんとかコントロールしようとしはじめます。

　でも、マインドフルネスでは、心をコントロールしようとしたり、心のス

イッチを切ろうとしたりする必要はありません。その落ち着かない状態こそが、マインドフルネスへの入り口なのです。落ち着かなさをなくそうとするよりも、何が起こっているか認識するようにしてみましょう。心のおしゃべりに対して注意を向けることで、つまり、心のおしゃべりに十分に気づくようになることで、より多くの選択とゆとりがもてるようになることに、だんだんと気づくようになるでしょう。そして、そのことによって、もっと上手に生活をする自由が得られるようになるでしょう。つまり、困難なことで心や生活が支配される前に、その迫ってくる困難に対処することができるようになるのです。

**私たちは、そのことに自分自身で気づかなければならないのです。**

　私たちは、このことを伝えることはできます。そしてあなたもそれを信じることはできるでしょう。しかし、それは、このことを本当の意味で理解することとは、また違うことなのです。あなたがマインドフルネスを本当に必要とするとき、つまり指の間から世界が滑り落ちてしまっているように感じるときに、それを思い出せるようになる唯一の方法は、自分自身でそのことに気づいておくことなのです。何度も、何度も、そして何度でも。

　レーズン瞑想についてのメッセージをどのように受け止め、そしてどのように活用していけるでしょうか。まずは十分な注意を注ぐということを学ぶ必要があるでしょう（「無意識のうちに行ってしまいがちな習慣的な行動」を参照）。そしてそのために、これがとても良い方法だと思うかもしれません。しかし、そう思うだけでは十分でないかもしれません。次の二つのことが必要です。一つ目は、集中するためのトレーニング法を見つけることです。そのためには実践を積まなくてはなりません。この実践をするときに必要なものを後ほど説明していきます。二つ目は、日頃の大半の行動を支配してしまっている習慣から自らを解き放つ方法を見つけることです。これについても、後ほど説明します。

# 身体と呼吸のマインドフルネス瞑想

　どのような瞑想でも、散漫になっている心に注意を向けるのを手助けする日々の実践から始まります。瞑想の最初のステップとして最も一般的な方法は、誰もがもっている「あるもの」に焦点を当てることです。それは、「呼吸」です。なぜ呼吸なのでしょうか。その理由は以下のとおりです。

　第一に、私たちは呼吸なしには生きていけないにもかかわらず、呼吸を当然のものと思っているからです。人は食べ物なしでも何週間かは生きられますし、数日間であれば、水なしでも生きることができます。しかし、呼吸なしでは、20〜30秒ほどしか生きることができません。呼吸はまさに生命そのものなのです。

　第二に、呼吸をするために、私たちが何か特別なことをする必要がないからです。私たちは、意識しなくても、勝手に呼吸をしています。もし私たちが、思い出さなければ一回一回呼吸できないようなら、とうの昔に呼吸することを忘れてしまっていたことでしょう。つまり、呼吸に注意を向けるということは、「きちんとしなければいけない」という、無意識のうちにもちがちな信念に対する重要な対抗手段になりうるのです。呼吸に注意を向けることによって、私たち自身の核となる部分で何かが起きている、それも、私たちが誰であるのかとか、達成したいことが何であるのかといったこととほとんど関係がない何かが起きているということを思い出すことができるのです。

　第三に、瞑想するにあたって、自然で穏やかに動く場所であるため、呼吸は、焦点を当てやすい目標となるからです。そのため、呼吸は、今、ここにあることの基盤となるのです。5分前のために、あるいは5分後のために呼吸することはできません。今この瞬間のためだけにしか呼吸することはできないのです。

　第四に、呼吸は自分の感情の敏感なモニターとなるからです。もし自分の呼吸の長さ、深さ、荒さがどれぐらいなのかをより感じられれば、心の天気がどうなっているのかをよりはっきりと感じられるようになります。そうすれば、自分自身のケアをするのに役立つ行動をとるべきかどうか、そして、どうしたらその行動をとれるようになるのか、選べるようになるのです。

　最後に、呼吸は自分の注意を引きとめる錨となるからです。呼吸によって、

心がさまよい、退屈であったり落ち着かなかったりするとき、怖がっていたり悲しんだりしている時を、よりはっきりと認識できるようになります。最も短い呼吸瞑想の間ですら、さまざまなことがいかに自分のためになっているかということに気づくでしょう。そして、呼吸に注意を戻すことによって、すぐに問題を解決しようとする傾向を手放すことができるようになるのです。呼吸はこれまでとは違って、しばらくの間、人生をそのままにしておき、事態を解決しようと急がないときにどのような智慧が生まれてくるのか、気づく可能性を広げてくれます。

　第1週目では、次のページに示す呼吸瞑想を少なくとも週6日間練習するようにしましょう。1回たった8分程度しかかからないので、少なくとも一日に2回、呼吸瞑想することをすすめます。呼吸瞑想中は、目を覚ましていられる姿勢であれば、座っていても、横になっていても、どんな姿勢であっても構いません。呼吸瞑想は、多くの人が朝や夜にするのが最も良いと言いますが、どの時間に行っても構いません。最初は、瞑想のための時間をつくることが難しいと感じるかもしれません。しかし、先に述べたように、最終的には、瞑想によって、瞑想に使った以上の時間を手に入れることができます。瞑想を行うと決め、それをやり抜くことがとても重要です。実践することが必要なのです。ただ、世界中の研究によって、瞑想が役立つことが確認されていることも忘れないようにしてください。もしあなたが毎日、決められた回数と時間、瞑想を実際に行えば、とても大きな効果がもたらされます。ただ、効果はすぐに現れるものではありませんので、実際に瞑想を継続して行うことが必要なのです。効果を享受するためには、8週間のコースをやり遂げる必要があります。でも、コースの一日目が終わっただけで、以前よりもさらにリラックスし、より幸福感を感じると報告する人もいます。

　そうは言っても、時には呼吸瞑想ができないときもあるでしょう。非常に忙しいときもあるでしょうから、こうしたことが起こるのは当然のことです。ですから、一日2回以上呼吸瞑想ができなかったからといって、自分を責める必要はありません。時には、丸一日瞑想できないということもあるでしょう。そうした時でも、自分自身を責めずに、その週の後半に、埋め合わせの時間をつくれるかどうか考えてみましょう。でも、もし最初の1週間のうち3、4日間しか瞑想をすることができなかったのであれば、もう一度、第1週

目の練習を行ってみましょう。もしどうしても第1週目をくり返したくなければ、第2週目に進んでも構いません。

　実際に始める前に、瞑想についての本を読みたくなるかもしれません。くわしく書いてあるので、瞑想をしているときに気づくであろうたくさんのことについて、事前に知ることができます。しかし、細部にこだわるよりも、瞑想の精神に注意を注げているかどうかを考えてみるようにしましょう。瞑想について書いてあるものをすべて読んだとしても、付属のCDにあるガイダンスに沿って瞑想を行うのがベストです。そうすることで、その瞬間瞬間、瞑想を行うことができ、いつ終わるのかと心配する必要がなくなるのです。

---

[ 身体と呼吸のマインドフルネス ]

　瞑想を実践する際は、付属のCDにしたがうのがよいのですが、ここに述べる瞑想の詳細について目を通しておくことは、とても重要なことです。ただし、あまり細かい点にとらわれすぎないように注意してください。なぜなら細部より重要なのは、精神そのものだからです。

**姿勢を定める**

1. マットやラグの上に横になっても、椅子に座っても、クッションや瞑想用の腰かけに座っても構いません。
　椅子に座る場合は、揺れたりしない、しっかりとした、背もたれのまっすぐな椅子に腰かけます。背もたれにはもたれかからず、背筋をまっすぐに伸ばします。クッションに座る場合には、最初は難しいかもしれませんが、両ひざが実際に床に触れるようにするとよいでしょう。心地良い姿勢がとれるように、クッションや腰かけの高さを自由に調整してください。もしこのような姿勢をとることが難しいようなら、意識がはっきりとするような最も良い姿勢を探します。

2. 座って行う場合には、背筋をまっすぐに伸ばし、威厳のある姿勢を保ちます。しかし、固くなったり、緊張したりするのではなく、心地良い感覚を保つようにします。椅子に座る場合は、脚を組まない

ようにして、両足の裏を床につけ、背筋をまっすぐに伸ばします。目は閉じるか、1メートルほど先に視線を落とすようにします。横になる場合は、両脚を組まないようにして、左右の足の間を少しあけます。腕は身体から少し離して身体の横に置き、手のひらを上に向けるようにしてもよいかもしれません。

**身体に気づきをもたらす**
3. あなたの身体が、床や椅子などの、あなたを支えているものと触れている感覚に意識を集中させて、少し時間をかけて、それがどのような感覚なのかを探ってみます。
4. 注意の焦点を足に移動させます。両足と足首のあらゆる感覚に注意の焦点を合わせます。意識の中で感覚がどのように生じて、どのように消えていくかを感じます。何の感覚もない場合には、ただ「何も感じない」ということだけを心に刻みます。何も感じなくても問題はありません。何か特別な感覚を起こそうとするのではなく、今ここにあるものに注意を向けようとするだけで結構です。
5. 次に、注意の範囲を両脚全体、体幹、左腕、右腕、そして首、頭へと広げていきます。
6. 注意を全身に広げます。身体の感覚があるがままにしておけるかどうかを確かめます。何かをコントロールしようとしたり、無理に変えようとしたりしないようにします。

**呼吸の感覚に注意を向ける**
7. 呼吸の感覚に注意を向けます。息を吸って吐くのに合わせて、おなかの感覚が、時間とともに変化するのを感じます。おなかに手を置いて何回か呼吸をしてみましょう。そして、おなかが上下に動くのを感じてみるとよいでしょう。
8. 息を吸うときに、おなかがふくらみ、息を吐くときに、おなかがへこむ感覚に気づくかもしれません。

9. 息を吸っている間、息を吐いている間、身体の感覚が変化するのに気づけるように、できる限り注意を集めます。息を吸うときと吐くときの間、吐くときと吸うときの間にわずかな空白の時間があることに気づくかもしれません。
10. 呼吸をコントロールしようとする必要はありません。ただ自然に呼吸をします。

**心がさまようことに上手に対処する**

　そうするうちに、心が呼吸から離れて、考えやイメージ、計画、空想などへさまようのを感じるかもしれません。心がさまようことは失敗ではありません。心がさまようのは自然なことです。心が呼吸にないことに気づいたときには、そのことを祝福してもよいかもしれません。なぜなら、もうすでに我に返っているからです。ただ、心がどこにさまよったかを認識し、そして静かに注意を呼吸に戻します。

　心は何度もさまようかもしれません。その時は、その都度、このエクササイズの目的は、心がどこにさまよったのかに気づくことだということを思い出して、静かに注意を呼吸へと戻していきます。そうすることはとても難しいことかもしれません。心が思うようにコントロールできないことにフラストレーションを募らせるかもしれません。そうしたフラストレーションは、心にさらなる「雑音」を呼び起こします。心がさまよったときは何度でも、あなた自身に思いやりの気持ちをもちながら、ゆっくりと意図したところに注意を戻していきます。

　心が何度もさまようことが、あなたへの思いやりを育む良い機会になるか見てみます。もしかすると、心がさまようことへの優しさが、それ以外のことへの思いやりにもつながっていることに気づくかもしれません。さまよう心は、敵ではありません。マインドフルネスの実践における仲間なのです。

　8分間ほど、あるいはもっと長くても結構です。瞑想を続ける間、瞬間瞬間、今あなたが体験していることに気づいていきます。心がさまよ

> い、本来意図したところでないところに注意が飛んでいってしまっていることに気づいたら、身体や呼吸の感覚を錨として使い、今、この瞬間に再び戻ってきます。
>
> 　この実践は、マインドフルネスプログラムの最初の週に、少なくとも一日2回実践することをすすめています。

　ハンナは1週間、毎日2回、付属のCDにある音声の指示にしたがって瞑想を行いました。レーズンに対する彼女の反応を考えれば、瞑想を行っている間、ほとんど我慢できないぐらい、彼女の心がさまよったことは驚くべきことではありません。「初日に、座って数秒で、私は自分が『やることがたくさんあるのに。これは時間の無駄だわ』と考えていることに気づきました。それから私はこう自分に言ったのです。『よし、今のことは忘れよう。よし、座って、呼吸しよう。』その数秒後には、次の日までに同僚に提出すると約束したレポートのことを思い出しはじめました。胃が痛くなりました。『もしレポートを出さなかったら、彼はどう思うだろう？』それから、『この瞑想のせいで、気分がもっとひどくなる！』と考えました。」

　ハンナは瞑想について読んだ後もまだ、マインドフルネス瞑想の目的は、心をすっきりとクリアにすることだと考えていました。そのため、彼女は自分が瞑想をしたときに、そうならないことについて悩んだのです。ハンナは自分の人生で起こっていること、自分がいまだ達成できていないあらゆる課題についてだけでなく、瞑想のときに考えを自分の心から締め出せなかったことについてもストレスを感じるようになっていました。彼女はまだ内心、正しい方法で瞑想を行えば、「心の掃除」ができ、ストレスが消え去るのだと信じていたのです。

　どういうわけかハンナは、一日2回、呼吸瞑想をやることにこだわっていました。彼女は、自分の心がまるで嵐が起きたようだと感じるときもあれば、穏やかだと感じるときもあることに気づきました。瞑想を始めて三日目、新たなことが起きました。彼女は、思考や感情は天気のようなものであり、嵐のときでさえ、天気を観察することが自分のやるべきことなのだと気づいた

のです。また、時には、心はまるで湖のようだと考えることが役立つことにも気づきました。時には、風で心にさざ波が立つこともあれば、穏やかなときもありました。そして、心が穏やかなときには、まわりの景色がすべて映し出されることにも気づいたのです。

　ハンナは「天気」をコントロールしようとはしませんでした。むしろ、彼女は「天気」に興味をもつようになり、判断せず、ただ好奇心をもって、嵐とそれに続く穏やかさを観察したのです。ハンナはだんだんと、思考は「単なる」思考であり、自分の心の内的な動きは、ただ単に心を一瞬通りすぎていく出来事であると気づいていきました。

　心は「湖」であると考えるようになると、ハンナは、通りすぎる嵐によっていかに頻繁に心が乱されるのかということを理解するようになりました。「嵐が来ると、湖の水は暗くにごり、土砂で埋め尽くされてしまいます。でも、もし私に忍耐力があれば、天気が変わっていくのをただ見ることができます。私は再び、だんだんきれいになっていく湖の美しさを見ることができるのです。このことは、私の問題をすべて解決するわけではありません。時には、がっかりすることだってまだあります。でもそれが、何度もくり返されるプロセスであると知ることは助けになります。私は、毎日実際に瞑想を行うことの重要性を理解しています。」

　ハンナは、何か深遠なものを発見しつつあるようでした。「天気」をつくり出せる人がいないように、思考が心の中で暴れ回るのをコントロールできる人もいません。それでも、それに対してどのように反応するかということは、ある程度コントロールすることができる、ということなのです。

## 蝶のように飛び回る心

　毎日瞑想を行うとき、自分の経験とハンナの経験の似ているところ、違っているところについて観察してみましょう。いかにたやすく心はかき乱されるのかということを発見できるかもしれません。私たちの心は思考から思考へと飛び回る傾向があります。そのため、集中を持続させることはとても難しいことなのです。集中を持続させることがとても難しいということを理解することは、マインドフルな気づきを深めるための必要なステップなのです。

瞑想中、自分自身に優しくなれるかどうかよく観察してみましょう。瞑想中に心がさまようとき、とても重要なことを発見できるかもしれません。瞑想の間、思考が流れになって動いていくのを「観察する」ことから始めてみます。あらゆる流れと同じように、浮かんでは消え、また別の考えが浮かんでは消えていく、そのような流れを眺められるようになるでしょう。そして、ほんの一瞬の間に、思考、感情、記憶のすべてが、絶え間なく心を通りすぎていくことをはっきりと観察できるようにもなります。頭に浮かんでくる大半のことがらは、特に関連があることではなく、ランダムに浮かんできていることにも気づくでしょう。それはちょうど、あなたの心がさまざまなものを押し入れの奥から手当たり次第に引っ張り出してきて、一つひとつ意識的に、気に入ったものかどうか、面白かったり何かの役に立ちそうなものかどうかを判断する余地が残されているような状態です。子どもが買ってもらえるかどうかの承認を求めて、おもちゃを大人に見せるようなものでもあります。この可能性を提供してくれること、これこそが心が行ってくれることなのです。そうすることで、それらの思考を受け入れるか、あるいは受け入れないか、選択できるようになるのです。しかし私たちは、あまりにしばしばこのことを忘れてしまっています。思考を現実と混同してしまい、あたかも心が自分自身そのものであるかのように思ってしまうのです。

　思考と現実は違うものであるとはっきりと気づいたとしても、またすぐに、また思考と現実の区別がつかなくなってしまうかもしれません。そうなったとしたら、やるべきことは一つです。ただ、「思考」を単なる「思考」と捉え、呼吸にゆっくりと優しく注意を戻すのです。注意を戻すのを妨げるものに気づき、その妨げるものをただ認めるのです。そして呼吸に注意を戻す前に、黙ったまま、その妨げるものに名前をつけてみます。たとえば、「ああ、これが思考だな」「これは将来どうしようかという計画だ」「これは不安だ」といった具合です。そうすることで、注意を呼吸に戻すのを妨げるものが何かを認めやすくなる人もいるでしょう。注意が逸れるのは、失敗というわけではありません。むしろ、十分な気づきを得るための最初のステップになるのです。

# 習慣を手放す

1週目から2週目にかけて、「習慣を手放す」練習をします。いつもとは少し異なることを生活に取り入れることで、それまで習慣としてきたことを手放すプロセスを始められるようにしていきます。

**椅子を変える**

自宅やカフェ、バーや職場で、ふだん自分がどの椅子に座っているか見てみましょう（たとえば、会議のときなど）。そして、いつもとは違う椅子にわざと座ってみましょう。あるいは、座る椅子の場所を変えてみてもよいでしょう。私たちは、習慣にとても強く縛られており、「いつもと同じ」であることから大きな安らぎを得ています。習慣が必ずしも良くないということではありませんが、ただ、習慣を生かすために、自動操縦を当たり前と思ってしまいかねないことが問題なのです。人はすぐに自分のまわりの景色、音、匂いに気づかなくなってしまいます。あまりにもおなじみになってしまっているために、いつもの椅子の感覚にさえ気づかなくなってしまうものです。ただ椅子をいつもと違うものに変えるだけで、自分の感じ方がどのように変わるのかに気づいてみましょう。

[ 第1週目の実践 ]

- レーズン瞑想（69ページ参照）
- 毎日の習慣的活動に関するマインドフルな気づき（73ページ参照）
- 一日2回の「身体と呼吸のマインドフルネス」（CDのトラック1）
- 習慣を手放す

# 第6章
# 第2週　マインドフルに身体を感じる
Mindfulness Week Two: Keeping the Body in Mind

　ジェイソンは、「かつて、私は自分の仕事を『無言の殺人鬼』と呼んでいました」と言いました。「車の教習所の教官というのは、おそらく世界で一番ストレスフルな職業です。生徒は2種類のタイプに分けることができます。第一は、自分はF1のドライバーだと考えるタイプ。第二は、自分を小さなうさぎのように臆病だと思っていて、他人を邪魔することを恐れ、他の車に尻込みするタイプです。どちらのタイプにしても、車をうまくコントロールできないので、道路の上の動く災害になりかねません。私は一日6〜8時間もの間、生徒が運転している車の助手席で、生徒が車をコントロールできなくなって、事故を起こし、生徒も私も死んでしまうかもしれないという恐怖を感じながら過ごしていました。」

　「この仕事について7年経った頃、心雑音があると診断されました。その診断にはまったく驚きませんでした。なぜかって、一日中、恐怖と怒りを抑え込もうとしていましたし、じっとしていられなくなり、汗をかきすぎるようにもなっていたからです。夜中に何度も目を覚まし、翌朝起きたときは疲れ果てていました。生活はひどいものとなってしまっていましたから。」

　もしそのときの仕事中のジェイソンを見たならば、彼の顔に苦痛の色が浮かび、生活にまったく喜びがなくなってしまった理由を理解することができたでしょう。身体は一日に何度も緊張で固くなり、動きはぎくしゃくとし、眉間の皺は永久に消えないかのように刻み込まれていました。彼は悲しみと苦痛そのものだったのです。彼は人生をゆっくりと蝕んでいく悪循環の中にはまっていたのです。

　ジェイソンは自分では気づいていませんでしたが、思考や感情によって突き動かされているのと同じぐらい、身体で感じる恐怖と緊張によって突き動

かされていました。先ほど見たように、思考や感情や情緒は心が生み出すものでもありますが、身体が生み出すものでもあるのです。

　身体は、心の中で常に揺れ動いている感情のわずかなざわつきに対しても非常に敏感です。自分が意識するより前に、身体が思考に気づきます。そして、その思考が現実世界を正確に反映しているか否かには関係なく、しばしばその思考がまるで真実であるかのように身体は反応するのです。しかし、身体は思考にただ反応するのではありません。思考は感情に関する情報を脳にフィードバックし、それにより恐怖、不安、心配、不幸せな気分が高まるのです。このフィードバックのループは、最近解明されはじめたばかりの現象で、複雑な働きをするものなのです。

　身体が思考に強い影響を与えていること、つまり、身体の動きや姿勢が、非常に論理的であるように見える判断にも影響を与えていることが、多くの実験によって示されてきています。1980年に、心理学者のゲーリー・ウェルスとリチャード・ペティは、身体が心におよぼす影響を示す画期的な（そしてくり返し行われている）実験を行いました。この実験の参加者はヘッドフォンで音楽とスピーチを聞いた後、その音質を評価するよう求められました。参加者は、音を聞きながら、次のように頭を動かすように指示されました。参加者のうちあるグループは、まるで首を横に振るかのように、右端から左端へと横に頭を動かすように指示され、他の参加者のグループは、まるでうなずくように、頭を上下へと縦に動かすように指示され、他のグループは頭をまったく動かさないようにと指示されました。さて、どのグループが最もヘッドフォンの音質に高い点数をつけたでしょうか。頭の動きが「はい」という意味の頭を上下に動かすように指示された群は、「いいえ」という意味の頭を左右に動かすように指示された群よりも高い点数をつけたのです。

　そして、この実験がうまくいかなかったときのために、研究者はさらなる実験を用意していました。参加者が先ほどの実験を行った建物から出たときに、大学生活に関する短いアンケートに答えてくれないか頼んだのです。参加者の誰も、これが先ほどの実験の一部であるとは気づきませんでした。しかし、彼らの意見は、先ほどの実験と同じく、今回の実験でも頭の動きに影響されていたのです。彼らがヘッドフォンを通して聞いたのは、大学の授業料を587ドルから750ドルへと上げるべきかどうかという議論でした。参加

者が授業料に関する自分の意見を尋ねられたとき、頭を動かさなかった人たちは平均582ドルと答えました。この数字は実際の金額に近いものです。頭を左右に振っていた人たちは、平均金額からだいぶ低い467ドルと答えました。頭を縦に動かした人たちはどうだったのでしょうか。彼らは646ドルと答えたのです[*1]。参加者の中で、自分の頭の動きが自分の判断に影響を与えていたことに気づいた者は誰もいませんでした。

　思っている以上に、私たちが一瞬一瞬下している判断に、そのときの自分の身体の状態が大きく影響しているのです。このことを受け入れがたく思う人もいるでしょうが、逆に、このことによって元気づけられる人もいるでしょう。なぜならば、身体が思考に影響を与えているということは、身体との付き合い方を変えるだけで、自分の人生を大きく改善させられる可能性を示唆しているからです。しかし、問題が一つあります。それは、私たちはたいてい、身体のことにほとんど気づいていないということです。私たちは人生の大半を、目を閉じたまま、飛び回って過ごしているようなものなのです。

　私たちは、自分に身体があるということをほとんど忘れてしまい、「頭の中で」多くの時間を過ごしてしまいがちです。計画し、思い出し、分析し、判断し、思案し、そして比較することに何年も費やしてしまいかねないのです。そうすることが間違っているわけではありません。しかし、頭の中だけで過ごしていると、気づかないうちに身体的にも精神的にも満たされる感覚が損なわれていってしまうかもしれないのです。私たちは、身体のことや、身体が思考・感情・行動に与えている影響について忘れてしまい、T・S・エリオットが言う「注意散漫になって、緊迫した時間に支配された顔」を自分がしていることに気づいていないのです[*2]。

　多くの人は、自分自身のことをあまり好きではありません。このことが、自分の身体を無視する傾向を強めているのです。私たちは、自分の理想ほど背が高いわけでも、スリムなわけでも、魅力的なわけでもないでしょう。また、以前と同じようには身体も動かないかもしれません。心の奥でささやき声が聞こえる人もいるかもしれません。そして、ある日、その声によって私たちは打ちのめされてしまうのです。それは、準備ができていようがいまいが、身体は年をとり、やがて死ぬときが来るのだという声によって。

　その結果、私たちは、結局は、身体を無視するか、いじめることになって

しまうのです。私たちは、身体を敵として扱うわけではありませんが、友達を大切にするほどには、自分の身体を大切にすることはないのです。私たちにとって、自分の身体とはよく分からない存在なのです。しかし、身体が送っているメッセージを無視すると、想像以上の苦痛が生じます。本来、心と身体はつながっているにもかかわらず、それを別のものとして扱うことは、ちょうど、関節が脱臼している状態のようなものです。それは、本来関節があるべき位置から外れてもとに戻らず、強い痛みを引き起こしているようなものなのです。

　慌ただしい世界の真っ只中にいる自分の人生に、安らぎと居心地の良さをもたらすために、私たちが学ぶ必要があることが一つあるとすれば、それは、あまりに長い間、私たちが無視してきた自分自身の身体を取り戻すことなのです。

**マインドフルネスを本当に涵養するためには、もう一度、
自らの身体としっかりとつながる必要があるのです。**

　先ほど述べた教習所教官のジェイソンが学んだのは、このことでした。ジェイソンは、「私はその日一日を穏やかに過ごし、その日の終わりにリラックスする方法を見つけなければならないことが分かりました。さまざまなスポーツを試してみましたが、どれも私の心を完全にとらえることはありませんでした。私はヨガを試し、ついにヨガとマインドフルネス瞑想が、まさに自分が必要としていたことなのだと気づいたのです。私は、それまで自分の身体から完全に切り離されていたことに気づきました。私は、身体をほとんど感じることができませんでした。」

　「大きな効果を感じるようになるには数週間かかりました。しかし、次第に、ほんのわずかずつですが、自分の人生に対するコントロールを取り戻しはじめたのです。私は新しい視点を手に入れましたが、それは仕事に驚くほど役立ちました。今では、私は生徒が間違うほんの少し前に、それを予測することができます。また、驚くほど共感できるようになり、それにより、恐怖や不安を上手に扱うことができるようになりました。」

　「先週、生徒の一人が駐車場にバックで車を入れました。一年前だったら、

ただ激怒しただけだったでしょう。でも、今回は2、3回深呼吸をし、自分に言ったのです。『だから保険に入っているんじゃないか』。」

## 復習

　マインドフルネスプログラムの第1週目（第5章）は、マインドフルな集中と気づきを維持する力を高めるプロセスから始まりました。そうすることで、心の内面の働きと心の「おしゃべり」の傾向について少し分かるようになったかもしれません。心の中で思考が湧き上がるのを止めることはできませんが、いったん思考が湧き上がった後に起こることは止められると、徐々に理解できるようになったかもしれません。悪循環は止めることができるのです。

　本章で述べるマインドフルネスプログラムの次のステップでは、身体にマインドフルな注意を向けることを学び、心の動きに気づく力をより高めます。あなたは、感情の伴う思考が生じたその瞬間に気づくことができるようになります。身体は感情を増幅させる装置ではなく、感情をとらえる敏感なレーダーとなりえるのです。つまり、身体は不幸せな気分、不安、ストレスが生じる前にあなたに注意を促す警告システムなのです。しかし、身体からのメッセージを「読み」、理解するためには、あなたはまず、そのシグナルの源である身体の部分に丁寧に注意を向ける方法を学ばなくてはなりません。シグナルを発するのは身体のどの部分でしょうか。身体のあらゆる部分がシグナルを発する可能性があることに、すぐに気づくでしょう。そのため、身体のすべての部分に対してボディスキャン瞑想を行うことが必要であり、そのボディスキャン瞑想の中で出てきたものすべてを無視せず、それらをまるで友達であるかのように大切に扱うことが必要なのです[*3]。

## ボディスキャン

　ボディスキャンはとてもシンプルですが、これによって心と身体は継ぎ目なく一つのものであるかのように、しっかりとつながっていきます。ボディスキャン瞑想では、しばらくの間、身体のある部分に判断をしないで注意を向け続け、それから身体の別の部分へ注意を移していきます。これを身体全

体を「スキャンする」まで続けます。ボディスキャン瞑想の練習を続けることで、あなたの注意を維持し続ける能力が高まるでしょう。また、気づきとはどういうものなのか、つまり、気づきには思いやりと好奇心という特徴があるということに気づくでしょう。

　ボディスキャン瞑想のためには準備が大切です。そのために、瞑想のやり方に関する59〜61ページを読みなおすとよいでしょう。第1週目の練習によって、すでに一日のうちどの時間が自分にとって一番瞑想しやすいかが分かっていることでしょう。一日2回、1回15分間の時間を見つけ、その時間、ボディスキャンだけを行います。今週中に6日間実践すると、週の終わりまでに12回のボディスキャンを行うことになります。ボディスキャンは自分のための時間であることを忘れないでください。自分の内側を、つまり、あるがままの自分の心をゆっくりと感じる時間をとってください。できる限り日々の忙しさから離れ、電話は切っておき、自宅や職場などの静かな場所で行いましょう。その場所と時間を見つけることが、よりよい瞑想のためにはとても大切です。

　疲れすぎていたり、忙しすぎたりして、瞑想のための時間を確保するのが難しいと思うことがあるかもしれません。それはもっともなことではあるのですが、瞑想はあなたを豊かにするものだということを思い出してみてください。ほんの15分間の時間さえ絞り出せないと感じるときこそ、ボディスキャンの実践を継続することが最も価値あるときなのです。ボディスキャン瞑想をすることは自分への投資です。この投資は十分な見返りがあるでしょう。ボディスキャンの実践を続けることで、家でも仕事でも、以前よりずっと効率的に過ごせることに気づくでしょう。なぜならば、これまでの思考や感情への関わり方は、多くの時間を消費するにもかかわらず、ほとんど見返りのないものだったからです。これまでは、ある考えに迷わされ、同じことを何度もぐるぐると考えることがあったことでしょう。それはまるで、まったく栄養のない干からびた骨を、一生懸命かじり続けている犬のようなものです。もし、よりマインドフルになることによって、この古い習慣を手放すことができれば、あなたはその時間を自由に他のことに使えるようになるのです。

[ ボディスキャン瞑想 ]

1. マットやベッドに横になってください。横になることが難しければ、座ったままでも構いません。目を閉じても構いません。もちろん、目を開けたままでも大丈夫ですし、瞑想中、眠りに落ちそうになる場合には、いつでも目を開けて構いません。

2. まず身体の感覚に注意を集めます。特に、身体と身体が触れているものとの間の感覚に注意を向けていきます。息を吐くたびに、この場所に横たわっている、全身の感覚を感じとります。

3. このエクササイズは、リラックスして眠ってしまうことが目的ではありません。むしろ、"意識をはっきりとさせておく"ことが大事です。よりリラックスしようとか、より落ち着こうというように感じ方を変えることが目的ではありません。このエクササイズの目的は、時間をかけて、身体のさまざまな部分に順番に注意を向けていき、そこにある感覚をしっかりと感じる力を養うことです。特別なことを探すのではなく、あるがままの状態を感じとるようにします。時には、感覚が何もないということもあるかもしれません。その時は、そのまま「感覚が何もない」ということをただ認めます。無理に何かの感覚を引き起こそうとする必要はありません。

4. まず、おなかに息が入り込む感覚に注意を向けましょう。息を吸ったときに胸やおなかがふくらんで、息を吐いたときに胸やおなかがへこむのを感じとります。身体全体がふくらんだりへこんだりしている感覚を確かめましょう。

5. 次に、注意を集中させて、その注意を身体の下のほう、足に移します。両方のつま先にどのような感覚があるかを感じとります。感覚が何もない場合は、ただ「感じない」ということを心に刻みます。わずかな感覚しかない場合は、そのわずかな感覚を感じとるようにします。

6. 次に息を吸ったときに、息が身体の中に入り込み、両脚の中を上から下へと吹き抜けて、足先に到達することを想像してみます。そして、

息を吐いたときには、息が逆に下から上へと吹き抜けて、鼻から身体の外へ出ていくことを想像してみます。このように、息を吸ったときに脚の中に息が満たされ、息を吐いたときに脚の中が空になることを想像するとどのような感じがするか、感じとってみます。このような呼吸を何回かしながら、その感覚を味わってみます。

7. 準備が整ったら、次に息を吐くときに、注意をつま先から解放し、今度は注意の焦点を足の裏に移します。そして、足の甲、かかとへと移動させていきます。マットやベッドとかかとが触れている部分に圧がかかっていることを感じるかもしれません。感覚が生じている部分に息を吹き込み、足にある感覚がどのようなものか探索します。

8. 今度は、それ以外の足の部分——足首、骨や関節——に注意の範囲を広げていきます。より大きく息を吸って、その空気を両足に送り込みます。そして息を吐くのに合わせて、注意を足から両方のひざ下へと移動させます。

9. 同じようなやり方で、身体のそれぞれの部分に順番にしばらくの間、注意をとどめながら、全身の感覚をスキャンしていきます。ひざ下の次はひざ、そして太ももへと移動していきます。そして、今度は骨盤の領域（両脚のつけ根の部分、陰部、臀部（でん）など）に移ります。腰、腹部、背中、そして最後は胸および肩を意識します。優しい注意を両手に向けます。手に注意を向けるときは、まず最初に手の指一本一本の感覚に注意を払い、その後で指全体、手のひら、手の甲の感覚を感じとります。そして、手首、前腕、ひじ、上腕、肩、わきへとゆっくりと移動していきます。首、顔（あご、口、唇、鼻、頬、耳、目、そしてひたい）へと注意を移した後、最後に頭全体の感覚を感じとります。

10. 身体のそれぞれの部分に、それぞれ20〜30秒程度時間をかけて感覚を探索します。時間を正確に測る必要もなければ、呼吸の回数を数える必要もありません。あくまで自然に、身体のそれぞれの部分

に順番に注意を向けていきます。
11. 身体のどこか特定の場所に、たとえば緊張のような何か強い感覚を感じたら、その場所に息を吹き込み、その感覚がどのように変化するか見てみます。
12. 時々、注意が散漫になっていることに気づくかもしれません。考え、空想、心配、早くしたい、動きたいという焦り、退屈、落ち着かなさ、などの感覚に注意が引きつけられてしまうかもしれません。このようなことが起こっても失敗ではありません。何も悪いことではありません。そのような時は、どこに注意が逸れたのかを認識し、注意を意図する場所へと戻していきます。
13. このようなやり方で、身体全体をスキャンしたら、数分間、身体全体の感覚を感じとります。広がる気づきの中で、感覚が絶え間なく変化する様子を感じとれるかどうかを見てみます。呼吸が自然に身体の中に入り、そして出ていくのを感じます。

ボディスキャンをしていると、とてもリラックスしてきて、眠りに落ちてしまうかもしれません。もしそうなったとしても、そのことを責める必要はありません。もしくり返し眠りに落ちてしまうようなら、枕を使って頭を起こしていくようにしたり、目を開けておいたり、座ってボディスキャンを行ってみるのがよいかもしれません。

**期待と現実**

多くの人は、プログラムの第2週目には、まるで奇跡が起きたかのように心がすっきり軽くなることを期待しています（これが瞑想の究極の「目的」だとまだ信じているのです）。そうした人々は、瞑想で悩みのもととなる思考が静まることを強く求め、ぼろぼろに擦りきれてしまった心が落ち着くことを望んでいます。ボディスキャン瞑想の練習の間、集中できなかったことに気づいたベンジャミンを例に挙げましょう。「瞑想の間、私は考えることを止められませんでしたし、瞑想を楽しむこともまったくできませんでした。」ベン

ジャミンはそう言いました。フランは「私も、瞑想の間、まったく落ち着きませんでした。ただ横になっているということが難しいと知りました。足を動かしたときは、少しはましでした。でも実際には、瞑想の時間がもうすぐ終わると分かるまで、リラックスできませんでした。仕事、買い物、支払い、同僚とうまくやることの難しさなど、あらゆることについて考えていました」とベンジャミンに同意しました。

　ベンジャミンやフランのような経験は、とてもよく見られるものです。瞑想中、次から次へと思考が浮かび、それによって注意が妨げられていることに、多くの人が気づくでしょう。そうすると、瞑想はまったく役に立たないと感じるかもしれません。私たちは、瞑想が役に立つのであれば、きっと瞑想を楽しめるはずだと考えるのです。瞑想とは、そのようなものなのでしょうか。

　もう一度言いますが、瞑想をどれほど楽しんだかということと、長期的に瞑想からどの程度のものが得られるかということとの間に、必ずしも関係があるわけではないことを心にとどめておくことが大切です。心と身体を完全につなぎなおすには、脳内の数えられないほど多くのネットワークを書き換え、その結びつきを強くしなくてはならないため、時間がかかるのです。このプロセスはいつも難しいというわけではありませんが、難しいこともよくあります。なぜなのでしょうか。

　それは、注意を練習するというのは、ちょうど、とても久しぶりにジムに行くようなものだからです。瞑想は、それまであまり使ってこなかった筋肉に、負荷をかけて鍛えているようなものなのです。ジムでのトレーニングでは、腕や足に一定の負荷をかけることで筋肉をつけていきます。ボディスキャンでは、それまでほとんど注意を向けてこなかった身体にふだんより長い間注意を向けることをします。ボディスキャンの間、もし暇だ、あるいは退屈だと感じるようであれば、これらの感覚を歓迎するように努めてみるとよいでしょう。なぜならば、これらの感覚は、集中や気づきを高めるために必要な「筋トレ」をしているからこそ生じるものだからです。もしボディスキャンで、身体に長い間注意を集中しても、たいして慣れない感じも不快な感じもしないようなら、それは十分な練習になっていない可能性もあります。心がさまよって落ち着かず、退屈であっても、それは、そこに注意を向け続け

る練習のための負荷であると考えるとよいでしょう。ボディスキャン中に注意が散漫になってしまうとき、あなたにできる最も良い方法は、自分の心がさまよっていることを優しい気持ちをもってただ認めることです。たとえば、心の中でそれらに「思考、思考」「心配、心配」あるいは何か適切な名前をつけることによって、ただ認めることもできるかもしれません。あるいは、心の中で「ああ、ここに落ち着かなさがあるな」とか「退屈さがあるな」と独り言を言うことによって、その感覚があることを認めることもできます。心がさまよっていることを認めた後に、もともと注意を向けようとしていた身体の部分に注意を優しく戻すようにしてみましょう。

　怒りを感じているときや自分自身に対して不満を感じているときに、瞑想することが難しいと気づくまでには、数日かかるかもしれません。こういうとき、自分自身に厳しくなる必要はありません。「成功」「失敗」といった思考や、「身体を浄化しよう」といったような抽象的な思考を手放すことができるかどうか眺めてみましょう。まるで正しい感じ方があるかのように、「うまくできていない」と考えることは簡単なことです。そのように考えると、肩、首、背中に緊張が生まれ、それはまるでその瞑想が「うまくいっていない」サインであるかのように思うことでしょう。しかしそうではなく、逆に、緊張はボディスキャンが何か重要なものを明らかにしているというサインなのです。あなたは、おそらく久しぶりに、リアルタイムに心が身体の緊張をつくり出していることに気づくでしょう。そして、すぐにあなたは、身体もまた心に緊張をつくり出していることに気づくでしょう。この自分でつくり出しているループに気づくということは大きな発見なのです。緊張のループを観察することに、より多くの時間を費やすにつれて、あなたは次第に、ただ「気づく」という行為が、緊張を弱めていくのだということを理解するようになるでしょう。あなたは、思いやりと好奇心をもちながら、ただ観察するだけでよいのです。そのようにしていれば、その後のことは自然に起きてくるのです。

　身体の何か所かで —— あるいは、ほとんどの部分で、ということもあるかもしれません —— 何の感覚も感じない人もいます。自分が何も感じないということに最初に気づいたとき、おそらくとてもショックを受けることでしょう。痛みを感じることもできるし、触覚自体に何も問題はないにもかか

わらず、自分の身体では、他の人にはよく見られるような「ありふれた」穏やかな心地良い感じを感じることができない。もしあなたがこういう状態にあるのならば、付属のCDの教示にしたがって瞑想を続けてみてください。もしかすると、臆病な動物が現れるのを辛抱強く待ち、何も起こっていないときでさえカメラを回し続けている動物学者にでもなったと想像してみるとよいかもしれません。特に何か特別なことが起こるのを待っているわけではないということを覚えておくとよいでしょう。最終的に、あなたは、自分の身体の一部に、突然、でもただ本当にかすかに、何らかの感覚があるのを見いだすことでしょう。それを見つけたときには、CD音声のガイドが指示するよりも長くその感覚と一緒にいてもいいし、もっと深くその感覚がどのようなものであるかを探ってみてもよいでしょう。今週の実践が終わる頃には、あなたは、もっと自分の身体を感じることができるようになっていることでしょう。

　ボディスキャンの練習中、アイルサは、自分の心が特に手に負えないときがあることに気づきました。しかし、次第に彼女は、自分には「あらゆることは、自分を脅かそうとしたり、打ち負かそうとするものだ」というふうに捉えがちな昔からの癖があり、そのために心が手に負えなくなっているのだということに気づくようになりました。彼女は、ボディスキャンをくり返し実践することによって、落ち着かない心をなんとかしようと格闘することは、自滅的な悪循環の中をぐるぐるするようなものであることに気づいたのです。最終的に、彼女は、瞑想は争いではないということを心から理解するようになりました。瞑想は、完璧であることを求める難しいスキルではありません。瞑想に必要なのは、何度も定期的に実践するということだけなのです。彼女は、自分の心を落ち着かなくさせているものと、どのようにして「一緒にいるのか」ということを、つまりそれを招かれざる客のように追いやろうとするのではなく、それをただよく眺めることを学びました。アイルサは、開かれた心で、好奇心をもって瞑想を実践することを学んだのです。

　アイルサは、特にボディスキャン瞑想を始めたばかりの頃、ボディスキャンをしながら眠りに落ちることがしばしばありました。当初、アイルサはこのことにイライラしていました。しかし、次第に、長時間働いて、夜十分に寝ておらず、疲れているのだから、ボディスキャンの間に寝てしまうのはまっ

たく当然だということを実感するようになりました。そして、一度寝て起きたときに、寝はじめたところから再度ボディスキャンを始めるようにしました。しかし、時に、彼女はボディスキャンを再開しないでそのままうたた寝することをただ楽しみました。瞑想中うたた寝したことで自分自身を責めず、罪悪感をもたないようになると、彼女は、以前よりもっと瞑想に対して情熱を感じるようになりました。

このように、身体と心が友達のようにつながることが、瞑想の核心です。瞑想に「失敗した」と感じるとき、この感覚を気づきへの入口、判断することなくありのままの自分を認めることへの入口として用いることもできます。つまり、「失敗」という感覚と自分との間に少しスペースをつくり、「失敗」というこれまで慣れ親しんできた「判断」が、思考、感情、身体感覚の束としてどのように生じてきて、どのように消えていくのかということを眺めるのです。いつもの思考、感情、身体感覚が行動に与えている影響を確かめてみましょう。そしてそれらが、心と身体の中で、生じては消えていくさまを見ることができるかどうか確かめてみましょう。

## ボディスキャンは「することモード」を明らかにする

ボディスキャンの実践中に経験するかもしれないこと、特に経験する可能性のある困難なことについて聞くと、ボディスキャンは大変な作業のように感じるかもしれません。でも、ボディスキャン中にそういった困難が必ず生じるというわけではありません。実際、ボディスキャンは、それまで経験したことのない深いリラックスの経験であったと言う人もたくさんいます。ボディスキャンは、温かいお湯につかるスパのようだ――その上、安い！と言う参加者もいましたし、何十年も連絡をとっていなかった古い友人に久しぶりに会ったような感覚だ、と言う参加者もいました。その参加者は、自分自身の最も深いところとつながったような感覚を得て、喜びの涙を流しました。

それではなぜ、先ほどボディスキャン中に生じるかもしれない困難について述べたのでしょうか。一つ目の理由は、もしボディスキャンによってただちにストレスから解放されなかったとしても、あなたに失望して欲しくないからです。二つ目の理由は、次のようなものですが、これはボディスキャンが、最も重要な実践の一つである理由でもあります。

心の「することモード」──過酷で恐ろしいほどの忙しさの中にあなたを閉じ込めて、そこから抜け出すことを難しくしているモード──を覚えているでしょうか？　27ページを読むと、「することモード」の特徴が分かるでしょう。「することモード」では、あらゆることに価値判断を加え、こうあって欲しいという理想と現実とを比較し、無理やりあるがままの状態を理想の形へと変えてしまおうとするのです。また、多くの時間を自動操縦で過ごし、あまりにも文字どおりに受け取ったり、あまりにも杓子定規だったり、偏った思考にはまってしまうのです。さらに、「することモード」では、過去や将来の中で生きたり、好きではないことを避けたりもします。そして、自分の感覚を感じとることを避けてしまうために、自分自身や世界を直接的に経験することができず、間接的にしか世界を見ることができなくなってしまうのです。

　「することモード」のこうした側面に気づいているでしょうか？

　ボディスキャンの間、上に挙げたようなことが何度も起きる可能性があります。しかし、このことを「先生」として利用することもできるのです。つまり、上のようなことが起きるということは、「することモード」が生じていること、「することモード」が活性化しつつあること、「することモード」が唯一可能な方法で、最大限あなたを助けようとしていることのサインでもあるのです。ですから、もし落ち着かなさ、焦り、退屈、眠たさを感じていることに気づいたり、好きでない身体の部分を避けていることに気づいたとすれば、それは、そこから注意を逸らすのではなく、むしろそれに注意を向けはじめる、そして、その感じをあるがままに認める良い機会なのです。また、もしいつの間にか自分の心が過去や未来に飛んでいってしまっていることに気づいたとすれば、そのことを認め、心がどこに飛んでいったのかを確認し、そしてまたゆっくりと元いた場所へと、何度でも、何度でも戻ってくればよいのです。心がどこかへ飛んでいき、そしてまた戻ってくるということは、「することモード」から「あることモード」へうまくシフトするためのとても素晴らしい実践になるのです。自分の身体について、頭で「考えている」だけで、本当の意味で「内側から感じていない」ということに気づくときがある

でしょう。「することモード」では、頭でばかり考えてしまい、感じるよりも分析ばかりしてしまうのです。頭でばかり考えていると気づいて、心がうまく「あることモード」に戻っていくことに気づいて、思わず微笑むかもしれません。この微笑みの中にこそ気づきがあり、今この瞬間を十分に生きているということを直接的に感じとることへの回帰があるのです。

　もし、まだボディスキャンをやっていなければ、少し時間をとって、いつからボディスキャンを始めるか決めてください。一度ボディスキャンを行えば、91ページにあるガイドラインを読みたくなるはずです。実践の時間が来たら、CDのトラック2のガイドラインにしたがって実践してみてください。

## 習慣を手放す：散歩に出かける

　散歩は、素晴らしいエクササイズの一つで、ストレスを発散させて軽減するものであり、気分を良くしてくれるものです。散歩をうまく活用できると、世の中を大局的に捉え、すりきれた神経を穏やかにすることができるようになります。あなたが生きていることを本当に実感したいのであれば、風が強かったり、雨が降ったりしているときに散歩に出かけるのがよいでしょう。

　次の1週間、少なくとも15～30分ぐらい（もし望むならもっと長く）散歩に行くことをおすすめします。何も特別なところに行く必要はありません。心を開いて近所を散歩すれば、それは、山歩きをするのと同じぐらい面白いものになるでしょう。

　急いでどこかに行かなくてはと感じる必要はありません。散歩の目的は、できるだけマインドフルな状態で歩くことです。つまり、地面に着地するときの足の感じに気づきを集中させ、足にあるすべての筋肉や腱の滑らかな動きを感じながら歩くのです。歩いていると、足だけでなく、身体全体が動いているということに気づくでしょう。散歩の間、見えるもの、聞こえるもの、匂うものすべてに注意を払ってください。都会にいたとしても、驚くほど多くの鳥や動物が動き回っていることに気づくでしょう。動物や鳥を見たとき、動物や鳥がどのように反応するかに注意を向けてみましょう。

　五感すべてで感じることができるかどうか、見てみましょう。もしかすると、新緑の匂い、落ち葉のかびた匂い、排気ガスやファーストフードの匂い

を感じるかもしれません。顔に当たるそよ風や、頭や手に当たる雨を感じられるかどうか、確かめてみるといいかもしれません。空気が動く音を聞いてみましょう。光や影の模様が思いがけない動きをするのを見てみましょう。あなたがどこに住んでいようとも、あらゆる季節のすべての時間に、五感の喜びがあふれているのです。

　立ち止まって、上を見上げてみましょう。もしあなたが都会にいるのなら、いつもの視線より上に美しいものが多くあることに驚くでしょう。屋根や雨どいから草や木までもが生えていることに気づくかもしれません。公園や都会から離れたところにいるのであれば、林や茂みの中に隠れている鳥の巣やハチの巣といった、ありとあらゆるものを見ることができるでしょう。もっと楽しみたいなら、地元の散歩サークルの人たちについていってもよいかもしれません。もしかすると、それが、生涯にわたる趣味の始まりになるかもしれません。

[ **今、この瞬間に感謝する**[*4] ]

　幸福とは、同じ出来事を、異なる視点から見ることです。

　人生は、今ここだけで起きているものです。明日や昨日は思考にすぎません。だから今、最善を尽くすのです。人生にあとどれだけの時間が残されているかは誰にも分かりません。これは決して悲観的なメッセージではなく、前向きなメッセージであるのです。なぜなら、このメッセージのおかげで、私たちは、今ここにあるものへの感謝の気持ちをもつことができるからです。今この瞬間に対して、あなたはどれだけ感謝の気持ちをもてているでしょうか。じっとあたりを見渡してみましょう。あなたにとって「今」とはどんなものでしょうか。

　未来が今よりも良くなるのを待つ必要はありません。今この瞬間にもそれを見つけることができるのです。

　プログラムの第1週目で、あなたはすでに、どれほど私たちが美しいものを見落としがちで、それらに注意をほとんど払ってこなかったかに気づいたでしょう。ちょっとしたこと、日々の出来事を行うときに、

少し立ち止まってみる時間をとってみましょう。

　どんな活動、どんなこと、そしてどんな人があなたを幸せな気持ちにさせてくれるでしょうか。そうした活動に、もっと感謝をもって注意を向ける時間をとることはできるでしょうか。

- ------------------------------------------------
- ------------------------------------------------
- ------------------------------------------------
- ------------------------------------------------

　楽しいことが起きたとき、少し立ち止まってみることはできるでしょうか。
　次のことに気づくことで、立ち止まることができるでしょう。

- 楽しいことが起きたとき、自分の身体は何を感じているでしょうか。
- どんな考えが浮かんでいるでしょうか。
- 今、どんな感覚があるでしょうか。

**10本の指を使った感謝のワーク**
　生活の中の小さなことに対して感謝するために、このワークをするとよいでしょう。これは、一日に一度、指を使って数えながら、自分が感謝する10のことを心に思い浮かべるだけのワークです。3～4個以上思い浮かべるのが難しくなったとしても、10のことを思い浮かべるようにすることが大切です。このワークの目的は、以前には気づかなかったような些細なことに気づくようになることなのです。

　「ゆっくりと歩く」といったような単純な行動が、実は素晴らしい変化をもたらす力をもっているといったことは過小評価されがちです。たとえば、次のようなジェニーの経験は、他の人もよく経験することです。「ある朝、

私は、街の真ん中にある川沿いを歩いていました。素晴らしい朝でした。その時、私は自分の気分が沈んだことに気づきました。突然、私は、もし私が重い病気にかかったら、私のパートナーや家族に何が起こるだろうかと考えたのです。どこからともなくそんな思考が浮かんできたのです！　私は、そのネガティブな思考と言い争いをしようとはしませんでした。私は立ち止まり、穏やかに自分に言いました。『それはまだ起こっていないことだ』『それはただの「心配」、「心配」』。」そうすると、次の瞬間、ポストの上に座っているカモメに気づいたのです。それから私は、川沿いのすべてのポストの上にカモメが座っていることにも気づきました。カモメはそれぞれ少しずつ違った方向を見ていました。それはとてもおかしな光景で、私はくすくすと笑ってしまいました。その後何時間もの間、この光景のことを思い出すと、私は元気づけられたのです。」

[ 第2週目の実践 ]

- 1週間のうち6日間、一日2回の「ボディスキャン」の練習（CDのトラック2）。
- 何か日常の活動のうち一つをマインドフルに行う（73ページ参照）。先週とは違うものを選んでください。
- 習慣を手放す──今週のうちに少なくとも1回は、15分以上の散歩をすること。

第7章

# 第3週　迷路の中のネズミ
Mindfulness Week Three: The Mouse in the Maze

　　この惑星には問題がある。いや、「あった」と言えようか。それはこう
　　いう問題だった。この星に住むほとんどの人たちは、ほとんどの時間とて
　　も不幸だったということだ。多くの解決方法が検討されたが、そのほとん
　　どは、つまるところお金の動かし方に関するものだった。それはなんとも
　　奇妙なことだった。なぜなら、不幸なのはお金ではなかったのだから。
　　　　　　　　　　　　　　　　　　　　　──ダグラス・アダムス[*1]

　あるギリシアの小さな島を訪れた旅人が、ロバを歩かせようとしている少年に出会いました。少年はロバの荷かごに野菜を積んだのですが、ロバは歩く気がないようでした。少年はどんどん興奮してきて、ロバに向かって怒鳴りだし、ロバの前に立つと手綱を力いっぱい引っ張りました。ロバは、蹄（ひづめ）をがっちりと踏みしめました。ものすごく、がっちりと。

　もし少年のおじいさんがいなかったら、この綱引きはずっと続いていたかもしれません。騒ぎを聞きつけて家から出てきたおじいさんは、このおなじみの状況──ロバと人との対等ならざる闘い──を一目見て飲み込みました。そして、孫から手綱を優しく受け取ると、微笑みながらこう言いました。「こいつがこういう気分のときにはこうしてごらん。こんなふうに手綱を緩ませて持って、こいつの横にそっと寄り添ってやり、行きたい方向に向かって立つんだ。そして待つ。」

　少年がおじいさんに言われたとおりにやってみると、少ししてロバが歩きはじめました。少年は嬉しくなって笑い出しました。ロバと少年が幸せそうに小走りしていくのを、遠くの角で曲がるまで旅人は見届けました。

　この少年が行った手綱を引っ張るような行動を、あなたは人生でどれだけ

行ってきたでしょうか。物事が自分の思うようにいかないときには、ちょっと力を入れて自分が望む方向に押したり引いたりしてみたくなるものです。しかし、一方向に力いっぱい押し続けることが、いつでも賢明なやり方なのでしょうか。それとも、この話のおじいさんのアドバイスにしたがって、立ち止まり、物事が自ずと展開し、チャンスが現れるのをただ待つのが良いのでしょうか。

こうした態度は、受け身のように見えるので、とても大きな間違いのように感じる人もいるでしょう。しかし、これが最善の策であることがよくあるのです。頑固なロバに対応するときのように、問題を動かそうと力を入れすぎても、状況が余計に悪化するだけかもしれないのです。心を閉ざし、創造的に考えるのではなく、どんどん疲弊していく悪循環へとはまり込んでいくかもしれません。明晰で創造的な気づきが生まれやすいのは、むしろ、オープンで遊び心がある精神状態のときなのです。

メリーランド大学で心理学者たちが行った実験（2001年に出版）[*2]では、学生たちに迷路の問題を解くという単純なゲームをさせています。あなたも子どもの頃にこうした遊びをしたことを思い出すかもしれません。その実験は、漫画のネズミを無事にネズミの穴まで連れて行くように、迷路の出口までを一筆書きでなぞるという作業を、二つのグループの学生に行ってもらうというものでした。一つのグループの迷路には、出口近くのネズミの穴の前においしそうなチーズの絵が描かれていました。これは、専門用語では肯定的あるいは接近型のパズルと言います。もう一方のグループの迷路には、チーズの代わりにフクロウが描かれており、隙あらば急降下して鋭いかぎ爪でネズミを捕まえようと待ち構えていることを示していました。これは否定的あるいは回避型のパズルと言われています。

迷路は簡単なもので、すべての学生は2分前後で解いてしまいました。しかし、このパズルが学生たちに与えたその後の効果は異なりました。迷路を解いた後に、すべての学生は、一見無関係な別の試験を受けました。それは創造性を測定するテストだったのです。フクロウから逃れることを助けたグループの学生たちの結果は、ネズミがチーズを見つけるのを助けたグループの学生たちの結果の50％にすぎませんでした。これは、回避型課題が、学生たちの心から豊かな選択肢を閉め出したと言えるものです。回避型の課題

は、嫌悪の回路を始動させることで、恐怖の感覚を長引かせ、警戒心を増強させたのです。この精神状態が創造性を弱め、柔軟性を低下させたのです。

一方、ネズミがチーズを見つけるのを助けたグループの学生たちの様子は、これとはかけ離れたものでした。新しい体験にオープンで、遊び心にあふれ、気楽で、警戒心がなく、実験を喜んでいたのです。つまり、接近型課題を体験して心が開いたのです。この実験や、類似した実験から次のことが言えるでしょう。

何か行動するとき、何をするかと同じくらい、
どんな気持ちでそれをするかが、しばしば**重要**である。

これがいかに重要なことか、少し考えてみましょう。もし否定的または批判的な姿勢で何かをしたり、考え続けたり、心配したり、歯ぎしりしながら課題に取り組んだりすれば、頭の中の嫌悪システムが活性化されることになります。そうすると、あなたの人生は、小さなことにしか関心の向かないつまらないものになってしまいます。フクロウに睨まれたネズミのようなものです。不安が増す一方、柔軟性や創造性は減ってしまうのです。しかし、まったく同じことをするにしても、心を開き、喜んでそれを迎え入れれば、頭の中の「接近」システムが活性化されるのです。人生がより豊かで、温かく、柔軟で創造的になる可能性が開けるのです。

行きづまってしまう感覚ほど、頭の中の回避システムを活性化させる（そして接近システムを抑制する）ものはありません。この行きづまってしまう感覚は、極度の疲労感や無力感の核心でもあるのです。あまりに一生懸命、あるいは長く働きすぎた人の多くは、自らの完璧主義や責任感のために、行きづまった、逃げ場のないところまで深く落ち込んでしまうのです。もしかすると、そうした人たちは、昔、家庭や学校などで、誰かに脅されてそうしなければならないと感じてきたのかもしれません。しかし、何年も経つうちに、そうすることがまるで台本になっているかのように、その人をそのパターンに閉じ込めてしまったのかもしれません。当時は、この脅しの台本が何かを得るために必要だったのかもしれませんが、今では自分を消耗させるだけになってしまっているのです。「自分自身を攻撃すること」に、すべてのエネ

ルギーを注いでしまい、落ち込み、もうプレッシャーに服従するしかなくなっているのです。いったん行きづまってしまうと、現実の世界がどうであれ、その人の中では、行動の選択肢がどんどん少なくなっていってしまいます。そして、その行き着く先は、長期間の「撤退」なのです。あなたの遊び心は、コンクリートで舗装されてしまうのです。

　疲弊感があると、人は確実に冒険しなくなります。部屋の隅に隠れて、一人にしておいてもらいたくなったり、気づかないままにして欲しくなったりします。この行動パターンは人間だけでなくすべての動物に共通したものですが、これは人々に耐えがたいほどの心理的負担をもたらします。良心的な人については特にそうです。この行動パターンは抑うつ、慢性的ストレス、疲弊を駆り立てます。そして、もしこのパターンから逃れようとすることが裏目に出て、さらに強い不安やストレス、疲弊へと追い込まれていったら、次にやってくるのは敗北感です。燃え尽きの中にとらわれてしまった感覚になり、じきに不快感が蔓延してくるのです。

　この悪循環は、信じられないくらい強力ですが、それに気づくだけで、そこから抜け出せるようになります。こうした悪循環は、することモード（問題を解決するために自動的に働きはじめます。ただし、解決のためにはまったく間違った方法なのですが……）によって維持されているので、悪循環に目を向けて、ただそれを眺めるという単純な行動だけでも、その悪循環を解消しやすくなるのです。

　マインドフルネスプログラムの第3週では、身体と心への気づきを促すことで、真の自由へともう一歩近づいていきます。

## 積み重ねと洗練

　マインドフルネスが自分の生活に与えうる影響力について、あなたはそろそろ気づきはじめているかもしれません。多くの変化は、ごく微妙なものかもしれません。よく眠れて、次の日に少しだけ元気な感じがするかもしれませんし、少し怒りにくく、そして笑いやすくなっているかもしれません。マイナスな考えの勢いが少し軽くなりはじめているかもしれません。あるいは、公園の花の繊細な美しさや、木々の上で鳥たちがさえずる声などに、意外な

喜びを感じることに気づきはじめているかもしれません。あなたが気づかないうちに、徐々に浸透していて、ふとしたときに、そのことに気づくような効果もあるかもしれません。

フレディは、彼の「気づき」について語ってくれました。「ちょうど税金の還付を申請したところなんですけど、ふだんと違って、それが不快じゃなかったんです。いつもならストレスと怒りで気が狂いそうになるんですけど。今年は、すべきことをやっていたのは、いつもの半分くらいの時間で済んだんです。友達と飲みに出かけて、急に気づいたんですよ。全然ストレスを感じてないぞ、って。何か不思議と幸せな安堵感でしたね。これは毎日の実践のおかげに違いないって思っています。」

マインドフルネスは、あなたの人生の舵を取りなおして、それを存分に味わえるようにしてくれます。これは、疲れや苦しみがなくなるという意味ではありません。悲しいときももちろんあります。でもそのような時でも、不幸せな気分につながるつらさや怒りといったあなたを蝕むような感情ではなく、その悲しさに共感できる感情を感じる可能性が広がってくるのです。もし渋滞につかまってイライラして怒っている人たちの顔を見たとしたら、その人たちにちょっとした悲しさを感じるかもしれません。バスの中や職場で、不安そうな顔を見かけたら、その痛みに少しばかり共感できるかもしれません。それがふつうのことなのです。他人の心理的な負担を一緒に感じることはきついという人もいます。特に、自分の感情を何十年も抑えてきた人にとっては、圧倒されるように感じることさえあるかもしれません。

共感に対して心を開くことは重要です。なぜなら、この甘さと悲しさが入り交じった感情から、自分と他者への思いやりが生まれてくるからです。特に、自分への思いやりは圧倒的に重要です。それは終わることなく駆り立てる自己批判から離れるエネルギーとなるからです。これまで大事だと思ってきたことが、人生においてそれほど大事ではないことが、よりはっきりと分かるようになり、ようやくそうしたことを心配しすぎないですむようになるのです。今まで使い果たしていたエネルギーを、自分自身と周囲の世界をより寛大にもてなすために使えることに気づくことでしょう。

アップル社の最高経営責任者で、熱心な瞑想家でもあったスティーブ・ジョブズはがんになった後にこのことを学びました。「人生で大きな選択をする

ときに一番役立ったのは、自分はじきに死ぬということを思い出すことだ。なぜなら、表面的な期待やプライド、恥や失敗への恐れなど、本当に大事なこと以外のほとんどすべてのことは、死を前にしたら、どこかへ消えていってしまうからだ。」[*3]

## マインドフルネスを日常生活に織り込む

　どうしたら、こうした洞察を日常生活に組み込んでいけるのでしょうか。これまでの2週間で学んだフォーマルな瞑想では、心を安定させ、注意を集中させる方法を紹介してきました。フォーマルな瞑想と日常生活への気づきを実践するインフォーマルなものとを一緒に行うことで、日々のマインドフルネスの基礎が築かれます。日々のマインドフルネスとは、日常生活に入り込んできて、自分が「望むような」世界ではなく、「あるがままの」世界に、しっかりと気づくのを助けるタイプの気づきです。私たちは、どのように心が動いているかを明らかにすることに取り組みはじめ、あなたの考えは、あなた自身ではないことに気づける可能性を高めてきました。このこと自体、驚くほど解放的なものなのです。なぜなら、ストレスがかかった際、心のコントロールを奪い、生きることへのエネルギーまで吸い取ってしまういつもの有害な思考パターンを、いくらかでも振り払うのを助けてくれるからです。

　第3週では、この促進された気づきを、日常生活の中により密接に織り込みはじめていきます。以下に示す三つの短い瞑想を、次の1週間のうち6日間実践することをおすすめします。

[ 第3週の実践[*4] ]

- 「マインドフルな動きの瞑想」、それに続いて「呼吸と身体の瞑想」(110ページと115ページ参照)
- 「3分間呼吸空間法」を一日に2回練習（117ページ参照）
- 習慣を手放す──「テレビの習慣を見なおす」（121ページ参照）

**無理のないストレッチ：マインドフルな動きの瞑想**

　ボディスキャンと同じくらい、動くことには心を落ち着かせる深い効果があります。一番純粋な形式では、これは瞑想と同じで、動いている身体の中に気づきを根づかせていくものになります。自分の心の複雑さを探索するという実験の延長（あるいは遊び場）にもなります。

　「マインドフルな動きの瞑想」（次ページ参照）は、連続した四つのストレッチ運動から成り立っています。これは、数分間かけて行うものです。この運動は、日常生活でたまったストレスを解放させつつ、筋肉と関節の多くを肉体的に再調整していくのです。この運動には、とても正確な動きも含まれますので、CD（トラック3）を聞きながら行うのがよいでしょう。ただ、次のページに詳細な説明もありますので、どのようにすればよいか、そちらでしっかり理解することも可能です。次の7日間のうち6日間練習すること、「マインドフルな動きの瞑想」から、切れ目なく「呼吸と身体の瞑想」（115ページとCDのトラック4）を続けて行うことを目指してください。

　わざわざ時間をとってこんなにゆっくりと動いていると、少し不格好で落ち着かない感じがするのも自然なことです。そうした感覚も探索できるかやってみましょう。でも、自分に対して寛大であるようにしながら行うことが重要です。いくら強調してもし足りないのは、ここで意図していることは、「痛みを感じたり、自分の身体の限界を超えたりすることではない」ということです。このストレッチの間、あなたの身体を世話するのはあなた自身であり、どこまでやって大丈夫か、すなわち、各ストレッチにおいてどこまで伸ばすのか、どれぐらい続けるのかは、賢明なあなたの身体に判断させればよいのです。

　特に、背中や身体の他の部分に問題があるのなら、このシンプルなストレッチ運動に取り組む前に、担当医や治療者に相談してください。もし自分の身体の問題について分かっているようなら、軽い不快感を感じた時点ですぐに、無理をしていないかどうか、自分でチェックしてみてください。あるいは、その位置で大丈夫そうなだけ止めてみて、それから少し戻してみるのでも構いません。今の位置をもう少し長く続けて、どんな感覚があるのかを探索してみるか、あるいは今の位置から動いていくのか、瞬間瞬間、賢明な選択をしてください。不快な感覚が潮のように満ちては引いていくことに気づくか

もしれません。マインドフルな動きは、これを実践しながら「気づき」を涵養していくものです。自分自身や誰か他の人と競い合うものではありません。

[ マインドフルな動きの瞑想*4 ]

1. 肩幅くらいに足の間隔をあけ、両足がほぼ平行になるようにして立ちます。脚は、わずかに曲がるようにひざはロックしないようにしておきます。はだしでも、靴下を履いていても構いません。手を身体の両側に下ろします。

**両腕を上げる**

2. ゆっくりと息を吸いながら、腕をマインドフルに横に上げていき、腕が床と平行になるところまで上げていきます。ここでひと呼吸します。次に息を吸うのに合わせて、再び腕を少しずつ上げ続けていきます。両手が頭の上に来たら、手のひらを向かい合わせにします。
3. 自分のペースで息を吸って吐きながら、さらに上の方向へと腕を伸ばしていきます。足は床にしっかりとつけたまま、呼吸をします。しばらく呼吸をしながら、このストレッチを続けます。この間、足、体幹、肩、腕、手、指、筋肉や関節にどのような感覚があるかを感じとります。
4. ストレッチを続けている間、呼吸がどうなっているか見てみます。自然に息を吸って吐きます。ストレッチを続けている間、息を吸うとき、息を吐くとき、身体の感覚がどのように変化するかを観察します。
5. 準備ができたら、ゆっくり、ゆっくり、息を吐きながら腕を下ろし、もとの姿勢に戻ります。力を抜いた状態で、腕が肩から垂れ下がるところまで腕をゆっくり、ゆっくり動かしながら、感覚がどのように変わっていくかを感じとります。
6. 目を開けている場合は、静かに目を閉じると、身体中のあらゆる感覚に注意を集めやすくなるかもしれません。このストレッチの余韻

を感じとります。呼吸や身体の動きに気づきます。

**「果物をとる」**

7. 次に、目を開けます。今度は、高いところにある果物、わずかに手の届かないところになった果物をとるように、右腕を上げて身体を伸ばしていきます。すべての意識を身体全体の感覚や、身体が伸びるにつれて呼吸がどのように変化するかといったことに集めていきます。視線は指先に置き、身体が伸びるにつれて、左のかかとが床から離れるようにします。身体全体で身体の右側が伸びているのを感じたら、かかとを床に戻し、目で指を追いかけながら手を下げはじめます。手を下げるのを目で追うときに、どのような色や形が目に入ってくるかを感じとります。次に、顔を正面に戻し、目を閉じて、このストレッチの余韻と呼吸の感覚とを感じます。再び目を開けて、今度は逆の手でも同じ動きをします。

**身体を曲げる**

8. 次に、手を腰に当て、息を吐きながら、ゆっくり、ゆっくり、頭と肩を左側に曲げ、腰を少し右側に動かして、カーブをつくります。この状態で呼吸をします。どれだけ曲がるかが大切なのではありません。少ししか身体が曲がっていなくても大丈夫です。身体の動きにどのような注意が向けられているか、その質が大切であることを思い出します。次に、息を吸いながら、まっすぐ立った状態に戻り、しばらくそのままの姿勢を保ちます。今度はゆっくりと息を吐きながら、反対の方向に身体を曲げます。息を吸いながら身体をまっすぐな状態に戻し、腕を身体の両側の自然な位置に下ろして、呼吸をします。このストレッチでどのような余韻を感じているでしょうか。

**肩を回す**

9. 最後に、肩を何回か回します。最初に両肩を耳に近づけるようにで

> きるだけ上げ、次に肩を背中の方向に回します。左右の肩甲骨がお互いに触れるように近づけます。そして肩を完全に下ろします。今度は、肩をすぼめて両肩を身体の前方に出し、両方の肩が身体の前で触れるようにします。上、後ろ、下、前になめらかに回転させて、これらの動作を続けて行います。肩を回すスピードは呼吸に合わせ、動作の半分で息を吸い、もう半分で息を吐きます。今度は、肩を逆に回転させます。
> 10. 最後に、静止してまっすぐに立ち、身体のありとあらゆる感覚、このストレッチの余韻、呼吸が自然に身体に入っては出ていく感覚を感じます。

　マインドフルな動きが与える影響は、人によって本当にさまざまです。癒されるという人もいれば、自分の身体について、うっ積していた懸念が湧き出してきたという人もいます。アリエルは、ストレッチをするとすごく気持ちが落ち着くことが分かりました。「以前に瞑想をしたときは、心があちこちに飛んでいってしまっていました。でも動きの中でやるとすごく集中しやすいんだって分かったんです。」

　マージも最初は簡単だと思いました。でもそのうちに、自分が一生懸命やりすぎていることに気づきました。「あるとき、歯を食いしばっていることに気づいたんです。あのしゃくにさわる果物を取ろうとして眉間に深い皺を寄せていたんです。」

　これはストレッチでよく起きることです。だからこそインストラクターは、動きによって生じる身体の感覚だけでなく、その感覚に対する自分の「関わり方」にも注意を向けるように力説するのです。マージは限界以上に身体を伸ばそうと無理をしていました。彼女の歯ぎしりやしかめ面は、やりすぎだという嫌悪のサインです。こういうとき、いかに顔にしかめ面が刻まれているのかを見てみると驚いてしまうほどです。まるで力んだ眉が、手を伸ばしてくれる魔法の力でももっているかのようです。マージはこう言っています。「私、自分がやっていることに気づいたので、自分自身に微笑みかけたんです。

そうしたら自分の身体が楽になって、何だかもっとなめらかな感じになったんです。」

　ジャックの体験はマージのものとはやや違っていました。彼はストレッチをすることで、不快な感覚が生じるのではないかと心配していることに気づきました。どんな感覚であれ、それが強まってくるや否や、身体を引き戻していたのです。「数年前に仕事で背中を痛めたんですよ。もうすっかり良くなっているんですけど、それ以来やりすぎやしないかと心配していました。だから伸びてって言われたとき、どこかに身体の張りがないかと警戒しました。それで少しでも張りを感じたら、すぐに戻すようにしていたんです。」

　ジャックの体験は重要です。瞑想やヨガの先生たちは、身体にとても優しく接することを常に強調します。ここでの指示は、伸びきるあたりの限界を探索するというものです。身体が何らかの強度を感じはじめるところを「ソフトな限界」と言います。一方、身体が限界に達するところを「ハードな限界」と言います[*5]。おすすめは、やりすぎとやらなさすぎ（怖がってちっとも伸ばさないこと）の中間地点を探しながら、「ソフトな限界」の近くに少し長めにとどまってみることです。そこにとどまりながら、身体に何が起きているかを探索し、ストレッチに使われている筋肉や関節の感覚に優しく温かな気づきを向け続けてみるのです。

　ストレッチを進めていくと、心の底から安らぐ感覚から不快な感覚にいたるまで、実にさまざまな感覚が生じる可能性があります。これらの感覚は、心にとって重要な錨となります。こうした感覚を、最大限の気づきでもって探索できるかどうか確かめてみてください。長年にわたるストレスや心配ごとの蓄積で極度に凝り固まった部分が身体にあることに気づくかもしれません。これは特に、首や肩に見つかりやすいかもしれません。昔はできていたストレッチが今では十分に出来なくなっていることに気づいて驚くかもしれません。でもあなたが取り組んでいるのは、今のことであって、過去のことではないのです。そのような限界を価値判断するのではなく、探索して受け入れられるかどうかやってみましょう。つまるところ、これらの限界はあなたの気づきを広げるための生の素材となり、自分の限界について、そしてその限界ともっと上手に付き合うにはどうしたらよいかを教えてくれるものなのです。

無理せずストレッチできますか？

　この練習からこうしたことを学ぶことで、毎日の生活の中でもそれを活かせることに気づくかもしれません。感覚を無視したり、追い払おうとしたりせず、浮かんでくるあらゆる価値判断にも気づきながら、そのままの感覚を徐々に見られるようになってくるかもしれません。なじみのない感覚が、いかに動揺させるような考えや気持ちを引き起こしうるかが分かる機会を、ストレッチは与えてくれるのです。不機嫌、怒り、悲しみ、恐れ、あるいはちょっとした切なさのような気持ちが湧いてくることに気づくかもしれません。そうした気持ちにとらわれることなく気づけるかどうか、自分の注意をストレッチの感覚や、ストレッチの後に残る余韻に戻せるかどうか、やってみましょう。
　身体的なものでも精神的なものでも、浮かんでくるちょっとした不快な感覚を意図的に抱きしめてあげましょう。それは、自分自身に好意や思いやりを差し出すことです。また、自分が好まない心身の状態を避けようとする傾向を弱めることにもなります。ですから、気づいたらやりすぎていたということになりません。最初は不快だった感覚も、そのうちに引いていき、落ち着いた、治療的とも言える感覚に置き換わっていくのだと多くの人が言っています。

**呼吸と身体の瞑想**

　第1週のプログラムで短い呼吸の瞑想を紹介しました。第3週では再び呼吸と身体の瞑想を行います。今度はマインドフルな動きの瞑想のすぐ後にこれを行ってみましょう。いきなり、座って呼吸の身体の瞑想を行うのと、ストレッチの後に座って呼吸と身体の瞑想を行うのとでは全然違った感じがすると多くの人が口にします。あなたもそう感じるかどうか、試してみるとよいでしょう。

[ 呼吸と身体の瞑想 *4 ]

1. クッションまたは椅子に楽な姿勢で座り、身体が凛とした感覚、まっすぐな感覚、覚醒している感覚が感じられるようにします。
2. 呼吸に注意を集めます。息がおなかに入っていく感覚に注意を向けます。息を吸うごと、吐くごとに、この感覚を感じとります。
3. 息を吸っている間ずっと、そして息を吐いている間ずっと、身体の感覚がどのように変化するかに気づけるようにできるだけ注意を集めます。もしかすると、息を吸っている状態から、吐きはじめるときに、わずかな空白の時間があることに気づくかもしれません。
4. 呼吸をコントロールしようとする必要はまったくありません。ただ自然に呼吸をします。
5. しばらく経った後、次に息を吸って吐くときに、注意の焦点を呼吸から身体全体へと意識的に広げます。

**身体全体**

6. 呼吸の感覚と同様に、ここに座っている間に、あなたの身体に起きるあらゆる感覚に気づきます。椅子やクッションと触れ合う感覚、足と床とが触れ合う感覚、皮膚の表面や身体の奥深いところから生じる感覚に気づきます。
7. もし可能なら、こうした特定の感覚と、呼吸や身体の感覚とを、すべて一緒にとらえて感じてみます。幅広い、そして空間的な広がりのある気づきの中で、注意の「レンズ」の焦点が狭くなったり広くなったりするのに気づきます。心地良い感覚、不快な感覚、どちらでもない感覚、あらゆる感覚に気づき、瞬間瞬間、身体に起こるあらゆる感覚や、そうした感覚に対する自分の反応に優しい好奇心を向けます。
8. 身体のどこかに強い感覚、特に不快な感覚が生じたときには、注意がくり返しこうした感覚に引き込まれて、本来注意を向けていた呼

吸とか、身体全体から離れていってしまっていることに気づくかもしれません。このようなときには、意識的に姿勢を変えても構いません。そして、姿勢を変えようとする意思、姿勢を変えているときの動きそのもの、また、その動きの余韻を感じとります。あるいは、強い感覚が生じた部分に意識を向け、優しく、賢明な注意とともに、その感覚がどのようなものであるか、くわしく探索してみます。感覚の性質、感覚がある正確な場所、時間とともに感覚が変わるかどうか、感覚の生じている場所が動くかどうか。ボディスキャンでやったように、できればその強い感覚が生じている身体の部分に息を吹き込み、その瞬間に、感覚がどのように変化するかを探索します。

9. あなたが感じていることや気づいたことを何か別のものに変えようとするのではなく、ただただ心を開き、好奇心をもって、それが何であるかを探索し続けます。感じていることについて「考える」のではなく、それを直接的に「体験」します。

10. 心がさまよったことに気づいたら、少し時間をとって、心がどこにさまよったかを感じとり、そして、静かに注意を呼吸や身体全体の感覚に戻します。今この瞬間に注意を戻し、あなた自身を今この瞬間につなぎ止めます。

## さまよう心に辛抱強く付き合う

　呼吸と身体の瞑想のように、座って行う瞑想のほうが思考はさまよいがちです。これはとてもフラストレーションのたまるものです。2、3週間練習すれば、いくらか進歩するはずだと思っていたのに、いまだに心をコントロールできないと感じているかもしれません。しかし、何年も練習してきた人でもそのように感じるものだということを知っていただくと、少しは慰めになるかもしれません。

　その理由は単純です。瞑想の目的は心をコントロールすることでもなければ、心をスッキリさせることでもないからです。そうしたことは瞑想の目的

なのではなく、幸運な場合の副産物なのです。もし心をスッキリさせることを目的にしたなら、非常に強い選手を相手にレスリングをするようなことになってしまうでしょう。マインドフルネスというのはもっと賢いやり方なのです。それは、心の最も奥底にあるパターンをあばき出す顕微鏡のようなものです。活動中の心を見られるようになってくると、思考がさまよいだすのも感じられるようになってきます。

　強烈な感覚が生じたときを注意深く見てみると、不快感から苦痛が生じてくるのには、不快感についてどう考えるのか、特に「いつまでこの不快感が続くのか」という考えが関わっていることが分かります。ただ単に自分の考えを観察するという行為だけでも、より広い空間でその感覚を優しく抱えることになり、落ち着く効果があるのです。強烈な感覚はしばしば薄らいでいきます。これは、なにも考えが全部消え去ってしまうからではありません。そうではなく、感覚をあるがままに受け入れるため、少なくともその瞬間は、躍起になっていた心が静かになるのです。このことを自然に思い出せるようになるためには、日々実践することが重要です。なぜなら、そうしたことは、いとも簡単に忘れてしまうものだからです

> リマインド（思い出す）とは、リ・マインドする（再び心に感じる）こと、そしてそれこそが気づきである。

## 3 分間呼吸空間法

　マインドフルな気づきに対する痛烈な皮肉に、こういうものがあります。「本当にそれが必要なときには、しばしば忘れてしまっている。」容赦なくプレッシャーをかけ続けられるこの世の中で、圧倒された気分になっているとき、マインドフルな気づきは、そうした気分に対応する有効な手だてとなるのです。ところが、どんどん消耗していくにつれて、これがいかに有効かということを、忘れがちになってしまいます。腹が立てば立つほど、平静でいることの重要さを思い出しにくくなってきます。そして、不安やストレスを感じていると、とても20分の瞑想をやろうとは思えないほど、急き立てられた気分になっていることでしょう。プレッシャーがかかっているときには、

マインドフルになろうなんて思えません。昔からなじんでいる考え方のほうがよほど魅力的に映るのです。

　3分間呼吸空間法*4は、このような状況に対応するために考案されたものです。この短い瞑想によって、フォーマルな長時間の瞑想と現実の日常生活とをつなぎ止めることができるのです。このマインドフルネスのプログラム全体の中で、これを習得することが最も重要だと口にする人も多くいます。一方で、この実践は、最も簡単に早くできるものですが、これを忘れずに実践することは、最大の難関でもあるのです。

　この練習は、二つの側面で効果を発揮します。一つ目は、これが一番重要なのですが、この瞑想は一日の中に区切りをつけるために使われるということです。区切りをつけることによって、どんなことが起ころうとも、思いやりのあるマインドフルな態度を保ちやすくなるのです。ネガティブな思考パターンは、あなたが気づかないうちに、あなたの人生を支配しはじめていることが多いのですが、そうなる前にそれを消滅させてしまうのです。二つ目ですが、これは緊急の瞑想法だということです。プレッシャーにさらされた状態で、瞬間瞬間、何が起きているのかをよりはっきりと見られるようになるのです。思考がコントロール不能な状態へときりもみしていく最中に、思いやりをもって世界を眺める心を取り戻し、しっかりと地に足をつけ、今この瞬間にとどまることができるようにすることで、その落下を食い止められるようにするものなのです。

　マインドフルネスプログラムの中核的な要素を、約1分ずつの三つのステップに凝縮したのが、この呼吸空間法です。このコースの3週目では、一日に2回、この呼吸空間法を実践することをおすすめします。一日のうちいつやるかは自分で決めて構いませんが、時間帯を決めてください。他のことは置いておき、この実践だけに集中する時間をつくり、それを日々の決まりごとの一部とすることに意義があるのです。最初の何回かは、ガイド（CDのトラック8）を聞きながらやりたいと思うかもしれません。もし、ガイドなしでやりたくなったら、どうぞ遠慮なくCDなしでやってください。三つのステップの構造を保ちながら、静かに約3分間、自分で自分自身を導いていくのです。この後にくわしく述べられている瞑想法の説明を文字で読むことも有意義です。この瞑想法のパターンには、砂時計の形のような特徴がある

ことが分かってくるでしょう（次ページ参照）。

[ 3分間呼吸空間法 ]

呼吸空間法は、座った状態でも立った状態でも行えます。どちらの状態で行う場合でも、背筋を伸ばし、しっかりとした姿勢をとるようにします。

座っている場合は、両足を床の上にしっかりと置き、手は楽に体の横に自然に垂らしておくか、膝や太ももの上に置いておきます。必要があれば、目を閉じても結構です。

**ステップ1　気づく**
今、心や身体はどのような状態でしょうか。
心の状態を天気で表すとすると、どのような天気になるでしょうか。
今どのような考えが頭に浮かんでいるでしょうか。
気分はどうでしょうか。
身体にはどのような感覚があるでしょうか。
何かを変えようとするのではなく、今ここにあるものをただ受け入れます。

**ステップ2　注意を集める**
注意を呼吸に向け、おなかの呼吸の感覚を観察します。
息を吸って胸やおなかが膨らみ、息を吐いて胸やおなかがへこむ。一回一回の呼吸に伴って生じる身体の感覚の変化を感じます。
もし途中で心がさまよったことに気づいたら、心がどこに行ったのかを、ただ認識し、そして静かに注意を呼吸へと戻します。

**ステップ3　注意を広げる**
あたかも全身で呼吸するかのように、意識の中心を呼吸から身体全体へと広げていきます。

> 姿勢、表情、皮膚表面の感覚、身体の中から生じる感覚を意識します。意識をはっきりさせたまま、身体のあらゆる感覚をあるがままの状態にさせておきます。
> 身体へと戻ってきます。今この瞬間へと戻ってきます。

## 砂時計の形をした呼吸空間法

　呼吸空間法をしているときの「気づき」は、砂時計の形をしていると思えば分かりやすくなります。砂時計の上部は広がっていますが、そこは呼吸空間法のステップ1にあたります。ここでは注意を広げて、意識に入ってくるもの、意識から出ていくもの、すべてを優しく認めます。こうすることによって、自分が「することモード」になっていないかを確かめることができます。そして、もしそうなっていたら、このモードを手放して、気づきにあふれた「あることモード」へと移行していくのです。そうすることで、自分の今の心の状態が、まぎれもない「事実」なのではなく、思考や感情、身体感覚や行動の衝動とがつながり合ってつくられたものにすぎないということを、自分自身に穏やかに思い出させていくのです。これは、潮の満ち引きのように寄せては返すものですが、その満ち引きにもあなたは気づけるようになるのです。

　呼吸空間法のステップ2は、砂時計のくびれた部分です。ここでは下腹部で呼吸に注意を集めていきます。心が移ろうときには、優しく呼吸に戻しながら、呼吸の身体感覚に焦点を当てます。これによって、今この瞬間にしっかりととどまることで、心に錨を下ろしやすくなるのです。

　呼吸空間法のステップ3は、砂時計の底の広がった部分にあたります。ここでは気づきを広げていきます。ここでは、次の瞬間に向けて準備をし、人生へとあるがままに心を開いていくのです。そして、この世界に自分が存在しているという感覚をもう一度確認するのです。穏やかに、でもしっかりと。あなたの心と身体のすべてをあるがままに認めていきます。すでにそこにある安らぎと尊厳と完全であるという感覚をもって。

## 習慣を手放す：テレビの習慣を見なおす

　テレビを見ることは、とても強力な習慣で、あまりに当たり前のことであるため、その習慣を見なおそうと思わないかもしれません。仕事から帰宅して、腰をおろし、スイッチを入れてテレビを見ます。気がつくと、テレビを見ています。まだ見ています……。もっと他に興味深いことがあるような気がしているにもかかわらず、なぜだかそっちには身体が動きません。そのうちテレビを見ていることで自分を責めはじめたりします。もっと他に意味のあることをすればいいのに、テレビの前にぼんやり座っている冴えない自分はなんてダメなんだろう、と呟くのです。

　テレビをもっと価値のあるものにし、もっと敬意を払える対象にすることはできるのでしょうか。

　今週のどこかで、テレビの週間スケジュールを手に入れて、本当に自分が見たいと思う番組はどれなのかを見てみましょう。関心があるとか、楽しそうとか、どちらか、あるいは両方でも。もしテレビを持っていなければ、ラジオでもなんでも結構です。自分の生活で当たり前になっている気晴らしの道具について、この習慣から解放されることに取り組んでみましょう。自分で予定した日に、自分が本当に見ようと決めた番組だけを見るようにするのです。その他の時間は意識的にテレビを消すようにします。本や新聞を読んでもいいですし、しばらく話していなかった友人や親戚に電話をかけてもいいですし、手つかずになっていた庭いじりを少しするのもいいでしょう。8分間の瞑想を追加でしたっていいのです（あるいは、他に何かやり損ねていた瞑想を埋め合わせに行ってもよいでしょう）。

　決めた番組が終わったらすぐに意識してテレビを消すことを忘れずに。その後で別の見たい番組が始まったらまたテレビをつけて。一日の終わりにはノートにどうだったかを記録します。良い感じだったとか悪い感じだったとかだけではなく、何に気づいたかも。どんな考え、感情、身体感覚、衝動があったでしょうか。何年もかけてゆっくりとでき上がってきた古い習慣を解消しようとしていることを忘れずに。だから奇跡を期待しないことです。そうではなく、今週から取り組みはじめた練習の結果として、何か今までとは違う、より自由な生き方を少しでも感じられたなら、何か新しいことを発見

する第一歩を踏み出したことになることでしょう。毎日やっていることの多くを変更しなければならないのではなく、同じことを違うやり方でできるようにしていくのです。自分の仕事を、気づきと選択という新鮮な空気で包み込んでやるのです。

# 第8章
# 第4週　噂をのりこえる
Mindfulness Week Four: Moving Beyond the Rumour Mill

　ジョンは学校へ向かう途中でした。
　彼は数学の授業のことを心配していました。
　今日の授業をうまく進める自信がなかったのです。
　なぜならそれは本来守衛の役目ではないからです。[*1]

　この文章を読んで、どのようなことに気づいたでしょうか。多くの人は、この文章の中のジョンの属性が心の中で何度も変わっていくことに気づいたのではないかと思います。最初に浮かぶジョンは、学校に向かって歩きながら数学の授業のことを心配している少年の姿でしょう。その後、少年の姿が教師に変わり、最後に守衛に変化していったのではないでしょうか。

　このことから、私たちが世界を見るときに、心が「舞台裏」で持続的に作用していることが分かります。私たちは目の前の状況を、写真のように詳細に捉えるのではなく、与えられた「事実」から推測をしながら捉えているのです。心は、過去の経験と比較して判断し、将来どうなっていくかを予測し、そこに意味づけをしながら、細部まで精巧にイメージをつくり上げていくのです。

　これは心がなせる素晴らしい技です。そして、こうしたプロセスは、私たちが雑誌を読んだり、記憶を呼び起こしたり、会話をしたり、将来を考えたりするときに、いつも行われているプロセスなのです。その結果、心の中のシーンは、それを思い浮かべる人によっても、客観的な現実とも異なる結果となってしまうのです。私たちは世界をありのままに見ているのではなく、自分たちの目を通して見ているのです。

　私たちはたえず世界について推測をしていますが、ふだんはそのことにほ

とんど気づいていません。ジョンのシナリオのときのように、「ひっかけ」にあったときにだけ、そのことに気づくのです。ですから、私たちがふだん解釈しながら行っている「実況解説」は、その瞬間瞬間、現れては蒸発して消えていってしまうのです。そして状況が変わっていることにさえ、なかなか気づかないのです。あるいは、気づいたとしても、かすかな違和感を感じる程度です。それはまるで、気づかないくらいの微弱な地震があったときに、かすかなめまいを感じる程度のものです。運が良いときには、そうした変化はあなたを爽快な気持ちにさせてくれるでしょう——ジョークや笑い話が面白いと感じられるわけは、このような視界の突然の変化のせいであることが多いのです。

世界に対してどう反応するかは、私たちが世界をどう解釈するかによって大きく異なります。これは感情のABCモデルと呼ばれることがあります。「A〔activating event 起きている出来事〕」は状況そのものを意味します——これはビデオカメラの映像のようなものです。「B〔belief 信念〕」はシーンに与えられる解釈です。それは、私たちが状況から作り上げる進行していくストーリーで、気づきの表面下で絶え間なく流れていくものですが、私たちはそれを事実のように受け止めます。「C〔consequences 結果〕」は、私たちの感情、身体感覚、さまざまな形で反応しようとする衝動といったような私たちの反応です。

「A」や「C」については、はっきり認識できるものですが、「B」についてはなかなか気づかないものです。私たちは、状況そのものが私たちの気持ちや感情を呼び起こすと考えがちですが、実際には、私たち自身がそこに解釈を加えているのです。世界はまるで、私たち自身が解説をしている無声映画のようなものなのです。解説では、今何が起こっているのかが説明されますが、あまりにも速いので、私たちはそれを映像の一部とみなしてしまうのです。そのため、状況についての「真実」を、状況についての「解釈」から切り離すことがますます難しくなってしまうのです。いったんそのような流れが起きてしまうと、それに反論することはさらに難しくなります。すべての未来の出来事は、現状を肯定する方向で解釈されます。現状に矛盾する情報は無視され、解釈に合致する情報だけが受け入れられるようになるのです。

このような心の解説は、いわば噂のようなものです。つまり、真実かもし

れないし、一部分だけが真実なのかもしれません。あるいは全部間違っているかもしれないということです。残念なことに、いったん世界について心のモデルがつくられはじめると、心は現実とフィクションの違いを見分けることが非常に難しくなってしまうのです。こういった理由から、噂は信じられないくらい強力で、一人ひとりの心だけでなく、社会全体の心までも狂わせてしまうことがあるのです。

　噂がいかに恐ろしいものか、そしてそれを止めるのがどれだけ難しいことかについては、第二次世界大戦中の米軍の「心理作戦」が良い例でしょう。戦争の間、多くの奇怪でシュールな噂が、根拠や論理もないまま、アメリカ全域に野火のように広がりました。たとえば、「ロシア軍は、銃に油をさすために、我々のバターをたくさんせしめている」とか「海軍はニューヨーク港に自動車3台分のコーヒーを破棄した」などといったようなものです。このような噂がどこからともなく湧き起こり、国民の士気が下がりはじめたのです。

　アメリカ政府は、ありとあらゆる合理的かつ論理的なアプローチで、そのような噂をもみ消そうとしました[*2]。最初の作戦の一つは、その噂をあえて取り上げ、それを否定するラジオ番組を放送することでした。しかしすぐに、多くのリスナーがラジオ番組の途中で他の番組にチャンネルを替えてしまうので、噂の部分だけが聞かれて、その嘘を否定するところが聞かれないことが分かり、問題になりました。この作戦は噂をさらに広めるだけに終わってしまったのです。

　次に、政府は新聞で「噂クリニック」というコーナーをつくり、専門家が噂を取り上げて、その心理的な背景、たとえば「自己防衛」や「心理的な投影」といった意味を説明することでそれを論破しようとしました。このアプローチはすぐにまた新たな問題を生みました。その噂を否定するための証拠がほとんどないので、噂が間違いであることの証明ができなかったのです。さらに、噂を単なるたわごととして退け、真実については「軍事機密」だとしか語らなかったので、しばしば状況はさらに悪化してしまいました。

　彼らはもう一つの大きな問題にも直面していました。それは、私たちが論理的な説明よりも、情緒的な説明のほうを信じやすい傾向にあるという問題です。どんなに合理的にストーリーを説明されたとしても、その傾向は変わ

らないのです。

　噂に関する研究は、さまざまな点で私たちの心の研究と共通しています。なぜなら、私たちの思考は、心の中の噂のようなものだからです。噂は真実かもしれませんが、まったくの嘘かもしれないのです。

　後から考えてみると、今述べたような、戦争中の噂を否定しようするアプローチは、どちらも失敗に終わる運命であったことが分かります。それでも私たちは、自分の心の中の噂を否定しようとするとき、同じテクニックをくり返し使ってしまうのです。自己批判を例に挙げてみましょう。ストレスを感じているときや気弱になっているときは、心の中から、批判ばかりが聞こえてきて、同情の声は聞こえてきません。もし自分を不安定にさせている思考に代わる考えが聞こえたとしても、その思考の背後にある感情の威力は、論理をすべて圧倒してしまうほど強力なので、それを信じられないのです。思考を「ナンセンス」として退けてしまうか、「落ち着け」「気をしっかり」と自分に言い聞かせるものの、それによってますます私たちの気力は下がり、自分たちが弱くて無能であるという気持ちになってしまうのです。さらに悪いことに、自己批判のテープが回りはじめるたびに、私たちはすぐに物語を脚色しはじめます。私たちは心を洗いざらいさらって、自分が悪いという証拠を探しはじめます。そして、自己批判に反する事実はすべて無視するのです。

　心の中の噂が、大きな無用の苦しみをもたらすなんて不思議ではありませんか？　噂を打ち消そうとすればするほど、状況をさらに悪化させることになるのは驚きではありませんか？

　心の噂に対して理屈や「プラス思考」で対抗する代わりに、この終わりのないサイクルの外に踏み出して、自分の心が花開くのを眺めることのほうが、はるかに意味のあることです。しかし、これは難しいことかもしれません。ストレスを感じているときに、心に渦巻いている「心の噂」をよく観察すると、その噂が、あなたの中で事実の一部となってしまっていることに気づくでしょう。「心の噂」は強力で、あなたやあなたが置かれている状況のど真ん中に、どっかりと腰を据えてしまう可能性があるからです。

　ここに示すのは、そういった思考のリストです。こうした思考は、私たちが慌てているとき、ストレスを感じているとき、不幸だと感じているとき、疲れているときに、私たちの頭の中にひょいと入りこんでくるものです（こ

のリストは私たちの同僚で、瞑想の講師でもあるヒュー・ポールトンがつくった質問票調査から抜粋したものです)。

- 何をすべきか考えないことには、楽しむことができない。
- 絶対に失敗してはいけない。
- なぜリラックスできないのだろう。
- みんなを失望させてはいけない。
- それは私の肩にかかっている。
- 強くなければならない。
- みんなが私を頼りにしている。
- これをできるのは私だけだ。
- もうこれ以上我慢できない。
- 1分たりとも無駄にしてはいけない。
- どこかに行ってしまいたい。
- なぜ彼らはさっさとやらないのだろう。
- どうして私はまったく楽しめないのだろうか。
- 私の何がいけないのだろう。
- 決してあきらめてはいけない。
- 何かがおかしい。
- 私のどこかがおかしいに違いない。
- すべてのことがらが私の手を離れてばらばらになっていく。
- なぜ私はスイッチを切って休息できないのだろう。

　ストレスを感じているときや生活が慌ただしいときには、このような思考は絶対的な真実のように感じられます。しかし、発熱がインフルエンザの徴候であるのと同じように、それはストレスの徴候であるのです。

　ストレスを強く感じるようになると、「これをできるのは自分しかいない」などと、強固に自分の考えに固執するようになります。そしてこのような思考に導かれてしまうと、物事がうまくいかないときに、自分だけに責任があると考えてしまうのです。それに対して心が反応して、逃げ道を見つけたいと思うのは自然なことです。プレッシャーから解放されたいと願い、「姿を

消してしまいたい」という考えが、すぐ後から湧いてくるのです。

　これらの思考が、ストレスと疲弊からくる症状であると気づけるようになると、それを真実と考えていたときよりも、その思考から距離を置くことが可能になります。そしてあなたがそれを深刻にとらえるかどうかの判断を下すだけの余裕をもてるようになるのです。マインドフルネスの実践を通して、それに気づき、それらの存在を認められるようになると、そこから解放されるのです。マインドフルネスプログラムの第4週では、そのための方法を学んでいきます。

## 噂にさらされる

　最初の3週間は、心を鍛えるプログラムでした。そこでは、毎日の実践を通して、心の自動操縦の中を漂うのではなく、今ここでの世界に、あなたが存在できるようになることを目的に、気づきの雰囲気を体験してもらいました。第4週目のプログラムでは、このプロセスをさらに磨いていきます。物事がネガティブな方向へ向かい、心が自己攻撃を始めたり、その渦にあなたが引きずり込まれそうになっているときに、心や身体が発する合図を感じとる能力を高めていくのです。あなたの思考と感情が、あなたに背を向けはじめる瞬間を感じられるようになることが目標の一つですが、それを止められるようにするには、また別のトレーニングが必要です。この第4週目のプログラムは、あなたを助ける強力な道具になることでしょう。それは「音と思考の瞑想」という方法です。

[ **第4週目の実践** ]

- 「呼吸と身体の瞑想」（115ページおよびCDのトラック4を参照）
  それに引き続き……
- 「音と思考の瞑想」
  一日2回やることをおすすめします。（131ページおよびCDのトラック5を参照）
- 「3分間呼吸空間法」（CDのトラック8）

> 一日2回、そして必要なときはいつでも。

## 音と思考の瞑想[*3]

　私たちは、とてつもなく深い、ありとあらゆる種類の音の広がりの中に浸っています。しばらくの間、音に耳を傾けてください。何が聞こえてくるでしょうか。最初のうちは、周囲の雑音や喧騒を感じるかもしれません。一つひとつの音を感じられるかもしれません。親しみやすい声、建物の別の場所から聞こえてくるラジオの音、ドアがバタンと閉まる音、車が通りすぎる音、遠くのほうで鳴るサイレンの音、空調機の音、空を飛んでいる飛行機の音、チリンチリンと鳴る音などを聞き分けることができるかもしれません。音のリストには終わりがありません。静かな部屋にいるときでも、沈黙に包まれた音を拾うことができます。それはあなたの鼻息かもしれません。床や暖房器具がきしむ音かもしれません。沈黙のさなかでさえ、音は存在するのです。

**この絶え間のない音の広がりは、まるであなたの思考の流れのようです。**

　動きもなく、音もない、そのような状態は決してないのです。私たちのまわりは、海の波や木々の間の風のように、たえず動いているのです。
　「音と思考の瞑想」をしていると、次第に、音と思考の似ている点が明らかになってくるでしょう。どちらも、どこからともなく現れ、一貫性がないように見えます。私たちは、それが現れてくることをコントロールできません。どちらも非常に強力で、とても大きな勢いがあります。そして、そこに私たちを引きずり込むほどの強い感情をもたらすのです。
　思考はどこからともなくやってきます。耳が音を聞きとる器官であるように、心は思考を受ける器官です。「車」「声」「暖房器具」の音を聞くと、それに刺激されて心にそれらの概念が生じるのを避けることが難しいように、ほんの些細な思考の揺らぎも、連想のネットワークを活性化せずにはいられません。気づかぬ間に、心は飛躍し、私たちがずっと前に忘れてしまった過去や思い描いていた未来と結合し、現実の世界からかけ離れていってしまう

のです。私たちは怒りや悲しみ、不安、ストレス、苦々しさといった感情を感じはじめるかもしれません。なぜなら思考が連想の雪崩を引き起こしてしまうからです。

　音と思考の瞑想は、あなたが自分自身でこのことに気づく手助けとなります。また、音と同じように、思考も揺れ動くものだということを深く知る助けにもなります。思考は、BGMのように流れるラジオの音にたとえることができます。あなたは思考の声を聞いたり、観察したりできますが、あなたが受け止めたことを細かく説明する必要はありませんし、感じたことにしたがって行動する必要もないのです。あなたはふだん、ラジオの声の言うとおりに考えたり行動しなければならないと感じることはないはずです。それと同じように、あなたの思考が、世界を正確に描写していると盲目的に考える必要などないのです。思考は思考にすぎないのです。思考はあなたの召し使いです。どんなに大きな声で叫ぼうとも、あなたに命令を下す主人にはなれないのです。このことに気づけば、あなたはとても大きな自由を手に入れることができるでしょう。あなたは、一触即発の引き金から距離をとり、より適切な決断を下すだけの余裕をもてるようになるのです。十分な気づきのもとであなたの心が下す決断なのです。

　音と思考の瞑想には、鍵となる要素が二つあります。「受け止めること」と「気づくこと」です。

## 受け止めること

　音を、やってきては去っていくままに受け止めましょう。身体をマイクと考えます。空気の振動を音として分けへだてなく拾い上げるのです。一つひとつの音をそのまま感じとりましょう —— ボリューム、トーン、ピッチ、パターン、持続時間など、それぞれの音の様子をそのまま受け止めましょう。同じように、音から思考、そして思考が運んでくる感情へ視点を移してみると、それらが現れるその瞬間や、どれだけ長くまとわりつくか、そして、それらが消えていく瞬間に気づくことができるでしょう。

## 気づくこと

　音の体験に、自分たちが付け加えているさまざまな意味に気づきましょう。

私たちは、習慣的に音にレッテルを貼り、好きなものを追いかけ、嫌いなものを退けていることに気づくかもしれません。そうなっているときには、そのことに気づけるか、そして気づいたら、再びただ音を受け取ることに戻れるかどうかを見てみます。そして、それと同じように、思考と感情にも気づき、それらが絡み合いながら、物語を作り上げることや、私たちがいとも簡単にそうした物語に巻き込まれてしまうということにも、しっかりと気づいていくのです。

[ 音と思考の瞑想 *3 ]

**呼吸と身体を落ち着かせる**

　背筋がまっすぐに伸び、背骨が身体を支えているという感覚を感じられる姿勢を探します。

1. 座って姿勢を整え、肩の力を抜きます。
2. まず、落ち着くまでしばらく、呼吸に注意を集めます。次に、まるで身体全体で呼吸しているかのように、注意の焦点を身体全体へと広げます。身体の内部で生じるあらゆる感覚に気づきます。
3. このように、数分間、呼吸と身体に注意を集め、呼吸と身体のマインドフルネスを実践します。心が別のことに引っ張られたり、何かに圧倒されるような場合には、いつでも呼吸と身体に戻ってこられることを覚えておきます。

**音**

4. 準備ができたら、注意の焦点を呼吸や身体から、聴くことへと移動させます。聞こえてくる音に注意を集めます。
5. 音を探したり、何か特別な音を聴き取ろうとする必要はありません。そうではなく、あらゆる方向から聞こえてくる音に気づけるように、ただ心を音に開きます。近くから、遠くから聞こえる音、前、横、後ろ、上、下から聞こえてくる音を、そのまま受け入れます。そのようにしながら、あなたのまわりのあらゆる音の空間に心を開いていきま

す。より目立つ音によってかき消されてしまう音もあります。こうした二つの音に気づけるかどうかを確かめます。また、音と音の間に、静かな空白があるかどうかも感じとるようにします。
6. 音についてあれこれ考えるのではなく、できるだけ、音そのものをあるがままの状態で聞きます。音が聞こえた瞬間に、その音に対して、"ラベルづけ"("車"、"電車"、"声"、"エアコン"、"ラジオ")をしてしまっていることにも気づきます。そして、"ラベルづけ"でなく、音そのものに注意を集められるか、見てみます。
7. 知らず知らずのうちに、その音がどのような音かを考えたり、その音を好きか嫌いか判断していることに気づくかもしれません。音について考えたり、音から物語を創り出すのではなく、音そのものの感覚、ピッチ、音量、リズム、音の中の音を実際に聞くことができるかどうかを確かめます。
8. 注意が音から逸れたことに気づいたら、ゆっくりと注意を音へと戻します。瞬間瞬間、音が生まれ、そして消えていく様子を観察します。
9. 4、5分間音に注意を集めたら、今度は音から注意を解放します。

**思考**
10. 今度は、注意の焦点を考えに移し、考えが気づきの中心に来るようにします。できる限り、考えを、「心が生み出す出来事」として捉えるようにします。
11. 音に、始まりがあって終わりがあるように、頭に浮かんでくる考えについても、考えが生まれ、しばらくとどまり、そして消えていく。そうした様子を観察できるかどうか確かめます(ちょうど、心という空に浮かぶ雲のように考えるとよいかもしれません)。
12. 何らかの方法で、考えをコントロールしようとする必要はありません。音の始まりと、終わりに気づいたのと同じように、考えについても、ただ生まれては消えていくままに任せます。
13. 広い空をただよう雲には、暗く、雨を降らせる雲もあれば、軽くフ

ワフワした雲もあるように、考えにもさまざまな形があります。あるときは雲が空全体を覆うでしょう。またあるときは、一片の雲もない晴れわたった空が広がることもあるでしょう。

14. あるいは、心に浮かぶ考えを映画館のスクリーンに映し、それを眺めるように、考えに注意を向けてみてもよいかもしれません。映画館に腰かけ、スクリーンを見ながら、考えやイメージが映し出されてくるのを待つのです。考えやイメージが浮かんできたら、スクリーンに映し出されるまま、それを観察し、それが消えたらそのままにしておきます。ドラマの中に入り込んでしまったら、客席ではなくスクリーンの中に入り込んでいることに気づくでしょう。そのことに気づいたら、気づいたことを喜びましょう。そして、客席へと戻り、辛抱強く次の考えが浮かんでくるのを待つのです。

15. 考えにつられて、心地良かったり不快だったりといった、何か強い感覚や感情が生まれてくる場合には、その負荷や強さに気づき、そしてそれをそのままにしておきます。

16. 注意が逸れたり、考えによって生み出された物語に何度も飲み込まれてしまうときには、呼吸や全身の感覚に注意を戻し、これを感じられるか確認してみます。静かに座り、呼吸をします。呼吸を錨にして、気づきが今この瞬間にとどまるようにします。

## 思考と気分の観察

　音と思考の瞑想をすることで、どんなことに気づくでしょうか。正解や間違い、成功や失敗があるわけではないことを忘れないでください。

　ダナは瞑想中、不思議なことに気づきました。「私が音に集中しようとしたら、思考が速いスピードでひっきりなしに、音を邪魔しながらやってきました。でも、音に本当に集中しはじめると、思考はすべて去っていってしまったようでした。」

　このようなことは、しばしば起こります。昼間の明るさのようなはっきり

とした深い気づきのもとでは、思考は恥ずかしがってなかなか現れてこないようです。なぜでしょうか。それは、このように考えられるかもしれません。思考は、脳のある部分のネットワークの一瞬の揺らぎとして起こり、それがその後、より大きなネットワークにゆっくりと広がっていくプロセスと考えることができます。この揺らぎは非常に短い「パルス」のようなものであるかもしれません（おそらく短時間に浮かぶイメージに一致するものです）。しかし、私たちが「思考」とみなすものは、その瞬間的なパルスと、それに続くしっぽの部分から成り立っています。しっぽは、王様や女王にしたがう従者の列のようにパルスの後を追っていくのです。その従者の列は、主語や目的語、さまざまな動詞、名詞、形容詞から成る心の中の言葉のようなもので、次々と連想を引き起こし、心の中にさらなるイメージや言葉を生み出してくるのです。なぜなら、最初の「パルス」に引き続くしっぽの大部分は、単に習慣的な連想によって引き起こされているにすぎないので、自分の思考のプロセスに対してしっかりとした「気づき」をもてるようになると、この習慣的な連想の鎖を断ち切り、パルスだけに気づける状態になるからです。そのような状態では、思考は勢いを失い、砂の中へと消えていってしまうのです。もちろん、思考はすぐにまた、「気づき」の隙間に入り込んでこようとするでしょう。すると、あなたには再びパルスに続く従者が見えてきて、また思考の流れに引き込まれてしまいます。このように、自分の心や脳の活動を眺めることは、本当に興味深いものです。

　音と思考の瞑想の間、サイモンはまったく集中することができませんでした。「私は耳鳴りがしていて、その甲高い音は常に雑音として聞こえていました。私が音に集中すると、耳鳴りはさらにひどくなりました。本当に嫌な感じでした。ふだんはそれをシャットアウトするようにしているのですが、うまくできなくてイライラしました。本当にすべてが台なしになった感じでした。」

　多くのことが私たちの実践を邪魔しますが、特に耳鳴りは嫌なものの一つです。それは慢性疼痛と同じで、途切れることがなく、侵襲的で根が深いものでもあります。どうやってそれに対処するかは、人によって異なります。昼間、他の音があるときは大丈夫に思えても、夜眠ろうとするときには非常にやっかいなものになるかもしれません。音の瞑想では、一般的な対処方法

とは正反対の対応をとります。ではなぜこの瞑想が有効なのでしょうか。サイモンの経験は、その理由を教えてくれます。「耳鳴りを、周囲から聞こえてくるすべての音と同様に、ありのままにしておくよう試してみました。すると、耳鳴り自体は、全然治まることはありませんでしたが、気にならないようになってきました。耳鳴りと争わなくなると、よりリラックスできたのです。これまでリラックスしようとしたときは、耳鳴りを無視しようとしていて、耳鳴りをそのままにしておこうとしたことはありませんでした。いつもとは違う感覚でした。そして、私は耳鳴りのつらさから解放されたのです。」サイモンの試してみよう、探索してみようとする意思は、注目に値するものです。サイモンは、自分を悩ませていたことに注意を向けることで、音だけでなく、不快な気分や怒りの思考や感情が一緒になって彼を攻撃し、心の安らぎを邪魔していたことに気づいたのです。

　シャロンの体験は、たった数分間の瞑想で劇的に変化しました。「最初、瞑想は簡単に思えました。私は特に考えていることもなかったので、心が揺れ動くこともなかったのです。そして、ちょっと変に思われるかもしれませんが、全身が軽くなったような、身体が浮いているような感じがしました。素晴らしい体験でしたが、しばらくするとその感覚は消えてしまい、がっかりしました。そして、過去の失望した体験を思い出し、悲しくなったのです。まるでジェットコースターに乗っているような感覚でした。」シャロンは、心が天気のように瞬く間に変わるという体験をしたのです。身体が浮くような感じを楽しんだ次の瞬間に、それがなくなってしまい、失望と、不快な思考と連想とが後に残ったのでした。

　思考の流れはとても強力なので、その流れに気づく前に私たちを連れ去ってしまうこともあります。小川の流れの端に座って、浮いている葉のように思考を観察している自分を想像してみてください。次の瞬間には、あなたは、もといた場所を離れて小川の流れの真ん中を夢遊病のように歩いている自分に気づくことでしょう。思考の流れにどっぷりと浸ってしまっている自分に気づくのに、それほどの時間は必要ありません。あなたは、目を覚ましたことにほっとして、心がさまよってしまった自分をいたわりながら、もう一度、思考の流れの岸に戻ろうとするかもしれません。経験豊かな瞑想家というのは心がさまよわない人ではなく、瞑想を簡単に再開できる人のことなのです。

［ トムの話 ］

　今日、私は失敗がそれほど大きな問題ではないということを学びました。私はまだこうして生きているし、私には手も足もちゃんとあるのです。心もそれほど傷ついていないようです。

　瞑想の間、私はずっと集中力をなくしていたことに気づきました。私の心はコントロールできなくなっていたのです。何をしても心は落ち着きませんでした。それは、今日仕事でうまくいかなかったことが原因でもありました。私は法律事務所に勤めています。いつでも仕事の準備ができていることを誇りにしています。今日書類の一部を忘れてきてしまい、時間どおりに仕事を終えられませんでした。それで上司の機嫌が悪くなってしまったのです。

　ふつう、ストレスを感じているときには、私はバーに寄って少しお酒を飲んで帰っていました。そして、翌朝には再び元気を取り戻して出かけていたのです。でも、今日は違いました。お酒を飲む代わりに、瞑想をすることにしました。それは、とても、とても、とても大変なことでした。このコントロールできないという感覚はとても嫌な感じなのです。私は自分が良い人間ではない感じがして——もっと言ってしまえば、ダメ人間である気がしていて——瞑想ですらうまくできない人間だというふうに感じていました。けれども、20分間努力してみた後、目を開くと、前とは気持ちが変化していることに気づきました。気持ちがとても穏やかになっていたのです。あらゆることが、少しずつ澄んできて、透明になってきたように感じました。瞑想に失敗したどころか、視界が開けてきたと感じました。この経験から、瞑想で失敗したように見えても、実は実践になっていることに気づきました。心が飛び回らなければ、自分の中の怒り暴れている思考に注目して、心の気づきを取り戻すチャンスもないでしょう。マインドフルネスのコースの間、もちろんインストラクターはこのことを言い続けてくれましたが、自分自身でそれに気づけるまでには、きちんと理解できていませんでした。

　この「失敗した」瞑想の後で、私は上着を着て、素晴らしい夕焼けを

> 見に行きました。夜にはよく眠ることもできました。明日はまた同じ学びがあるでしょう。そして、あさってもまた……。

　もしあなたが、ひどく傷ついていたり緊張しているようなら、思考の流れはきっと、穏やかな小川のようなものではなく、とてつもない力をもった津波のようなものになることでしょう。その流れはあなたを引きずり、蹴り上げ、そして叫び声をあげるのです。あなたが瞑想から押し流されたことに気づくには、少し時間がかかるかもしれません。自分がどこにいたのかさえ忘れてしまうこともあるでしょう。呼吸や身体、あるいは音に集中していたことを思い出すのにも苦労するかもしれません。あなたがCD音声なしで瞑想を始めているときには、このような混乱はしばしば起こります。混乱が起きたとき、身体を出入りする呼吸に集中することで、簡単に落ち着くことができるでしょう。少し時間をおいてから、目印となる糸をたぐってあなたは自分のいる場所を思い出し、やりなおすことができるのです。

　特に難しいのは、思考がレーダーの影に入り、それが「思考」であることが分からないときです。

　じっと静かに座りながら観察していると、思考がスクリーンあるいはステージの上に現れるのを見ることができるかもしれません。あるいは、水の流れに浮かび流れていく葉のように、あなたの前に現れるかもしれません。いくつかの思考は、簡単に見ることができます。たとえば、あなたが夕食に何を準備しようかなどと考えているとします。すぐに「ああ、夕食のことを考えているのだな」と気づくでしょう。しかし、送信するつもりだった電子メールのことを突然思い出すかもしれません。そして、パソコンの前に戻ることを考えはじめるのです。それでもいずれ、あなたはこれも思考であることに気づくでしょう。しかし、「これじゃダメだ。もっと早くやっておけばよかった」「きっとできないだろう」といったことを自分に言っている場合は、どうでしょうか。このような自己批評を「思考」とみなすことはとても難しいことなのです。これは、自分と自分がしていることについての真実であって、現実的な意見だというふうに感じてしまうことでしょう。

　ですから、私たちは、映画を見るときのように、スクリーンで起きている

ことだけでなく、後ろの席から聞こえてくるささやきにも気づく必要があるのです。映画館では全方向から音が聞こえてきます。そして、小川の岸に座っていることを想像しているときには、目の前の流れ以外にも背後を流れている支流があるかもしれないことに目を向ける必要があるのです。「思考のように見えない思考」もあるのです。それに気づけるようになるためには、特別な注意と忍耐が必要です。とてつもなく大きなストレスと混乱を抱えているときは、私たちが最も学べるときでもあります。なぜなら、思考を、現実の真実を映し出しているものとしてではなく、心理的な出来事として考えられるときこそ、私たちが自由な可能性を、最も垣間見ることができるときだからです。

　これらの実践は、同じことのくり返しのように感じられるかもしれません。なぜなら、実際にそのとおりだからです。瞑想は、くり返せばくり返すほど成果が出る実践なのです。実践をくり返すことによってしか、自分の心でくり返されるパターンに気づけるようにはなりません。皮肉なことに、瞑想のくり返しこそが、心の中で反復される過去の失敗や、自滅的で自己攻撃的な思考と行動の自動操縦から私たちを解放してくれるのです。反復を通して、それぞれの瞬間がもたらす微妙な違いに波長を合わせていくことができるのです。

　瞑想を種まきと考えてみてください。種が育っていくのにちょうどよい環境をいったんつくったら、根がきちんと伸びているかどうかを確認するために、毎日土を掘り起こしたりはしないはずです。瞑想は植物を育てることに似ています。あなたの経験はより深まり、そして変わっていきますが、それは短期間で起きることでなく、長い時間をかけてゆっくりと起こっていくものなのです。

## 3分間呼吸空間法

　一日に2回、3分間呼吸空間法（119ページ参照）を行うことに慣れたら、ストレスを感じたときや、瞑想が役立ちそうなときに、それをいつでも使ってみてください。もはや必要なときにはいつでも、呼吸空間法を苦もなく使えるようになっているかもしれません。必要なときには、それを何回でもため

らわずに使ってください。不安定な思考や自己攻撃的な思考が心の中に湧き起こっていると感じたら、心の見晴らしを良くするために、呼吸空間法を行うことができるのです。

[ 激しい行列の際の瞑想法 ]

　スーパーマーケットの列で前がつかえているとき、自分の心の反応に気づけるかどうか確認してみてください。おそらくあなたは、「間違った」列に並んでいるのではないか、もっと短く見える列に移るべきかどうか、ということに心がとらわれてしまっているかもしれません。このような時には、あなたの心で起こっていることに「チェックイン」して、心がどんなモードにあるかを見ることが役立ちます。少しの間、自分自身に問いかけてみましょう。

- 私の心を何が通りすぎているのだろうか。
- 私の身体には、どんな感覚があるだろうか。
- どんな感情の反応や衝動に、気づいているだろうか。

　スーパーマーケットの列の流れが予想よりも遅いことにいらだち、もっと急げ、という考えに心が押し流されている自分に気づいたならば、そのような時は、おそらく自動操縦モードにあるのでしょう。自動操縦モードそのものは大切なものですし、間違いでもありません。心は最善を尽くしているのです。
　マインドフルネスでは、苦痛な経験はそのまま苦痛として受け入れます。
　しかし、マインドフルネスは、苦痛を一次的苦痛と二次的苦痛の二つの大事な要素に分けることによって、あなたの苦痛を軽くしてくれます。一次的苦痛とは、本来のストレスの源のことです。たとえば、長い行列に並んでいるといういらだちがそれに当たります。それが不快であることを認めてよいのです。だからといって、それを好きになる必要はありません。二次的苦痛とは、一次的苦痛に引き続いて湧き起こる、怒りや

> フラストレーションなどといった感情の乱気流のことです。それには、しばしば思考と感情が一緒になって長く続きます。これらをはっきり見ることができるかどうかを試してみてください。フラストレーションを、どこかに追い払ってしまおうとせずに、そこにとどまらせることができるかどうか、試してみてください。
>
> **まっすぐに立ち、そして呼吸をします。あるがままの状態を受け入れます。この瞬間もまた、あなたの人生の大切な瞬間なのです。**
>
> 行列に並んでいる間、まだフラストレーションやもどかしさを感じるかもしれません。けれども、マインドフルネスを実践することで、これらの感情はコントロールできないものではなくなるはずです。
> あなたは、自分自身や周囲の人のために、静寂のオアシスにだってなれるかもしれないのです。

このように、呼吸空間法はこの上なく柔軟に使えます。あなたの状況に合わせて長くすることも短くすることもできます。たとえば、会議の前に不安を感じているときは、簡単に目を閉じて、1、2分間の瞑想で終わらせることも可能です。15歳のスー・エレンは、一番難しい授業の前に呼吸空間法を行いました。教室に入りながら、呼吸と身体に集中して3回呼吸を行い、授業でどんなことがあっても平気なように自分を落ち着かせました。スー・エレンのケースでは、呼吸空間法に数秒しかかかりませんでした。もし、怒りが爆発しそうだったり強い感情を感じるならば、呼吸空間法を10分間やっても構いません。どんな場合も、前章で述べたように（120ページ）、三つのステップからなる砂時計の形を維持できるかどうかを見てみましょう。最初のステップは、自分の心と身体のパターンを認めることから始まります。そこでは、一瞬一瞬に、どんな思考、感情、身体感覚、衝動が起きているかを確かめることが役に立つかもしれません。そして、ゆっくりと第二のステップに進みます。そこでは、呼吸に集中することによって自分をまとめ、地に

足をつけるようにしましょう。第三のステップでは、身体に注意を向けてください。

　呼吸空間法は、問題に前もって対処するためだけにデザインされたものではありません。あなたの心がすでに大慌てを始めたときにも、とても役に立つものです。あなたが悲しみ、怒り、不安、ストレスに押しつぶされそうなときに、呼吸空間法はあなたを落ち着かせ、気づきを回復させてくれる素晴らしい方法なのです。強い感情や気の狂いそうな思考の瞬間には、ふだんの練習のときよりも、あなたの心について、より多くのことを学べるかもしれません。そこでは、身体の緊張、呼吸の妨げ、心が思考から思考へと飛び移っていくさまを感じることができるでしょう。この瞬間をつかんで、あなたの心の中の働きを知る機会として利用してみてください。

### 逃げずに、もう一度向き合う

　状況を修復したり不愉快なことを避けるために、呼吸空間法を間違った方法で使いたくなることがあります。呼吸空間法は、日常生活からの逃避ではありません。お茶の時間やうたた寝に取って代わるものでもありません（お茶やうたた寝は別の意味で大切ですが）。呼吸空間法は、気づきを取り戻し、新たな視野を与えてくれ、それによって心の中に蓄積されていたネガティブな思考パターンを見つめなおす時間となるのです。呼吸空間法とお茶やうたた寝とは区別がつきにくいかもしれませんが、次のたとえがヒントになるかもしれません[*4]。

　ものすごい嵐の中にいることを思い浮かべてみましょう。とても恐ろしい体験です。雨合羽もなければ傘もありません。靴は水浸しになっています。けれどもあなたは、その後すぐにバスの停留所にたどり着き、休憩することができました。雨に濡れず、守られている感じがして、少し落ち着きを取り戻しました。しばらくそこで休んでいましたが、雨は止みそうになく、むしろよりひどくなっているようでした、遅かれ早かれ、その停留所という避難場所を出て、嵐の中に戻らなければならないことは明らかでした。ここで二つの選択肢がありました。

　避難場所を雨からのつかの間の逃避と考えてしまうならば、しばらく不幸せな気分を嘆くことになり、ますます気分は不安定になることでしょう。な

ぜ傘を持ってこなかったのかと自分を責めるかもしれません。安堵感が薄れるとともに、気分はより深く落ち込みます。なんとかして、雨に濡れずにすむ方法を見つけられないだろうかという思考が空回りします。この場合では、避難場所は嵐からの保護ではなく、かえってあなたの苦しみを深め、長引かせることになるのです。

　しかし、避難場所を呼吸空間と考えると、あなたの体験はまったく違うものになるかもしれません。嵐がひどくなっていることに気づくことができれば、置かれている状況を違った観点から見ることができるかもしれません。不愉快ではありますが、いずれ雨の中に出てびしょ濡れにならなければならないという事実から逃れることはできません。怒ったり苦々しい思いをしても、あなたの身体は乾くわけではありませんし、ただ状況がさらにひどくなるだけだ、ということに気づけるのです。身体の外側はびしょ濡れになり、内側は苦々しい思いでいっぱいです。けれども、避けられないものを受け入れるならば、苦痛の多くは消えていく可能性があるのです。この体験から、慰めを発見することができるかもしれません。

　ちょっと立ち止まって、雨粒の容赦ない力や、歩道に跳ね返った水しぶきに気づけるかもしれません。人々が雨を避けようとして戸口へ急ぐ様子を、興味深く見ることができるかもしれません。あるいは、猫が不愉快な表情をして、車の下に逃げているのに気づくかもしれません。そうすると、あなたは微笑みさえ浮かべているかもしれません。

　どちらのシナリオでも、あなたはびしょ濡れになってしまう運命です。けれども、最初のシナリオでは、あなたの不快感は、自分で自分に与えた苦しみによって、よりいっそう強くなりました。二番目のシナリオでは、見方を変えることによって、若干の慰めが得られるかもしれません。活力を与えられる可能性だってあるのです。

**　　呼吸空間法は、現実からの逃避や脱出のためのものではありません。
　　現実ともう一度向き合うための方法なのです。**

　呼吸空間法をしたらすぐに（マインドレスに）、動き出したい誘惑にかられるかもしれません。しかし、こういう時こそ、一息入れて、これからどう進

んでいきたいかを決められるとよいでしょう。マインドフルネスは、よりうまく行動するための選択肢を与えてくれます。ですから、瞑想が終わった後の静かな瞬間に、次に何をしたいかを意識しながら決めるのがよいでしょう。私たちは次の4週間で四つの方法を試します。今週試してみる方法は、呼吸空間法を行う前にいた世界に再び戻ることです。

### 続けること

呼吸空間法を行う前に、何をしていたかにかかわらず、マインドフルな気づきを維持しながら、していたことを再開して続けるために、再発見した気づきを使うことができます。思考の流れと、それにとらわれてしまう傾向に注意を向けてみましょう。次の瞬間に、よりマインドフルにアプローチするということは、すぐにすべてのことを必死になって片づけるというよりも、むしろ時間の優先順位づけを意味するのかもしれません。あるいは、あなたの同僚や家族が、気難しく理不尽な振る舞いをしていて、それに対して何もできないということを受け入れることなのかもしれません。呼吸空間法を、現実逃避や問題をはっきりと「解決する」ための方法として用いたい、という誘惑を避けることができるか、確かめてみてください。呼吸空間法それ自体は、短期的には何も問題を解決してくれません。けれども、それを上手に使うことによって、もっとうまく振る舞うための視点をもてるようになるかもしれません。

## 習慣を手放す：映画館に行く

友人か家族に、一緒に映画に行ってもらえるよう頼んでみてください。待ち合わせの時間（たとえば午後7時とします）に行って、そこで初めて観る映画を決めるようにしてください。その時に面白そうに感じる映画であればどれでも結構です。私たちの人生で最も幸せなことは、たいてい予想外の偶然の出来事の中にあるのです。映画は、これらすべてにおいて素晴らしいものなのです。

私たちはふつう、観たい映画が上映されているときにそれを観に行きます。しかし、先に時間を決めて映画館に行き、それから何を観るのかを選ぶとし

たら、それはいつもとはまったく異なる体験になるでしょう。いつもだったら決して観ないような映画を観る（それを好きになる）可能性もあります。この行為だけでも、あなたの目を開き、気づきと選択の余地を広げてくれることになります。

　映画館に行く前に、心に浮かぶ考えに注目しましょう。それは、「楽しんでいる時間なんてない」とか「楽しめる映画がなかったらどうしよう」といった思考かもしれません。このような考えは、実践を妨げる思考（Practice Interfering Thoughts: PITs）と呼んでもいいでしょう。PITは行動を起こそうとする熱意を蝕みます。それこそが日常生活にひそむ「PITの落とし穴」なのです。そして、生活を豊かにしてくれるかもしれないことを実行に移す気持ちをくじくのです。一度映画館に入ったら、そういった考えを忘れて、映画を楽しんでみてください。

## 第9章
## 第5週　困難と向き合う
Mindfulness Week Five: Turning Towards Difficulties

　　紅葉の季節に、私は最後の化学療法を受けました。その6か月後、定期診察とCTスキャンを受けた際に、再度乳がんが増大していることが分かったのです。ちょうど春が訪れ、レンギョウが芽吹きはじめていた頃でした。

　エラナ・ローゼンバウムは、マサチューセッツ州ウースターのマインドフルネスセンターの瞑想の講師でした。彼女が乳がんの再発を知ったのは、マインドフルネスの8週間コースを教えている最中でした（このプログラムのちょうど今くらいにあたります）。

　　私は信じられない思いがするとともにショックを受けていました。ちょうど穏やかな生活に戻ってきた頃で、体調の面でもエネルギーが出てきたと思っていた頃だったのです……。運動にも瞑想にも取り組んでいました。私は再発を克服することを願っていたのです。がんに人生を中断されたくなかったのです。[1]

　エラナは、生き延びる唯一の望みは、幹細胞移植と追加の化学療法しかないことを知っていました。さらなる闘いに向かう気力をもてるようになる前に、圧倒されそうな悲しみと恐怖を感じていました。これから経験するであろう困難やリスクが、はたしてそれだけの価値に値するかを自問していました。

　　私は、さらに治療を受けることを恐ろしく思いましたが、可能な限り

生き続けたいとも思っていました。自分が考えるべきことは、自分の人生だけでなく、夫の人生でもあると気づいたのです。夫は私を失いたくないでしょう。そのことを考えると、私は「移植は受けない。奇跡にかける……」と言うことはできませんでした。最後まで自分のクラスを教えることが不可能になってしまったことで、その責任が重く自分にのしかかってきました。入院する前に、せめてあと1回か2回だけでも、クラスで教えられないだろうか……と感じました。クラスはデリケートな時期だったので、自分がクラスを引っ張りたいと思ったのです。私は、自分が動揺し、全力を尽くさないと心の平静を保てないことを認めたくなかったのです。

　翌週のインストラクターミーティングで、深いため息をつきながら、「できれば明日のクラスを休みたいのですが」と言ったときのことを思い出します。そこにいたインストラクターは、みんな私を見て言いました。「休んでいいよ。私たちが手助けするから」と。

　私は座ったまま呆然としていました。自分が教えなくていいということを、今までに一度も考えたことがなかったのです。私は、自分が動揺し疲弊していることには気づいてはいましたが、しかし、自分がインストラクターとしてのアイデンティティをどれほど強くもっていたのか、そして、自分の脆さをいかに認めないようにしてきたか、ということに気づいたのはこの時が初めてでした。一方で、私は責任逃れをしているようにも感じていました。

　教えないことは、自分が病気であることを認めることでもありました。自分が疲弊し、恐れ、自分の力が、恐怖や悲哀や予期不安にとらわれていることを認めるということでもありました。

　私は、クラスのモデルになりたかったのです。しかし、環境を無視して教えることは間違いでした。友人や同僚の優しさや思いやりのおかげで、私は、自分の本当の状況を受け止めることができました。彼らは決して、「クラスを途中で投げ出すなんてひどい」などということは言いませんでした。

　私の中の「〜すべき」「〜するのが当然である」という考えはなくなり、自ら気づかないままつくり出していた枠から抜け出すことができたので

す。同僚の「あなたはしなくてよい、私たちが手伝うから」という言葉を受け入れることで、自分自身の葛藤はやんだのです。悲しくもほっとしたことに、同僚のフェリス・アーバノウスキイが私の次のクラスに付き添ってくれることが決まりました。私はクラスに、これまでに起こったことと、残りのクラスを彼女に引き継ぐことを伝えることにしました。彼女は、そのクラスと次のクラスで教え、そしてフローレンス・マイヤーが最後の二つのクラスを教えることになりました。私はできる限りクラスに参加するものの、それはあくまで「患者」としてということになりました。

　次の日、フェリスと私は一緒にクラスに行きました。クラスの生徒は部屋の壁に沿って座り、私たちは部屋の中心に座りました。私は瞑想を始めました。

この瞬間以外のすべてのものを手放しましょう
仕事も
今日湧き起こった考えも
今晩のことも
ただ、自分の呼吸だけにしたがいましょう
息を吸うときは、吸う息だけに集中して、
息を吐くときは、吐く息だけに集中して、
ありのままに、
何一つ変えようとしないで[*2]

　私たちは、全員が落ち着けるように数分間座り、そしてベルを鳴らして、全員を見わたしました。そして深く息をつき、フェリスを紹介しました。

　「フェリスは私の友人で素晴らしい先生です。彼女がクラスを引き継ぐことになりました。私は以前にあったリンパ腫が再発してしまい、再度化学療法を受けるために入院することになりました。私はクラスにとどまりたいのですが、今は患者として過ごさなければなりません。」

エラナは著書『今ここで』で、この最もつらい時期をどう過ごしたかを明確に、そして痛々しいくらい美しく描写しています。この本は、ただがんとの闘いについて書かれた本というわけではないのです。同僚のサキ・サントレリは、この本についてこう語っています。「この本は、死と向き合うなかでの成長、先行きがまったく見えない中での人生の選択、人類の遺産でもある一筋の光明を何度も何度も受け入れていくことについての本なのです。」

　さて、私たち自身の話に戻りましょう。エラナの話から、多かれ少なかれ、日々の自分自身の脆さを思い出すのではないでしょうか。マインドフルネス第5週のプログラムでは、この問題について取り上げていきたいのです。

　困難（たとえば、仕事上のストレス、自分や愛する人の病気、疲労やひどい悲しみなど）に直面したとき、それがどのようなものであっても、それを遠ざけようとしてしまうことは、ごく自然なことです。それに対して私たちはさまざまな方法で対処しようとします。際限なく解決しようとしたり、無視しようとしたり、他のことに目を向けて見ないようにしたり、といったような方法などです。私たちはみな、このような対応をとるのです。たとえそれがずっと前から有効な方法でないことが分かっていたとしても、です。それはなぜなのでしょうか。

　一つ目の理由として、過去にこれらの方法でうまくいくことが多かったので、同じ方法をとることが合理的に思えるということが考えられます。二つ目の理由として、否認が関連していることが考えられます。他の人たちにダメな人間と思われることを恐れて、自分が無能で弱い存在だということを認めたくないのかもしれません。心の奥底では、いったんそう思われてしまうと、友人をなくし、孤立して寂しい思いをすることになると考えて怖くなっているのです。だから、同じやり方をくり返すのです。

　しかし、こういった対処法がうまくいかなくなるときが、遅かれ早かれ必ず来ます。そういった岐路に立たされたとき、私たちには二つの選択肢があります。一つはこれらの対処法を続けて、何も問題がないかのように振る舞うことです（通常、これはもっとひどい結果につながります）。もう一つの方法は、まったく別の関わり方を試してみることです。それは、自分自身を認め、問題が何であろうとそれをありのままに認めるというやり方です。それは、問題から目を背けず見つめて、それに近づくことを意味します。問題がいかに

嫌で恐ろしいものであったとしても。いや、むしろそれが嫌で恐ろしいものであればあるほど、そうすることが必要なのです。

　多くの人にとって、「受容」という言葉は最も受け入れがたい言葉です。しかしこれは、この概念をうまく表現する言葉が他にないことから生じる誤解に問題があります。マインドフルネスで言うところの受容は、耐えがたいことをただ受身的に受け入れなさい、ということではないのです。あきらめ、撤退、気弱ということでもありません。マインドフルネスは孤立することではありません。何も感じないようにすることでもありません。エラナ・ローゼンバウムの例を見てください。彼女は、情熱をもって、健康、彼女の夫、そして彼女の人生を欲していました。また、やるべきこと、愛情を注ぐべきことに必死に取り組みたいとも考えていました。これまでの彼女の人生の中で、最も強くそれを感じていたのです。

　　　　　**マインドフルネスは孤立することではない。**

　では、受容とはどのような意味なのでしょうか。その根底には何かを受け入れ、何かをつかむという意味があります（この言葉は、「捉えること」や「知覚すること」と同じ言葉から派生しています）。また、何かを把握することや理解することも意味します。この文脈では、受容とは、真実を受け入れ、それがどのように起こっているかを深く理解することを意味します。また、物事を認め、そのままにしておき、それをはっきりと見るための、小休止の時間とも言えます。受容は、私たちが触発的に動くことをやめ、反射的に反応することを減らしてくれます。受容は、さまざまな種類のつらい感覚を認識しながら、私たちが困難な状況にしっかりと気づけるようにしてくれます。そして、それらに対して最も賢明な方法で対応できるようにしてくれるのです。受容することで、対応するための時間と空間が生まれます。受容してみると、一番良い対処法は、何もしないでそのままにしておくことだ、ということに気づくことも少なくありません。

　逆説的なことですが、「することモード」を取り入れて、これまでやってきたやり方で対応することは、かえって自動的な反応を引き起こしてしまいます。それは、まったく前向きなやり方ではありませんし、自動的な反

応に盲従することは、運命の言いなりにしたがってしまうことに他ならないのです。

　つまり、マインドフルネスの受容は選択肢を与えてくれるものなのです。

　13世紀のスーフィ教徒の詩人ルミは、「ゲストハウス」の詩の中でこのことを最もよく書き綴っているのかもしれません。

　　人生はゲストハウス
　　毎朝、新しいゲストがやって来る

　　喜び、抑うつ、卑しさ、
　　瞬間瞬間の気づきは
　　思いがけないゲストとしてやって来る

　　喜びをもってすべてを迎え入れなさい
　　たとえ、それが悲哀の塊であっても
　　家の中を一掃して、空っぽにしてしまうようなものであっても

　　敬意をはらって迎え入れなさい
　　ゲストはあなたを一新させ
　　新たな喜びに気づかせてくれるかもしれません

　　暗い考えや、恥じらい、悪意があっても
　　扉の前で笑って迎え、招き入れなさい

　　来るものすべてに感謝を
　　一つひとつが彼方からの導きとして
　　送られてきたものだから

　　　　　　　　　──ジャラルディン・ルミ『エッセンシャル　ルミ』

もちろんこのような受容は大変難しいものでもあります。マインドフルネスのコースを受けている人でさえ、つまずくことがあります。この本を手にした人の多くもまた同じでしょう。前の章でくわしく述べた瞑想を継続すれば、間違いなくそこから癒しを得ることができますが、この受容の章を読むと、中にはマインドフルネス全部を投げ出したくなってしまう人もいるかもしれません。しかし、是非ともこの第5週を続けていただきたいと思うのです。なぜなら、今までの章で行ってきたことはすべて、この第5週につながるといっても過言ではないからです。これまでに行ってきた瞑想は、注意という「筋肉」を鍛えるために必要な訓練でした。それは、これから「困難を探索する瞑想」を始めるにあたって必要な、集中力と気づきの力を高めてくれました。

　これから来週にかけて、どんなことが起きたとしても、自分に思いやりの心を向けるのを忘れないでください。あなたが自分で選んだ瞑想を、できるだけ多くくり返してください（ただし、すすめられた最低限のものは必ず実践してください）。誰もあなたの進歩の度合いに点数をつけたりしませんし、あなた自身もそれを行う必要はないのです。

## ［困難と共に生きることを簡単と感じた王様の話[*3]］

　三人の息子をもった王の話があります。一人目の王子はハンサムで、とても人気がありました。21歳になったときに、王は、都の中に宮殿を造り、そこに彼を住まわせました。二番目の王子は大変優秀で、彼もまたとても人気がありました。21歳になったときに、王は彼のために二つ目の宮殿を建てました。三番目の王子は、優秀でもなくハンサムでもありませんでした。フレンドリーでもなく、人気もありませんでした。彼が21歳になったとき、王の相談役が言いました。「この都にはもう土地がありません。ですから、三番目の王子のために、都の外に宮殿を建てるというのはいかがでしょうか。その城をとても頑強に造るのです。それから、都の外にいる悪党から宮殿を守るために、護衛を送るというのはいかがでしょうか。」そこで、王はそのような城を建て、宮殿を守るために護衛を送りました。

1年後、三番目の息子は王に手紙を送りました。「ここでは暮らせません。悪党たちが強すぎるのです。」そこで、相談役は言いました。「違う場所に宮殿を造るのはいかがでしょうか。さらに強く大きな宮殿にするのです。都からも悪党からも遠く離れた場所を選ぶのがよいかもしれません。もっと多くの護衛をつければ、遊牧民族の攻撃にも容易に対応できるでしょう。」そこで王は、そのような宮殿を造り、100人の護衛を送りました。

　1年後、三番目の息子から連絡が来ました。「ここには暮らせません。遊牧民族が強すぎます。」そこで、相談役は言いました。「城を建てましょう。100マイル彼方に大きい城を。異国人からの攻撃にも十分に耐えるほどに強く、500人の兵士も住むのに十分なものを。」そこで王は城を建て、500人の兵士を送りました。

　しかし、1年後、その息子はまた王に連絡してきました。「お父様、国境に住む人々の攻撃は激しすぎます。彼らは2回攻撃してきました。三度目の攻撃があった場合には、私や兵士の命が心配なのです。」

　王は相談役に言いました。「彼を都に戻し、私の宮殿に住まわせよう。遠方に彼を遠ざけておくために、この王国のありとあらゆるエネルギーと資源を使うより、自分の息子を愛することを学ぶ方がよい。」

　この王の話には、重要な教訓が含まれています。困難と格闘してそれを抑え込むことにエネルギーを注ぐよりも、困難と共に寄り添っていくほうが、長い目で見ると、はるかに容易で、より効果的であることが多いということです。

## 受容へのヒント

　受容には二つの段階があります。一つ目は、落ち着かない思考、気持ち、感情、身体感覚を、排除しようとしたり抑えつけたくなる衝動にそっと気づく段階です。二つ目の段階は、ルミが指摘しているように、「扉の前で笑って」それらを迎え入れ、立派な態度でそれらを歓迎することです。とは言っても、それは難しく、時に痛みを伴う経験かもしれません。しかし、考えや感覚や

感情を乱して自分の人生から遠ざかったまま生きていくことに比べれば、それほど困難なことではありません。その秘訣は、受容の方向に向かって、小さなステップで進んでいくことです。

[ 第5週目の実践 ]

　今回の実践は、1週間（7日間）のうちの6日間行います。三つの瞑想を連続してまとめて実践します。毎日1回ずつ、次の順序で実践してください。

- 「呼吸と身体の瞑想」をしてください。詳細は115ページを参照（CDのトラック4）。
- 「音と思考の瞑想」をしてください。詳細は131ページを参照（CDのトラック5）。
- 「困難を探索する瞑想」をしてください。詳細は次ページにあります（CDのトラック6）。
- 「呼吸空間法」をしてください。詳細は119ページを参照（CDのトラック8）。以前も実践しましたが、本章の最後に追加の説明があります。
- 習慣を手放す ── 詳細は本章の最後にあります。

　今週行う最初の二つの瞑想は、三つ目の瞑想である困難を探索する瞑想に向けて、心と身体を準備させるための瞑想です。はじめの二つの瞑想は、あなたが地に足をつけ、自分や世界について、はっきりした視野を得るための手段と考えてください。

　困難を探索する瞑想では、まず落ち着かない状況をゆっくりと心の中へと運び込んでいきます。そして、自分の身体がどのように反応するかを観察します。心ではなく身体から始めるのがコツです。なぜなら、困難に遭遇すると、心は過剰なゴール志向に陥りがちだからです。心は否定的な感情を抑圧したり、問題の原因をとにかく分析して解決しようとすることに躍起になるので、困難な状況において、心で対応するのはとても大変なことなのです。

一方、身体に注目することによって、あなたと問題の間に小さなスペースをつくることができます。すると、問題にがんじがらめにされることがなくなり、心であれこれ分析する代わりに、身体をもって否定的な考えから身を守ることができるのです。同じ題材に対して対応していることに変わりはありません。しかし、心と身体の中の最も深く賢い場所にある、心の別のモードで対処するのです。これにはさらに二つの利点があります。第一に、否定的な気持ちに対する身体の反応はいつも明確で一貫しているので、それを、注意を維持するための目印として、利用することができるということです。第二に、身体感覚が流動的であることに気づけると、心もまた瞬間瞬間、変化するものなのだということをさらに深く実感できるということです。

　　すべての物事は変化するということを学ぶことになるでしょう。
　　　　最悪の瞬間に想像する最悪のシナリオでさえも。

　以下の「困難を探索する瞑想」を実践すると、このプロセスが分かってくるでしょう。

> ［ 困難を探索する瞑想 ］
>
> 　座った姿勢で、しばらく時間をかけて心を落ち着かせ、呼吸へと注意を集め、その注意を身体全体へと広げます（115ページの「呼吸と身体の瞑想」を参照）。そして、音と思考へと注意を移します。
> 　つらい考えや気分に、注意が引っ張られているのを感じたとき、これまで練習してきた方法とは別の方法で対処することができます。
> 　最初のステップは、考えや感覚を、いわゆる「心の作業台」の上にそのままに置いておくことです。
> 　次に、注意の焦点を身体へと移し、思考や感情に伴って生じるあらゆる身体の感覚に気づきます。
> 　次に、このような感覚を認識したら、この感覚が最も強い身体の部分に注意の焦点を移します。

もし可能なら、ボディスキャンで行ったように、息を吸ったときに、この部分に吸った空気を吹き込み、息を吐くときに、この部分から息を吐き出すことを想像します。

　感覚を変えようとするのではなく、どのような感覚がそこにあるかを優しい好奇心とともに探り、そしてその感覚をはっきりと感じとります。心の中で次のように自分に話しかけることが、役に立つかもしれません。

　「これを感じても大丈夫」

　「それがどのようなものであっても、それを受け入れても大丈夫」

　こうした身体の感覚に気づき続けることができるかどうかを確認し、そしてこうした感覚に自分がどのように関わっているかに気づきます。こうした感覚をなくそうとしていますか。それとも、こうした感覚に十分な注意を集め、呼吸とともに、そのまま受け入れられているでしょうか。次のフレーズをくり返しつぶやくのが役立つかもしれません。「どのようなものであっても、それを受け入れても大丈夫。」

　息を吐くたびに、柔らかくなり、そして感覚に注意を集めます。

　今この瞬間、つらい考えや気分に、注意が引き込まれているわけではないけれど、この新しい方法を試してみたい、という場合は、今、あなたが抱えている困難な出来事を一つ思い浮かべてみてもよいでしょう。何も特別大変なことを思い浮かべる必要はありません。少しの間、心にとどめておいても大丈夫なものにしてください。少し不快に感じていることや、未解決の問題でも構いません。誤解や言い争い、怒りや後悔を感じている過去の出来事、これから起こるかもしれないことに対する不安などがあるかもしれません。何も心に浮かばない場合は、不快に感じた過去の出来事、近い過去や、遠い過去の出来事を選んでも構いません。

　困難なことを選んだら、それを心に思い浮かべ、それをそのままにして、心の中にとどめ、注意を身体に移動させ、困難なことに伴って生じるあらゆる身体の感覚に注意を向けます。

　そして、身体にどのような感覚が生じているかを感じとります。身体に生じた感覚が、どのような感覚であったとしても、その感覚を避けず

に、こうした身体の感覚を感じとります。

　身体の中で、感覚が最も強い部分に、意識的に注意を集めます。

　そして、息を吸うときに、この部分に息を吹き込み、息を吐くときにこの部分から息を吐き出してみます。そうしたときに、この強い感覚がどのように変化するか、あるいは変化しないか、観察します。

　「これを感じても大丈夫」「それがどのようなものであっても、受け入れても大丈夫」と自分に語りかけることで、こうした感覚に心を開き、それを受け入れやすくなるかもしれません。

　こうした身体の感覚、そしてこうした感覚に自分がどのように関わっているかに気づけるかどうかを確認します。こうした感覚に十分な注意を集め、呼吸とともに、これらをそのままに受け入れられます。息を吐くたびに、身体のあらゆる部分の感覚に、優しく、そしてオープンになります。

　感覚が消えるのを感じたら、呼吸に戻り、呼吸に注意を向けながらしばらく身体の感覚を探索します。

　数分経っても特に強い身体の感覚を感じなければ、どのような身体の感覚でも大丈夫ですので（それが感情に関連した感覚でなくても）、その感覚が生じている場所に空気を吹き込み、そこから空気を吐き出すことを試してみます。

## 毎日少しずつ受容を進める

　毎日、意図的に困難なことを自分の心に思い浮かべるようにしてみてください。大きな問題である必要はありません。圧倒されないくらいの、扱ってもよいと思えるくらいのもので結構です。友達や同僚との小さないざこざでもいいですし、旅行計画への不安、自分の判断ミスでうまくいかなかったと、折に触れて考えてしまうような出来事などでも構いません。そういった小さな出来事があなたにいかに大きな影響をおよぼしているかに気づいて、びっくりするかもしれません。でも、そんなとき、人はついつい問題にどっぷり浸って、分析したり問題解決しようとしてあれこれ悩んでしまう傾向がある

ことを思い出してください。そしてその代わりに、注意を身体に向けなおしてみましょう。そうすることで、考えに対する身体の反応に、一瞬一瞬の注意を向けることができるようになるでしょう。これまでやってきた瞑想と同様に、温かい好奇心を伴った穏やかで思いやりのある気づきを保てるかどうか見てみましょう。

　このように思いやりを込めた気づきで身体を包みながら、身体に何か不快な感じがする箇所がないか、マインドフルに見てみましょう。緊張は肩や首に現れることが多いものです。恐怖は脈拍を早めます。先行きへの不安は胃をかき回し、まるで胃の中で蝶が暴れているかのような緊張感を覚えるかもしれません。予期しない痛みや、かすかな疼きが現れては消えていくのを感じるかもしれません。関節は疼き、筋肉は固まってくるでしょう。呼吸の間隔は短くなり、頭はふらふらしてくるかもしれません。身体は、落ち着かない状況に対して、数えきれないほどのさまざまな反応を起こします。この瞑想をすることで、それぞれの状況で、身体のどの場所に苦しみが生じ、その反応に対して空間をつくるのか、気づかせてくれる機会になります。

　身体の反応にかろうじて気づけることもありますし、反応が早すぎるため、身体のあちこちに同時にそれらが現れて、とらえられないこともしばしばあります。それはまるで気まぐれなシャワーのようでもあります。何も出ていないところから、突然、氷水が噴き出したと思ったら、その後にやけどするような熱湯が続くようなものです。どんな場合でも、最も強い感覚が生じている部分に自分の注意を向けましょう。息を吸うときには、身体のその場所に空気を送り込むようにし、息を吐くときには、その場所から空気を吐き出すようにして、その部位に穏やかで温かい気づきを向けてみるのです。しばらくして感覚が十分な注意で満たされてきたら、自分にこう言ってみましょう。「これを感じていても大丈夫。この感覚に心を開いても大丈夫。」こういった身体の感覚と一緒にとどまり、それを受け入れ、判断することなく、それらの感覚がどのようなものか探っていきましょう。ヨガの実践で強い感覚について観察したのと同じように、身体や精神の不快な感覚と向き合っていくのです。ヨガで身体を伸ばして「身体の先にあるもの」を探ったのと同様に、気持ちに浮かんだ困難に対しても同じように取り組むことができるのです。

　もし、精神や身体の反応があまりにも強すぎる場合には ── たとえば嫌

悪感が湧いてきた場合には──、一度にすべてを始める必要はないことを覚えておいてください。難しいときには、困難なことから注意を少し逸らして、そこから距離をとることをためらわないでください。そして、温かさ、思いやり、好奇心を伴った気づきの味わいを失わないようにしてください。少し時間をおいて十分に自信がついてきたら、再度、心に困難なことを思い浮かべ、自分に起こってくる反応に焦点を当ててみましょう。大事なことは、身体の反応を感じることです。負のスパイラルを引き起こしてしまう鎖の第一歩をどのように解きほぐすのかについて学んでいるのです。今までの方法とは根本的に異なった方法で、身体は自分の問題を処理しようとしています。「修理しなくてはいけない」という気持ちを手放し、より深い癒しを始めていく機会なのです。

　身体の反応を探りながら、身体感覚が瞬間瞬間、どのように変化するか、意識して自問しないでもつぶさに感じられるか見てみてください。どんな特徴があるでしょうか。集中したり、緊張しているときの感覚でしょうか。その身体感覚のある場所に息を吹き込み、それがどんな感覚であったとしても、それに心を開くとき、何が起きるでしょうか。この実践に際して、期待、葛藤、フラストレーションのようなものがそこにはあるでしょうか。もしあるならば、それに関連した感覚が何かあるでしょうか。

　瞑想の間は、探究心をオープンにしておいてください。そして、探検家のようになりましょう。地図に未知の、新たな地形を描き加えるために、特定の谷や岩山だけでなく、その土地全体に関心をもち、不毛な土地も肥沃な土地も、平地も岩山をもよく知りたいと思っているような探検家です。探検家は、可能な限り正確に地形をマッピングしていきます。なぜなら、不正確ではそこで発見されたものに対して失礼だからです。マインドフルネスの最後の数週間では、あなたも探検家と同じように、刻々と心と身体に浮かんでくるあらゆるものに好奇心と興味をもち続け、そして気づきを絶やさないようにしていきます。そうすれば、あなたは、人生の中心に横たわる深遠な美しさを見逃すことはないでしょう。

　困難を探索する瞑想の間ずっと、困難を「解決」しようとしたり、「修理」しようとしたくなる誘惑にできるだけ気づくようにしてください。受容は前向きな変化と結びついていますので、受容を「することモード」の一部として困

難を解決する手段として利用するのは自然なことです。この二つは単なる区別で、そこに違いはないように見えるかもしれません。しかし、この二つの間には、微妙ですが違いがあるのです。迷路に迷い込んだネズミのことを覚えているでしょうか（104〜105ページ参照）。心の状態の微かな違いが、大きな結果の違いにつながるというものでした。今週の瞑想も同じです。もし問題を解決しようとしてしまうと、すぐに自動操縦モードや、嫌悪パスウェイ〔訳者補足：嫌なものを、排除しようとするモード〕に陥ってしまうでしょう。下手をすると、そのモードに陥っていることにすら気づけず、結果的には何も変わらないことに悲しくなったり失望したりするかもしれません。問題を解決したいという欲求をなくすのは大変難しいことです。しかし、ここで大切なことは、あなたが今、自分自身に対する思いやりの心を養っているということです。だから「失敗」するということはないのです。自分自身を批判、評価していることに気づいたら、自分がそのことに十分気づいている、ということを意味しているのです。これこそが、一日一日、よりマインドフルになっていくために大切なことなのです。困難を探索する瞑想がものすごく難しければ、今はそれから離れて、当座は毎日他の瞑想を行っても構いません。もう少し自分の心を探りたいと思うようになったときに、いつでも戻ってくることができるのです。

## 何も変わっていないように感じるときもあるけれど……

　困難を探索する瞑想は、人々に不意打ちを喰わせます。何も変わっていないように思えるときが、その一つです。ハリーは難しい仕事のことを頭に浮かべても、何も感じませんでした。「自分がきちんとできているか、分からなかったのです」と彼は言います。「その時、突然自分の胸が締めつけられるような感覚を感じました。痛くはないけどはっきりとしたもので、とても驚きました。だって、自分が心配になったときに、身体に何が起きるかに注意を払ったことなんてこれまでありませんでしたから。その感覚を押しのけようとはせず、むしろ、その感覚にとても興味をそそられました。もしかするとそれは、何らかの感覚が生じるまでに時間がかかったからかもしれません。その感覚は強くなったり弱くなったりしました。自分はそれに寄り添い、何が起こるかを理解しようと努めました。最後にはそれは消えて、自分が考

えはじめたときに起きていた心配は、どこかに行ってしまっていました。」

ソニアも同様の経験をしています。彼女の場合はすぐに何かを感じました。「自分が頭に浮かべようとしたのは、誰かがある日、夫に言っていたことでした。『心の作業台に置いておこう』という言葉が本当に役立ったんです。だって自分は、それについて何もしなくていいということですから。するとすぐに下腹部に感覚を感じました。そしてそれに焦点を当て、ボディスキャンで行ったように、息をそこに吹き込むような想像をしてみました。すると、一部の感覚はそのままだったのですが、一部の感覚は出てきたり消えたりするようになったのです。それから、まったく別のことが勝手に心に浮かんできました。それは息子の学校のことでした。するとすぐに、身体の感覚が胸とのどが収縮する感覚に変わったのです。そしてまたもとに戻ったのです。こうしたことすべてに注意を向けながら、『柔軟に、オープンに』と自分につぶやくことはとても役立ちました。何もしようとしないこと、という発想を初めて本当に理解した瞬間だったと思います。自分の感覚を探りながらも、それを押しのけないようにしていました。」

ハリーのように、ソニアも自分の考えに戻ってきました。彼女は自分を煩わせていた状況について、それは依然として存在はしていても、以前のように切迫したものには感じないようになったのです。何が彼らに起こったのでしょうか。

困難に対するマインドフルな受容は、二つの相互に関連した理由から効果を発揮します。はじめに、負のスパイラルにつながる連鎖を解くことによってです。ネガティブな考えや気持ち、感情、そして身体の感覚を受け止めることで、ただそれらがあるということに気づくだけでも、心の自動的な反応を防ぐことができるのです。負のスパイラルにとらわれなければ、私たちは瞬間瞬間に集中することができます。ハリーやソニアがしたように、最初の肝心な出だしで受容することができたら、もう負のスパイラルにとらわれることはありません。それは自動車が砂場に突っ込んだときに、そのまま走り抜けられるか、砂にはまって動けなくなってしまうかの違いのようなものです。

リチャード・デビッドソンとジョン・カバットジンが行った両側前頭側頭葉部の脳活動性についての実験を思い出してください（45ページ参照）。彼らは、マインドフルネストレーニングを行うことで、接近型、探索型の心のモー

ドを維持することができたのです。悲しい気持ちでいたときでさえ、それを維持できていました。2007年にオックスフォード大学で行われた私たちの研究では、マインドフルネスのコースに参加した後は、自殺企図やうつ病の既往のある人でさえ、避けるのではなく、問題に接近する心のアプローチをとれるようになることが分かっています。さらに、脳の活動にもそれが現れていることが分かっています[*4]。ハリーとソニアが経験したことと同じことです。つまり、強力で回避的な身体のシステムを賦活することなく、困難な状況に向き合えたときに起きる、解放されるという経験のことです。

　これまで見てきたように、困難な状況が心に浮かんできたとき、通常、脳は、それらを本物の敵として扱います。そのため、脳の創造的なアプローチは閉ざされる傾向にあります。遊び心をシャットダウンしておく必要のある困難もありますが、過去を思い出しているときや将来に見つめているときは、困難は事実ではなく頭の中を動き回っているだけなので、遊び心をシャットダウンする必要はないのです。困難は柔軟性を奪い、創造性を閉ざしてしまいます。私たちは、とらえられた感じや身体が服従しているような感じがしたり、闘うか逃げるかのモードに入ってしまうのです。第2章で述べた脳イメージング研究（26ページ参照）を覚えているでしょうか。マインドフルネス尺度で点数が低い人 ── 次々と注意が移ったり、現在に立ち止まることが難しかったり、目的にとらわれすぎるあまり、周囲の出来事が目に入らなくなったりする人など ── は、扁桃体が慢性的に過活動になっていました[*5]。慌てて生きることで、たくさんのことができるように思うかもしれませんが、実際にはむしろ、脳の回避システムを活性化して、大切な創造性を損なってしまっているのです。

　マインドフルネスの受容が困難に対して役立つ第二の理由として、自分の考えが正しいのかどうかということに気がつくということがあります。「自分には対処できない。今にも気が狂ってしまいそうだ」という考えを頭に浮かべてみてください。その考えにどう身体が反応しているか、その感覚が消えてなくなるまでの間、肩の筋肉や胃が固まってくるのを感じられるならば、そのような感覚をもたらしているのは、「事実」ではなく「恐怖心」であることがはっきりと分かるでしょう。自分の思考を現実と照らし合わせて確かめることは、否定的な考えに対抗する強力な手段になるのです。

## 呼吸空間法：毎日の生活に学んだことを生かす

　この2、3週間、一日2回、あるいは必要だと感じたときに、呼吸空間法を練習してきました。身体や心に問題を感じたときはいつでも、最初に実践すべき避難場所として、呼吸空間法を利用することをすすめます。

　呼吸空間法を行ったあとには、四つの選択肢があります。前の週のところで解説したとおり、第一の選択肢は、呼吸空間法をする前にしていたことに戻ることです。ただし、以前より注意を払ってそれをすることです。今週私たちが提案したいことは、呼吸空間法の後にそのまま、困難なことが頭に浮かぶときに身体に起こる感覚を探ることです。今週実践する呼吸空間法は、これまで数週間行っていたことにとても似ていますが、困難をより深いレベルの思いやりの心で探れるように、バージョンアップしたものです。今週の呼吸空間法は、長くてよりフォーマルな瞑想と日常生活とをこれまでのどの回よりもしっかりと結ぶ架け橋となるものです。いつもの三つのステップの瞑想はこれまでどおり続け、それにこの後に述べることを追加してみてください。気づきの訓練は、いつもどおり、砂時計の形で実践してください。それに加えて、ステップ3の追加の指示に十分な注意を払ってください。なぜなら、この指示のおかげで、より温かく、より思いやりとをもって困難を探索することができるようになるからです。

### ステップ1　気づき

　これまで、観察するという実践 —— 自分の内界での経験に気づき、考えや気分、身体感覚といったところで何が起きているかに注意を向けること —— をやってきました。今回は、経験を言葉にすることで、その経験を描写し、認め、そしてそれを明らかにしてみましょう。たとえば心の中でこう言ってみましょう。「怒りが強くなってくるのを感じる」とか「自分を批判する考えが湧いてきている」などです。

### ステップ2　注意を向けなおす

　これまで、空気を吸ったり吐いたりすることに十分な注意を払うことで、呼吸に注意を向けなおす練習をしてきました。今週はさらに、心の中で「息

を吸って……息を吐いて」とつぶやいてみましょう。

　また、息の吸って吐いてを数えるようにしてみてもよいでしょう。たとえば、はじめに息を吸うときに、「息を吸って……1」と数え、息を吐くときに、「息を吐いて……1」と言ってみましょう。次の呼吸は「息を吸って……2」です。その方法を5回まで続けたら、1に戻ります。

**ステップ3　注意を広げる**
　これまで、自分の注意を身体全体に広げることは練習してきました。今週は、これまでのように気づきの中でしばらく時間を過ごす代わりに、困難を探索する瞑想でやったように、不快な感覚や緊張や抵抗感を意識の中に取り入れてみましょう。こういった不快な感覚に気づいたら、そこに「息を吹き込む」ことで、それに注意を向けてみましょう。その後、そこから息を吐き出して、そこの部分を柔らかく、そしてオープンにしていきましょう。同時に自分にも言ってみましょう。「この感覚を感じていても大丈夫。何があろうとも心を開いて大丈夫」と。もし不快な感覚が消えたら、身体の広々としたスペースに注意を戻してみましょう。

　できそうなら、身体の感覚に気づき、それと自分との関係に寄り添いながら、呼吸をし、受容し、ありのままにとどめるようにするこのステップに、いつもより長い時間をとってみてください。このステップは追加のステップで、日常生活に戻るための橋わたしとして考えてもいいかもしれません。ですので、瞑想の後ですぐに日常生活のもとの場所に戻る代わりに、気づきの中でひと休みして、自分の身体が発しているメッセージに耳を澄ませてみてください。

　できる限り、この広げられた気づきを日々の次の瞬間へと届けましょう。

## 習慣を手放す：種をまく（または植物を育てる）

　植物を育てることや種をまくことは、生活の中でとても単純な作業ですが、驚くほど大きな効果があります。あなたの生命を救うかもしれません。1970年代にハーバード大学の心理学者エレン・ランガーのチームは、古典的な実験を行いました。彼らはケアホームにいる高齢者の部屋で植物を育て

る実験をしました[*6]。一方のグループには、植物に水を与えたり、十分な栄養や光を与えるのは彼らの責任だと伝えました。一方、別のグループには、同じように部屋の中に植物を置きましたが、「気にしなくていい」と伝え、看護師が世話をするようにしました。その後、二つのグループの幸福度を測ったところ、驚いたことに、植物を積極的に世話したほうが、より幸福で健康であることが分かりました。また、そのグループの高齢者は、もう一方のグループより長生きもしました。他の生物をケアする行動が、明らかに彼らの人生の質を改善させたのです。

　ですから、今週は、何かの種をまいてみたり、植物を買う、あるいは友人から植物を借り受けてみるというのはどうでしょうか。もし種をまいたら、ハチが蜜を吸いに来られるように育てましょう。蜜を集めにやって来るハチを眺めるのは味わい深いものです。あるいは、食べられる果実のなる植物の種をまいてもいいでしょう。トマト、レタス、玉ねぎなどはどうでしょう。種をまくときには、種や土の感触を味わってください。あなたの身体の中——肩や首——に緊張はありませんか。種に土をかぶせるときには、土があなたの指の間からこぼれていく様子を観察してください。今度は半分のスピードでやってください。その違いはどうですか。土の匂いはどうでしょうか。深い大地の匂いでしょうか、あるいは、砂っぽい酸性土の匂いでしょうか。種や若い植物に水をやるときに、水に光が当たるように注意を向けてください。育てている植物について、さらに何か発見できるよう時間を過ごしてみるのはいかがでしょうか。

## そして、その後エラナは？

　『今ここで』の第2版で彼女は綴っています[*7]。「時々みんな私に聞いてくるわ。あなた治ったの？って。私は逆にきくのよ。治るって何？」彼女はこう締めくくっています。「私は元気に生きているわ。今ここに居続けられるように、日々挑戦を続けているわ。あなたはお加減いかが？」と。

第 10 章

# 第 6 週　過去にとらわれたままでいるか、今を生きるか

Mindfulness Week Six: Trapped in the Past or Living in the Present?

　ケイトと心理士は、面接室で黙って座っていました。面接室の外の廊下では、忙しい病院の音が響いていました。ケイトは今から24時間前に、処方されていた抗うつ薬の過量服薬で入院したところでした。身体的には問題なく、薬の作用は切れつつありましたが、彼女は恥ずかしさと自分への怒りとで疲れきり、こんなことをしなければよかった、と思っていました。ケイトはとても悲しく孤独を感じていたのです。

　看護師から薬を飲んだ理由を聞かれたとき、ケイトは、よく分からない、と答えました。自暴自棄になっていて、何かせずにはいられず、薬を飲むこと以外何も考えられなかったのです。彼女は死にたかったわけでも、死のうと考えていたわけでもありませんでした。ただ、子どもが頭まで布団をかぶってベッドに潜り込むような、少しの間だけでも逃げたいといったような気持ちでした。彼女の人生はあまりにも複雑になりすぎていました。あまりに多くの人が彼女を頼っていて、彼女は彼らみんなをがっかりさせていると感じていたのです。「私がいなくなれば、他のみんなの人生はもっと良くなるだろう。」彼女はそう考えたのです。

　ケイトが心理士に話すにつれて、状況は明らかになってきました。その昔、ケイトの生活は今よりはるかにシンプルなものでした。学校、大学、秘書の仕事、数時間離れたところに住んでいる両親、ボーイフレンド（今は特別な人はいませんが、ひどく孤独ではありません）、良き友人たち（ケイトは「友人たちは、何と思うでしょうか？」と言って、突然泣き出しました）。

　1年半前に自動車事故を起こしたときから、ケイトの人生は滅茶苦茶になってしまいました。彼女は、自分の過失のせいで、その事故が起きたと思っ

ていますが、保険会社は、誰の過失でもないと判断しました。怪我をした人は誰もいませんでしたが、ケイトには、身体ではなく心に傷が残ったのです。ケイトは6歳のめいのエイミー（彼女の姉の娘）をショッピングモールに連れて行くところでした。エイミーは事故の後、特に問題もなく、まったくおびえたりすることもなく、トラウマも残らず、何が起きたのか話せるほどでした。ケイトの姉は、娘と最愛の妹が無事だと知り、ほっとしていました。

　しかし、ケイトは自分自身を許すことができませんでした。彼女は、何度も何度もくり返し心のスクリーンに事故を映し続けました。もしエイミーがシートベルトをしていなかったら？（実際はしていました。）もし相手の車がもっと速く走っていたら？（実際はそうではありませんでした。）もしエイミーが怪我をしたり、死んでしまっていたら？（実際はそうではありませんでした。）人間の心は、こうしたことをしばしば考えるものですが、ケイトの心は、想像上のシナリオを作り出し、それが頭の中から消えなくなっていたのです。ケイトは、そのシナリオを消そうとしましたが、それはできませんでした。彼女は、現実に起こった出来事そのものよりも、想像上のシナリオのほうに、より注意を向けていました。彼女は、心的外傷後ストレス障害（PTSD）[*1]と言われる状態に陥っていたのです。そして、いつも疲れ果て、気分は落ち込み、うつ状態に陥ってしまったのです。ケイトの生活から喜びは消え去り、かつては楽しめていたことにも興味がもてなくなっていました。最終的に、こういった感情すべてが積み重なって、ケイトは慢性的な精神的苦痛としか言い表せないような精神状態へと陥っていました。ケイトは、空虚で希望がないという状態と、動揺して混乱した状態との間を行ったり来たりしていました。現在、ケイトは事故そのものについてはあまり考えなくなりましたが、精神的苦痛についてはさらに考えるようになっていました。彼女の思考は、そのような苦痛をもつ人なら誰でも経験しうるテーマで、ぐるぐる回っていたのです（下記「精神的苦痛：ぐるぐる回り続ける思考」を参照）[*2]。

[ 精神的苦痛：ぐるぐる回り続ける思考 ]

- できることは何もない。
- 精神的にボロボロだ。

- 未来がない。
- 完全にやられてしまった。
- 二度と見つけられない何かをなくしてしまった。
- もう昔の私ではない。
- 私には価値がない。
- 私は他人を傷つけるだけだ。
- 私の人生は取り返しのつかないくらい傷ついてしまった。
- 人生の意味が分からない。
- もう頼れるものがない。
- 苦痛は一生続く。

　ケイトの話は誰もが陥る可能性のある心の状態をとてもよく表しています。過去にしてしまったことや、し損なったことについて、なんとなく自分自身を許せないでいることに気づくときがあります。過去の失敗、終わっていない仕事、対人関係でうまくいかなかったこと、解決していない議論、自分と他人との間の達成できていない願望といった、さまざまな過去に関する重荷を抱えながら、私たちは生活しているのです。ケイトほどトラウマ的ではないにしても、彼女の心に起こったことは、私たち誰もが体験する可能性のあることです。たとえば、なかなか過去を忘れられないこと、済んだことや起きなかったことについてくよくよ考えること、まだ起きていないことを心配すること、といったようなことです。心がこのようなパターンにはまってしまい、そこから抜け出せないとき、自分が考えすぎていることに気づくでしょう。どんなに頑張っても、そこから抜け出せないのです。この状態は、いわゆる「痛みを伴う関わり方」[*3]です。このような状態のときに、再び幸せを感じてしまうと、人を裏切り、道理から外れてしまうと考えるかもしれません。事故の後、どうすればケイトは幸せを感じることができたのでしょうか。彼女は、自分には幸せになる価値がないと感じていたのです。

　たいていの場合、罪悪感を感じる理由を見つけるのは難しいことではありません。そうした理由は、私たちの周囲のいたるところにあるからです。西洋社会では、罪と恥の文化が土台にあります。何かにうまく対処できないこ

と、悪い人であること、夫・妻・母・父・兄弟・姉妹・娘・息子としてうまくやれていないこと、自分の可能性を実現できていないことなどに罪悪感を覚えます。また、目標を達成できないことや、怒り・苦しみ・嫉妬・悲しみ・卑しさ・絶望といった感情を感じることにも恥ずかしさを覚えます。人生を楽しむこと、そして幸せを感じることにも罪悪感を感じるのです。

　罪と恥の背景には、多くの場合、恐れがあります。それは、私たちの頭の中にいる「いじめっ子」のような存在で、「まだ十分じゃない」とか、「気を緩めたとたん失敗してしまう」とか、「もし手綱を緩めたら地獄のような状態になってしまう」とか、「自分自身を守らなければ打ちのめされてしまう」などと言って、私たちを不安がらせるのです。他人から批判されることは恐れるのに、なぜ私たちは自分で自分を批判することには寛容なのでしょうか[*4]。一つの不安が次の不安につながり、そしてそれがさらに別の不安を生み出していくのです。こうして私たちは、自分のエネルギーを少しずつ奪う終わりのない消耗のサイクルへと引きずり込まれ、いつまでも漂流している中身が空っぽの貝殻のようになってしまうのです。

　しかし、ケイトの経験の中には、見落とされがちな別のことも含まれています。それは、彼女の思考の中にある「もとに戻ることはできない」というテーマです。事故の後、ケイトは、それまでにはなかった感覚を覚えるようになりましたが、それを変えることができませんでした。ケイトは、トラウマとうつの真っ只中で、抗うつ薬があまり助けにならない状況でもがきながら、人生に取り返しがつかないほどのダメージを受けたと感じ、二度と取り戻せない何かを失ってしまったと感じていたのです。誰でもケイトと同じような心理的状態に陥る可能性があります。私たちは、「何か起きたら、決して以前と同じ状態には戻れない」という暗黙の思い込みがあるのです。

　では、なぜこうしたことが起きるのでしょうか。その答えは、私たちが過去の出来事を思い出す方法にあるのです。科学研究が大きく進歩したおかげで、出来事の記憶がどのように機能するか、そしてそれがどのように間違った方向に機能するかということが明らかになってきています。マーク・ウィリアムズらの長年の研究では、研究の参加者は、自分が幸せだと感じた過去の出来事を思い出すように求められました。それは特に重要な出来事である必要はありませんが、過去のある時点から一日以内に気分がもとに戻ったエ

ピソードである必要がありました。ほとんどの人にとって、そういった過去の出来事を思い出すのは簡単なことです。たとえば、良いニュースを聞いたこと、丘を散策して素晴らしい景色を見たこと、ファーストキスをしたこと、仲の良い友達と過ごしたこと、などです。ある特定の出来事、つまりある日、ある時間、ある場所で何が起こったか（正確な日付までは思い起こせないとしても）を苦もなく思い出すことができるでしょう。次の「現実の出来事の記憶」の質問を使って、あなたが幸せを感じた過去の出来事を思い出してみましょう。

[ 現実の出来事の記憶 ]

　下に挙げた単語を見てください。それぞれの単語を見たときに、これまで経験した出来事のうち、どのような出来事が頭に浮かんだか、どのようなことが頭をよぎったか考えてみて、それを覚えておくか、書き留めておくかしてください（その出来事はずっと前に起こったものでも、つい最近起こったものでも構いませんが、どれも一日以上は続かなかった出来事にしてください）。

　たとえば、「楽しい」という単語であれば、「ジェーンのパーティーに行ったとき楽しかった」といったことです。ただし、「パーティーはいつも楽しい」というのは良くありません。なぜなら、それでは、ある特定のエピソードのような具体的な出来事について述べていることにならないからです。

　頑張って、それぞれの単語について何か書いてみてください。ただし、一日以上続かなかった出来事にするようにしてください。

　以下のような気分を感じたときのことを考えてみてください。

- 幸せ
- 退屈
- 安心
- 絶望
- 興奮

- 失敗
- 孤独
- 悲しみ
- 幸運
- リラックス

　しかし、具体的な出来事を思い出すのが容易でない場合もあります。もし過去にトラウマ的な体験をしていたり、今現在うつ状態だったり、疲れ果てていたり、くよくよと考えごとにとらわれていると、私たちの記憶は、先ほど述べたものとは異なるパターンを示すことが、研究から明らかになっています。そのような状態では、ある特定の出来事を思い出すことができず、記憶を呼び起こす過程が最初の段階で止まってしまい、おおまかな記憶しか呼び起こせなくなってしまうのです。これは、心理学では、「過度に一般化された記憶」と呼ばれています。

　ケイトが幸せだと感じた過去の出来事について聞かれたとき、彼女は「私とルームメイトは週末によく出かけていました」と答えました。しかし、現実に起こった具体的な出来事については、思い出せませんでした。また、残念な気分になった出来事を思い出すようにと言われたときには、「母との口げんか」と答えました。ある特定の一つのエピソードを思い出すようにと言われても、彼女はただ「私たちはいつもけんかしていました」と答えるだけでした。

　ケイトの反応は珍しいものではありません。オックスフォードの私たちのチームや世界中の研究所が行った研究によると、この「過度に一般化された記憶」のパターンは、ある人々、特に、冷静に考えられないほど疲れていたり迷っている人、落ち込みやすい人、過去にトラウマ的な体験をしている人には、とてもよく見られることが明らかになっています。この「過度に一般化された記憶」のパターンが与える影響の大きさは、かつてはよく分かっていませんでした。しかし、現在では、過度に一般化された記憶のパターンを示す傾向がある人ほど、過去を手放すことがより難しく、今の生活でうまく

いっていないことからより強い影響を受け、悪いことが起きた後に生活を立てなおすのがより難しいことが分かっています[*5]。たとえば、2007年のオーストラリア・シドニーのリチャード・ブライアント教授の研究では、消防士になったときに、過度に一般化された記憶のパターンを示す消防士は、その後、消火活動中に目撃した出来事がトラウマ化する傾向にあることが明らかになっています[*6]。他にも、アンケ・エーラス教授によると、「過度に一般化された記憶」のパターンをもつ人は、暴行を受けたときに、PTSDになりやすいことが明らかになっています。「過度に一般化された記憶」パターンの人は、より考え込む傾向があり、暴行によって自分の人生が取り戻せないほど変わってしまったと思い込む傾向にあることが明らかになっているのです[*7]。

[ 思考のダンス ]

混んでいるバーで、友人があなたの職場の同僚の一人と話をしているのを目撃した場面を想像してみましょう。あなたは彼らに微笑みかけて手を振ります。彼らはあなたのほうを見ていますが、あなたには気づかない様子です。

**どんな考えがあなたの心に浮かびますか。**
**どんなふうに感じるでしょうか。**

これは、状況がとてもはっきりしている場面のように思えるかもしれませんが、実際はかなり曖昧な場面です。この場面を5、6人の人に示すと、さまざまな答えが返ってきます。しかしそれは、その答えが「現実」よりもむしろ、質問された人の精神状態に左右されてしまうからです。もし何か幸せなことがあった後にこの質問をされたら、友人たちは手を振っているあなたが見えなかっただけなのだろうと思うでしょうし、その場面をすぐに忘れてもしまうでしょう。しかし、あなたが何かの理由（どんな理由であったとしても）で不幸せな気分だったり悩んでいたとしたら、あなたの考えはその影響を受けて、その場面にまったく異なる意味づけをするでしょう。友人たちはあなたを避けようとしていると結論づけるかもしれないし、自分は多くの友人を失ったと結論づけるかもしれません。もしかすると、次のように考えるかもしれません。

「彼らは自分を避けている。またか。もしかすると、彼女ははじめから自分のことが嫌いで、ずっと自分のことを避けようとしていたのかもしれない。友情はなぜこんなにも脆いものなのか。世の中はなんて薄っぺらいんだろう。」

このように「ひとりおしゃべり」によって、いっときのちょっとした悲しい出来事が、もっと長く続く、さらに深刻な不幸せな気分に変わり、それによって、自分が今まで信じてきたものの多くを疑ってしまうような状況に陥ってしまうのです。それはなぜなのでしょうか。

私たちの心はいつも、世界に意味づけをしようとしています。長年積み重ねてきた経験を背景に、その瞬間の気分によって世界を意味づけているのです。私たちの心は、たえず情報のかけらを集め、それらを意味のある絵に組み立てようとしているのです。たえず過去を参照し、現在が同じようにうまくいっているかどうか確認し、さらに、この過去の経験から生み出されてきたモデルを使って、未来を推定し、新しいパターンやテーマが生じていないかどうか確認しているのです。このようなやり方は、人間に特有のものです。このようにして私たちは、世界を意味づけているのです。

**思考のダンスが止まるとき**

思考は「固定化」しはじめるまで、ぐるぐると回り続けます。過度に一般化された記憶によって、過去は固定化されがちです。というのも、過度に一般化するということは、記憶をかいつまんで要約するということであり、その要約は、永遠に変わらない真実であるかのように固定化されるからです。いったん、あなたがバーでの友人の振る舞いを「拒絶」と解釈してしまうと、実際の状況をよく見なおして、他に解釈の仕方がないか考えるようなことは滅多にありません。特に、疲れていたり、自分自身の問題で頭がいっぱいのときには、過度の一般化をしてしまいがちです。過去が過度に一般化され固定化されると、人があなたを拒絶した記憶ばかり思い出すようになります。あなたの世界は質感と色を失い、黒か白、あるいは勝つか負けるかのみになってしまうのです。

この研究の知見は、とても重要です。つまり、「物事はもうもとには戻らない」とか「永遠に消えない傷を負った」と感じるのは、心のパターンのとても有害な側面なのです。なぜこのようなパターンに簡単に陥ってしまうのかというと、まさにその思考自体が、「思考は変わらない」「思考に対してできることは何もない」「この思考はずっとこのままだ」と訴えているからです。この「変わらない」という感じは、過去にとらわれ、出来事を正確ではなく曖昧にしか思い出せないことに起因します。そして、この過度の一般化は、嫌な出来事を思い出さないように抑制することによって、あるいはそれについて何度も何度も考えることによって、さらに一般化されていくのです。思考を抑制しようとしたり、何度も考えたりすると、疲れ果ててしまい、疲れ果ててしまうと、さらに一般化したことしか思い出せなくなってしまうのです。そして、いったん記憶が過度に一般化されると、実際に過去に起きたことの詳細を思い出すことができなくなるのです。その代わりに、起きたことへの罪悪感にとらわれて、そこから脱出できず、将来にわたって何も変わらないのだという絶望感に襲われるのです。それは、永遠に変わらないようにも感じますが、ありがたいことに、現実には、それは変わるのです。思考が「変わらない」と主張していたとしても、実際には変えることができるのです。私たちの研究では、8週間のマインドフルネストレーニングをすることによって、記憶がより詳細になり、過度の一般化を減らせることが分かっています[*8]。マインドフルネスによって、過度の一般化の罠から解放されるのです。

　もしあなたが、これまで瞑想を続けてきているのであれば、すでにあなた自身、過度の一般化から解放された体験をしているのかもしれません。過去の出来事から来ている罪悪感や恐怖を受け入れることによって、つまり、風の中を舞っている草をただ眺めるように、過去の出来事をただ眺めることによって、小休止の時間をとれるようになるでしょう。以前は、思い出すと気持ちが非常に動揺してしまうために思い出すことが難しかった過去の出来事を、今ではもっと楽に思い出せるようになっているかもしれません。また、それらに対する痛み、それも非常に強い痛みを今でも感じるかもしれません。しかし、それらは過去の出来事にすぎないということ、過去のこととして手放せることを実感できるかもしれません。

なぜなら、過度の一般化は、過去にとどまって、未来を見えなくさせてしまうものですが、それを引き起こす心の「回避」モードの代わりとなる方法を、あなたが日々探索してきたからです。レーズン瞑想、呼吸と身体の瞑想、ボディスキャン、マインドフルな動き、音に関わるのと同じ方法で思考と関わる方法を学習すること、身体に注意を向けることで困難を探索すること――これらそれぞれの方法を通して、これまでとは何か別の新しい可能性があることを学んでいくことでしょう。その瞬間瞬間、判断せず、思いやりをもった心の状態でいられる可能性があるのです。

　マインドフルネスのクラスでは、永遠に変わらないと思っていた思考も実は変わりうるということに気づいて、自由を手にする人がたくさんいます。しかし、時々、さまざまな瞑想を実践しているにもかかわらず、心のある部分に手をつけないままになってしまっている人もいます。どういうわけか、何週間、何か月、そして何年瞑想していても、自分自身への思いやりを忘れてしまったままの人もたくさんいます。そういう人たちは、瞑想をすること自体が、義務になってしまっているのです。

[ **自分に思いやりをもつ** ]

　あなたは、自分に対してどの程度厳しく、批判的でしょうか。自分を思いやり、自分を厳しく評価するのを止めることは、慌ただしい世の中で安らぎを見つけていくためには、必要不可欠なことです。以下の質問を自分自身に問いかけてみましょう*9。

- 不合理だったり、不適切だったりする感情を抱いたことで、自分自身を責めていませんか。
- 自分の感じ方について、そんなふうに感じるべきではないと自分に言い聞かせていませんか。
- 自分の考えることはどこかおかしいとか間違っていると感じて、そう考えるべきではないと思ったりしていませんか。
- 自分の考えが、良い考えか悪い考えか判断していませんか。
- 自分の考えに対して、そう考えるべきではないと自分に言い聞かせて

- いませんか。
- 自分の感情は、時として、適当でないとか適切でないとか、そう感じるべきではない、などと思ったりしませんか。
- 悩ましい考えやイメージが浮かんだとき、たいていの場合、その考えやイメージが良いものであるか悪いものであるかを判断していませんか。
- 論理的でない考えだったと自分を非難したりしていませんか。

　もしこれらの質問のうち、とてもよく当てはまる質問が一つか二つでもあるようなら、自分自身に厳しすぎるのかもしれません。自分に対してもっと思いやりをもつことはできないでしょうか。上の質問で大事なことは、自分に対して厳しすぎるということを自分への批判と受け取らないことです。そうではなく、ただそういう事実があることを理解することです。自分の反応を、成功や失敗のサインではなく、気づきを促進させるものと捉えるようにしてください。

　マインドフルな心を涵養することで、深く大きな安らぎが得られるだけでなく、ストレスに直面しても平常心を保っていられるようにするためには、さらに一歩前進する必要があります。つまり、世界に対して愛情と思いやりをもって関わっていく必要があるのです。しかし、それは、敬意と愛情をもって自分を受け入れ、「ありのままの自分」でいることで初めて可能になることです。最後に紹介する瞑想は、「思いやりの瞑想」です。この瞑想によって、他者に思いやりをもつことより、自分に思いやりをもつことのほうがより難しいことに気づくでしょう。
　第6週目の実践によって、あなたが生活する中で、他人に対してだけではなく、自分にも思いやりをもてるようになるでしょう。

[ 第6週目の実践 ]

- 今週は、新しい瞑想を一つ行います。それは、10分間の「思いやりの瞑想」で、以下に説明があります（CDのトラック7）。次の1週間のうち6日間、この瞑想を行ってください。この瞑想を行う前には、CDのトラック1か4（第1週と第3週）を使って、静かに座り、準備を整えましょう。もしできそうならば、音声の教示をまったく使わなくても構いません。

さらに、
- 「3分間呼吸空間法」を続けましょう（119ページ参照）。一日に2回呼吸空間法を行い、さらに、あなたが必要と感じたときにもこれを行いましょう。
- この章の最後に詳細がある「習慣を手放す」のどれか一つを実行してみましょう。

[ 思いやりの瞑想 *10 ]

　リラックスし、かつ集中できる、暖かくて居心地が良い場所で、落ち着けるように数分間時間をとります。
　しっかりとした姿勢をとり、意識がはっきりとした状態でいられる体勢を見つけましょう。たとえば座っているのであれば、背筋を伸ばし、肩の力を抜いて、胸を張り、頭は安定した状態を保ちます。
　呼吸に集中し、それから数分間、身体全体に注意が広がるようにして落ち着きます。
　瞑想中に心がさまよったときには、心がどこにさまよったかをただ認識し、もとあったところに注意を戻すか、問題や心配が感じられる場所の身体の感覚を探っていきます。これまでに行った瞑想のどれを使って

も構いません。

　準備ができたら、以下のフレーズのいくつか、またはすべてを思い浮かべてください。自分自身への思いやりをより深めるために、自分に合ったものに変えてもよいでしょう。

　　　　　私が苦しみから解放されますように。
　　　　私ができる限り幸せで健康でいられますように。
　　　　　私が安心して生きられますように。

　ゆっくりと時間をとって、それぞれの言葉が深い井戸に落ちていく小石のようなものだと想像してみましょう。あなたは言葉を一つずつ順々に落としていきますが、同時に、その言葉に対する自分の思考、感情、身体感覚あるいは行動したい衝動といった反応に耳を傾けてみましょう。現れてくる反応を評価する必要はありません。ただあなたのためだけに耳を傾けるのです。

　もしあなたが自分自身に思いやりをもつのが難しければ、過去や現在において、あなたのことを無条件に愛してくれた人（またはペット）のことを思い浮かべてみましょう。思い浮かべた人のあなたに対する愛情をはっきりと感じられたら、その愛情を自分自身に注いでみましょう。「私が苦しみから解放されますように。私ができる限り幸せで健康でいられますように。私が安心して生きられますように。」

　次のステップに進む前に、好きなだけこのステップを練習し続けてください。

　ある程度まで来たら、誰か親しい人を思い浮かべ、彼ら（状況に応じて、彼、彼女、または彼らという言葉を使ってください）が同じように健康であることを願いましょう。「その人が苦しみから解放されますように。その人ができる限り幸せで健康でいられますように。その人が安心して生きられますように。」

　もう一度、彼らが幸せで健康であることを願いつつ、心のうちにその

人を思い浮かべながら、あなたの心と身体に何が生じてくるのか見てみましょう。もう一度、生じてくる反応を受けとりましょう。ゆっくりと時間をかけましょう。一つひとつの言葉のあいだに間をとってください。生じてくる反応に注意深く耳を傾け、呼吸していきます。

　次に進む準備ができたら、よくは知らない人を一人選んでみます。あなたが道やバスや電車の中でよく見かける人でもよいでしょう。顔は知っているものの、名前は知らない誰か、好きでも嫌いでもない人を選んでみます。あなたは彼らのことをよく知っているわけではありませんが、おそらくその人たちもまた、あなたと同じように希望と不安に満ちた人生を送っていることを理解します。あなたと同じように、その人たちも自分が幸せになることを願っていることでしょう。ですから、彼らをあなたの心のうちにとどめながら、先ほどのフレーズをくり返してみます。「その人が幸せで健康でありますように。」

　この瞑想をさらに続けたい場合は、今度は、過去あるいは現在、苦手だった（苦手な）人を思い浮かべるとよいでしょう。あなたの人生の中で一番苦手な人である必要はありませんが、それが誰であろうと、その人を意識的にあなたの心の中にとどめ、彼らもまた幸せであること、苦しみから解放されることを望んでいることを認めます。次のフレーズをくり返してみます。「その人が苦しみから解放されますように。その人が幸せで健康でいられますように。その人が安心して生きられますように。」

　時間をとって止まります。耳を傾けます。そして身体に生じる感覚に気づきます。監視したり判断したりすることなく、ただこれらの感覚を探索できるか確かめてみます。

　こうしている間に、もしあなたが強烈な感情や思考に圧倒されたり、流されてしまっているように感じるときはいつでも、自分に対する優しさとともに、今この瞬間に錨を下ろすために、呼吸へと立ち返ることができることを覚えておいてください。

　最後に、あなたの愛する人、見知らぬ人、苦手な人を含めたすべての

> 人に対して、愛と思いやりを広げてみます。最終的な目的は、愛や思いやりを広げ、究極的には地球上の生きとし生けるものに対して、愛や思いやりをもつことです。そして、その中にはあなたも含まれていることを覚えておきましょう。「生きとし生けるものが痛みや苦しみから解放されますように。生きとし生けるものが幸せで健康でいられますように。生きとし生けるものが安心して生きられますように。」
> 
> この練習の最後に、自分の呼吸と身体と一緒にいる時間をとります。そして、今この瞬間にはっきりと気づきながら、静かにたたずみます。この実践がどのような体験であったにせよ、自分を豊かにするために時間を使ったという自分の勇気を認めましょう。

## でもそれが難しいかもしれません……

　自分に心からの愛情や親愛の気持ちを向けることは難しいことなので、思いやりの瞑想の実践にしっかりと時間をかけるには、ある程度の覚悟が必要になります。しかし、この瞑想はいつでもどこでも実践できるので、プログラムで決められた実践をしている合間に行うことも可能です。あなたは徐々に、自分自身を愛することなく他者を愛することはできないこと、自分はダメだと自分を責めている間は、他人を本当に愛することはできないことに気づくでしょう。プログラムの間に、カラが気づいたのはまさにこのことでした。

　「まず、自分を安定させることから始めました。」カラはそう言っています。「しばらくして、このフレーズを思い浮かべはじめました。『私が苦しみから解放されますように……。』しばらくして、私は、何かが頭の中に浮かんでくることに気づきました。それは、忙しい生活に圧倒されるような感覚でした。私は瞑想に戻りましたが、その感覚が消えることはありませんでした。ですから、私はその忙しいという感覚のそばにとどまって、その感覚に対して思いやりをもてるかどうか確かめました。」

　カラは何を感じていたのでしょうか。その後、彼女はこの経験についてさ

らにじっくりと思い返しました。「自分の生活がとても忙しいことには気づいていましたが、実はそれが私を傷つけている、つまり、実際はそのせいで私が苦しんでいるとは考えたこともありませんでした。この経験を通して、私は昔聞いたことのある別のフレーズを思い出しました。『自分の内面からも、そして外部からも傷つけられることがありませんように』というものです。そう、これだ、と思いました。私は、外の世界、つまり私の仕事、家族、すべてのものが私を忙しくさせていると思っていました。しかし、そのフレーズを口にしたときに聞こえてきたのは、『ああ、そうだ、私もだ。私も自分自身を傷つけていたんだ』ということでした。私は忙しくないとダメだと思い込んでいたのです。ずっとそう思ってきたのです。そしてこれが、この『自分を愛する』という実践に対する自分の反応だったのです。」

　カラは、自分の人生から取り残されないように必死に走っていると信じていましたが、今回の思いやりの瞑想をすることで、走ることが自分に苦しみをもたらしているだけでなく、自分自身もその苦しみを助長していることに気づいたのです。興味深いことに、瞑想でマインドフルになっていたため、彼女は自分を責めずに、ただそういう状況になっていることに気づいたのです。その後、彼女は、実践の続きとしてじっくり考えるための5つの質問を書いてみた、と言いました。

- どうすれば自分に「栄養を与える」ことができるだろうか。
- 慌てているときにどうすればペースダウンすることができるだろうか。
- どうすれば距離をとることができるだろうか。
- どうすれば選択することができるだろうか。
- どうすれば自分自身に優しくできるだろうか。

　次第に、カラは自分に対する思いやりとは、自分の内側のとても小さな声を聞くことだということに気づくようになりました。自分の中の小さな声は、恐怖と罪悪感といった、より大きな声によって簡単にかき消されてしまいます。彼女は失敗を恐れることで、愛から遠ざかってしまっていました。その恐れは、「優しい気持ちでいたら負ける」「いつも用心深くしていないとまわりの人に裏切られたり、嘘をつかれたり、うまく利用されたり、乱暴に扱わ

れたりする」と彼女に警告し、「優しくなるのではなく、怒りなさい」と彼女を説得していました。恐れはたえず「あなたはなくてはならない存在だから、どんなことがあっても前進し続けなくてはならない」「誰もあなたの状況は理解できない」「誰もあなたを気にかけていない」ということを彼女に思い出させていたのです。

マインドフルネスプログラムに参加したとき、カラは不安から生じる自分の強い反応すべてを恥ずかしく思いました。彼女は、プログラムで紹介されたいくつかの瞑想を練習した後、思いやりの瞑想をすることで、やっと自分の心と身体に思いやりをもつことができるようになりました。つまり、それまで彼女は、自分が自分にしてきたことによって悩まされていたのです。

カラは「忙しくなくてはならない」と自分に言うだけでなく、「昔はこうじゃなかったのに。なんて苛酷なんだ。でも、もう前と同じ状況には二度と戻れない」と自分にくり返し告げることで、自分の苦しみをいっそうひどいものにしていたことに気づきました。彼女は、こういった思考がいかに彼女と世界との間に深い溝をつくっていたのかということに気づきました。こういった思考によって、だんだんと彼女は、家族、友人、同僚から遠ざかっていったのです。彼女の人生は、皮肉と敵意に満ちた人生という、彼女が一番恐れていた状態に近づきつつありました。彼女は自分の基準に合わなかったすべての人 ── その中には彼女自身も含まれます ── から距離を置き、強い孤独を感じていました。カラは夜ベッドに横になるときや、犬の散歩をしているときでさえ、先ほどのようなことを自分にくり返し語っていることに気づきました。そしてついに、新たなことが起きました。それは、瞑想中ではなく、ベッドの中で横になっていたまさにそのときに起きたのです。それは、「本当に過酷だ」という（非常に執拗な）考えは、それがどんな形で現れようとも、手放すことができるということに気づいた瞬間でした。

ジェシーはカラに同意しました。「そうです。あなたは、怒ったり、自己中心的だったり、否定的だったことで自分を責めているのです。そこに、社会が押しつけてくる罪悪感が加わっているのです。それは、あらゆるところへ広がっていく、とてつもなくパワフルなものなのです。」

ジェシーは学生の頃から、みんなから「ひどい扱いを受けている」と感じていました。「それは宗教、国、学校、上司などあらゆるものに対してです。

みんなからいつも、お前はダメだ、と言われてきたんです。ある教師は私のことを『欠陥品』だと言いました。そして、完璧なんて不可能だと分かっていながら、もっともっと上を目指せと言われ続けてきました。努力が足りないことによる罪悪感を教えられてきたんです。」

カラもこうしたプレッシャーに気づいていました。カラは言いました。「今後、もし子どもができたら、子どもの面倒をみなかったこと、子育てと仕事とを両立させなかったことを責められることでしょう。」

思いやりの瞑想をすることによって、カラもジェシーも、これまで誰も、自分に思いやりをもつことを教えてくれなかったことに気づきました。人生のほとんどすべては規則と規制で支配されていて、息をすることさえ、そういうルールがあるからやっているという感覚になっていたのです。

彼らにとって、この恐怖感と罪悪感から解放される方法は、一歩下がって心の中の小さな声を聞くことでした。とても多くの人たちが何世紀もかけて発見したことを、彼らは見つけ出したのです。それは、もし本当の心の平穏を見つけたいのであれば、恐怖感や罪悪感や恥といった大きな声を無視して、心の中の小さな声を聞く必要があるということです。そうするために瞑想は役立ちます。ただし、十分な思いやりをもって瞑想を行う必要があるのです。そうでなければ、残念ながら一時的な休息しか得られないかもしれません。一時的な休息は、日々の生活で経験する浮き沈みを超えたところにある真の平穏ではありません。聞こえてくるノイズを多少小さくすることはできますが、それでは、もっと良い、もっと有益な声は聞こえないままなのです。現在では多くの研究が、思いやりがこの状況を変えるということを示しています。つまり、自分に対して思いやりをもって瞑想をすると、心の中の「回避」回路のスイッチが切れ、その代わりに「接近」回路のスイッチが入るのです。この姿勢の変化によって、寛容さ、想像力、幸福感が高まります。そして、同時に、極度の疲労や慢性的な不満足につながる恐怖・罪悪感・不安・ストレスが軽減されていくのです。

レベッカの経験はこれと似ていました。「私は、数か月前から、カウンセラーになるためのトレーニングを受けています。実は、子どもが生まれる何年か前に、ちょっとだけカウンセラーをしていました。瞑想をしたとき、あまりうまくいかなかった昔のクライエントの一人を思い出しました。彼は入院す

る必要がありました。誰もそれを私の責任だとは言わなかったにもかかわらず、私は自分を責めていました。うまくいかなかったらその責任はすべて自分にある、というかつて私が感じていた恐怖がよみがえってきたのです。」

「瞑想をして座っている間、自分はとても弱いと感じました。しかし同時に、これまでに感じたことがなかった自分への思いやりや優しさも感じました。私は、もう一度カウンセリングの訓練を受けることで、自分が傷つきにくく強くなろうとしていること、そのような方法で、自分の弱さに対応しようとしていたことに気づきました。瞑想を続けているうちに、もし自分が傷つかなくなってしまったら、助けを求めている人々をカウンセラーとして助けられなくなってしまうことにも気づいたのです。」

## 実践における優しさ

　優しさは思いやり —— 他者の困難な状況への深い共感的理解 —— から生まれます。他者に心から思いやりをもてるときに活性化される脳の部分は、マインドフルネスの瞑想によって活性化される部分と同じであることが脳研究によって示されており、その部分は「島」と呼ばれています[*11]（47ページ参照）。

　他者を思いやることについてはよく話されますが、自分自身を思いやることはそれと同じくらい重要です。私たちは、多くの場合、自分の思考や感情にはほとんど思いやりをもとうとしません。そうすることは弱いことだ、と自分に言い聞かせて抑え込もうとします。あるいは逆に、自分の感情のおもむくままに、快楽で紛らわせようとします（ほとんどの場合、そこには「権利」という名のちょっとほろ苦い気持ちも混ざっています）。たとえば、過食といったようなことです（なぜならそうする権利があると感じているからです）。しかし、私たちの一番奥深くにある思考や感情は、そのような衝動を気ままにさせたり、抑えつけたりしたいわけではないことを想像するのは役立つかもしれません。そうした思考や感情は、自分たちにただ耳を傾け、そして理解を示して欲しいだけなのです。ただ、それらを引き起こす感情に共感して欲しいだけなのです。ひどく泣き続けている赤ちゃんを優しく見守るように、思考や感情を見守るようにするとよいでしょう。私たちができる限りのことをしても、

それでも泣きやまないとき、最後にできるのは、ただ温かさと思いやりをもって腕の中に抱いておくこと、つまり「ただそこにいる」ということだけです。「ただそこにいる」以上のことは、何もする必要がないのです。
　瞑想のときに、他者への思いやりより先に、自分への思いやりを育むことから始めるのは、少し自己中心的だと感じる人もいるかもしれませんが、それは瞑想の長期的な目的を誤解しています。自分への思いやりを育てることに少し時間をかけることによって、心の中の恐怖や罪悪感から生まれるネガティブな力は、徐々に小さくなっていきます。このことは、心に何度もくり返し生じてくる思考を減らすことにつながります。そうすると、幸福感、思いやり、想像力が泉のようにあふれ出てきて、すべての人々を潤すのです。思いやりは、小さな泉がつくり出した透明で澄みきった池のようなものなのです。人々が通りかかったとき、泉が枯渇しないように、分け与える水の量を少なくすることもできますが、その池をつくり出している泉のつまりを取り除いて、水がどんどん湧いて出るようにして、多くの人にたくさんの水を分け与えることもできるでしょう。瞑想は、泉のつまりを取り除くようなものなのです。
　思いやりの瞑想は、これまでに習ってきたその他の瞑想と同じように、日常生活の一部となりえます。自分ができる限り思いやりをもって他者を見るようにしてください。これは簡単なことではないかもしれません。生まれつき自己中心的で、不親切で、氷のように冷たく見える人もいるかもしれませんが、多くの場合、彼ら自身が、自分の忙しさや、他人に与える影響力の大きさに気づいていないため、そのようにしているだけなのです。もしあなたが、そのような人々に対して思いやりを向けると、程度の差はあれ、彼らも自分と同じであるということにすぐに気づくでしょう。彼らも、自分の人生に幸福や何らかの意味を見いだそうと、つまずきながら歩いていることに気づくでしょう。彼らの困難な状況を感じることができるかどうか確かめてみましょう。
　思いやりの瞑想を始めた直後は、少し難しいと感じるかもしれません。しかし、その時点ですでに効果は出ていることを覚えておいてください。脳イメージング研究によれば、瞑想を始めて数分以内に、脳の「島」の部分が活性化しはじめることが明らかになっています[*12]。

## ネガティブな思考に対して呼吸空間を広げる

　第9章で、呼吸空間法をやり遂げた後に、四つの選択肢があると述べました。第一の選択肢は、あなたが瞑想を始める前にしていたことを、気づきが高まった状態でもう一度行ってみることです。第二の選択肢は、困難にもっとうまく対処できるように、意識的に自分の身体の感覚をよく探ってみるということです。今週は、第三の選択肢の、これまでとは異なった自分の思考との関わり方を実践していきます。この章のはじめのほうで、思考は、過度に一般化された記憶に基づいて、大声で自分に対して間違ったアドバイスをしてしまうために、あなたがその罠に引っかかってしまうことを説明しました。また、そのために自分に起こった出来事を事実とは異なる形で一般化してしまうこともしばしば起きることを述べてきました。呼吸空間法の練習をやり遂げたいま、少し時間をとって、自分の思考や感情をノートに書き留めてみましょう。思考とこれまでとは違った関係をもてるかどうか、試してみてください*13。以下のことをしてみましょう。

- 自分の思考を書き留めましょう。
- 頭の中に浮かんでは消えていく思考を眺めましょう。
- 思考を、客観的事実として捉えるのではなく、単なる思考として捉えましょう。
- 思考のパターンに名前をつけましょう。たとえば、「病的な思考」「心配している思考」「不安な思考」、またはただ単に「思考」という具合です。
- 自分が疲れすぎていないか、結論に飛びついていないか、過度に一般化していないか、状況の意味を大げさに捉えていないか、完璧を求めていないか、自分に問いかけてみましょう。

## 習慣を手放す

　以下のどちらか一つを選び、今週中に少なくとも1回は練習してみましょう。もちろん、両方やっても構いません。

## ❶ かつての人生を取り戻しましょう[*14]

　大変な出来事が起きたり、仕事が増えて、日々の生活が無茶苦茶になってしまう前、つまり、あなたの生活が今ほどひどくなかったときのことを思い出してみてください。そのときの自分の行動をできるだけくわしく思い出してみましょう。思い出すのは、一人でしたこと（お気に入りの雑誌を読む、好きな音楽を聞く、散歩やサイクリングに出かける、など）かもしれませんし、友達や家族と一緒にしたこと（ボードゲームで遊ぶ、映画館に行く、など）かもしれません。

　思い出した行動の中から一つ選び、今週、それを実行する計画を立ててみましょう。その行動を実行するのに、5分ですむかもしれませんし、5時間かかるかもしれません。重要なことかもしれませんし、些細なことかもしれません。他人と一緒にやることかもしれませんし、一人でできることかもしれません。大切なことは、その行動が今のあなたと過去のあなたの一部とをつなぎなおしてくれるものである、ということです。それは、「もう失ってしまって、二度と取り戻すことができない」と自分に告げていたあなたの人生の一部なのです。自分がやりたいと思うまで待つのではなく、とにかくやってみて、何が起こるか見てみましょう。あなたの人生を取り戻すときが来たのです。

## ❷ 他人に対して思いやりをもった行いをしましょう

　誰に対してでも結構です。その人に思いやりをもった行動をとってみてはいかがでしょうか。大きなことでなくて構いません。同僚が机を片づけるのを手伝えるかもしれませんし、隣人が買ったものを運ぶのに力を貸せるかもしれませんし、パートナーが嫌がっていることを代わりにやってあげることかもしれません。もしあなたが面白い本や新聞記事を読み終えたら、それをバスの座席に置いておくのもよいかもしれません[*15]。もう要らなくなって家の中で眠っているものをいくつか手放してみるのはどうでしょうか。それらを捨てたりリサイクルしたりする代わりに、フリーサイクルしてみましょう（フリーサイクルとは、自分の古いものを、欲しい人、喜んで集めている人に無料であげるという世界中で行われている活動です。その出品物には、古いパソコンケーブルのような小さなものや、半分だけ使った壁材や、十分に機能するテレビやDVDプレイヤーなどもあります。www.freecycle.org.uk）。

人に思いやりをもつ方法は、他にもたくさんあります。あなたの友人、家族、同僚について考えてみてください。どうしたら彼らの人生を少しでも良くすることができるでしょうか。たとえば、同僚がある仕事に苦労している場合、朝一番にその人の机にちょっとしたお菓子を置いておくことで、その人を元気づけることができるかもしれません。花束が彼らの一日を変えるかもしれません。それをしたのがあなたであることを伝える必要はなく、思いやりをもって、ただ行うのです。もしもあなたの近くに一人暮らしをしている老人がいたら、緊急時のために、その人にあなたの電話番号を教えてみてもよいかもしれません。自分がそうしたということを、他の誰かに教える必要はありません。思いやりと共感をもって、ただただ与えてみるのです。もし今日誰かが助けを求めているのを見かけたら、手を差しのべてみてはどうでしょうか。もう一度言いますが、あなたがやりたいと思うまで待つ必要はありません。この行動自体を瞑想の練習とみなしてやることが、自分の反応を探って学んでみる良い機会であるのです。そうした行動をとることが、あなたの身体にどのような影響を与えるか見てみましょう。自分がどのように感じたかということを心に留めておきましょう。

## アインシュタインの才能と智慧

　本章では、自分自身と他人に対する思いやりを育ててきました。読んでいるだけでも、思いやりをもつことに対する自分の中にある、ある種の抵抗に気づいたかもしれません。心の奥にある信憑性のない噂に気づくようになったかもしれません。その噂は、もし自分がもっと思いやりをもって心を開くようになってしまうと、自分は闘わなくなり、競争力を失いダメになってしまう、と言うのです。

　アルバート・アインシュタインは、それ以前の多くの科学者や哲学者と同じように、日常生活の中での優しさ、思いやり、好奇心を常に重視していました。アインシュタインは、こうした優しさ、思いやり、好奇心、それ自体を素晴らしいものだと考えていましたが、それらのおかげで、自分の思考がより明確になったり、生活や仕事がより良く、より生産的になることも知っていました。アインシュタインは、自分や他者に対して厳しくすることが成

功につながるとは考えませんでした。私たちは成功の理由を、より穏やかで合理的な思考をしたからだと考えるのではなく、頭の中の厳しく激しい声にしたがったからだと勘違いしがちであることをアインシュタインは知っていたのです。アインシュタインは次のように書いています。

　人間は、私たちが宇宙と呼んでいるものの一部に過ぎず、限られた時間と空間にしか存在していません。私は、自分の思考、感情は、それ以外のものとは別のものであることに気づきました。つまり、思考や感情は、一種の自分の意識の光学的偽物であると考えたのです。この偽物は牢獄のようなもので、それによって、自分の望みや自分に最も親しい人とのつながりが断たれてしまうものなのです。私たちがやるべきことは、自分や他者に対して思いやりの輪を広げ、すべての生物やあらゆる物事に思いやりをもって、この牢獄から抜け出すことなのです。このことを完全に達成できる人はいませんが、このように努力し続けること自体が、牢獄から自由になることにつながり、心の安定の基盤となるのです。[*16]

# 第11章
# 第7週　ダンスをやめたのはいつ？
Mindfulness Week Seven: When Did You Stop Dancing?

　夜11時半、マリッサは呼吸空間法をするのに必死でした。今日こそ呼吸空間法が必要だったのです。彼女は落ち着いて深く眠りたかったのですが、瞑想を始めるとすぐに、隣の部屋にある携帯のメールの着信を知らせる振動に邪魔されていたのです。「マリッサ、部門予算の年末計算を再確認しましたか。リアンより」という職場の上司からのメールだと見当がついていました。

　マリッサの上司は決して休まない人間でしたが、他の人も当然そうすべきと思っていました。マリッサは、上司リアンの対応に困り果てていました。リアンは、仕事とそれ以外の生活を分けないタイプの人間でした。彼女は毎日12時間働き、夜な夜な部下にメール攻撃をしていました。マリッサの上司は常にスマートフォンを持ち、「エンパワーメント」「クロスカッティング戦略」「既成概念にとらわれない考え」など専門用語を駆使する、まさに歩く「マネージメントの教科書」でしたが、その知識を実践で役立てることができていませんでした。とりわけ、部下の管理に関してはまったくでした。同僚には機嫌が悪く、攻撃的で感情的にしか見えませんでした。さらには効率が悪く、忘れっぽく、創造性に欠けるようにもなっていたのです。リアンの私生活も混乱していました。彼女の二番目の夫は最近出て行ってしまったし、経済やビジネスの代わりに、芸術や演技の勉強に没頭している17歳の娘に対しても絶望していました。ウォール街で高報酬のキャリアを得て、良い服と高価なワインに囲まれた生活を望まない娘に対して、彼女はただショックを受けていたのです。

　リアンを責めることは簡単ですが、忙しい仕事から抜け出せず私生活が崩壊してしまった彼女もまた被害者なのです。

　皮肉なことに、2年前にマインドフルネスに出会うまでは、マリッサもリア

ンと同じ問題を多く抱えていました。マインドフルネスとの出会いは、突然の洞察を得たようなものでした。数年来、不幸せな気分、ストレス、疲弊に見舞われた後、彼女はリラックスすることを知り、生まれ変わったのです。マインドフルネスは彼女の生活を限りなく改善させましたが、それでもリアンへの対応に関しては、いまだに強いストレスを感じることがありました。しかし以前より大分うまく、それらを処理することができるようになっていました。

マリッサは、再び呼吸空間法を始めました。彼女は首と肩が固まっていることや、こめかみの脈、呼吸が速く、そして浅くなっていることに気づきました。それは激しい重圧に耐えているサインであり、気をつけないとすぐに疲れ果てて、憂うつになってしまうという徴候でした。この数週間は特に大変でしたが、彼女は「消耗の漏斗」に再び引き込まれないよう固く誓っていました。

なぜなら、不幸せな気分や不安、ストレスといった生活の中で起こる多くの問題は、生活とエネルギーを徐々に枯渇させる消耗のスパイラルに陥ることにつながりうると、マインドフルネスのクラスで学んだからです（下図参照）。

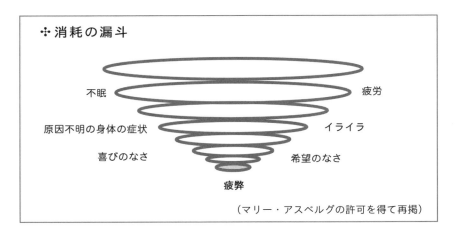

❖ 消耗の漏斗

不眠　　　　　　　　　疲労
原因不明の身体の症状　　イライラ
喜びのなさ　　　　　　希望のなさ
疲弊

（マリー・アスベルグの許可を得て再掲）

**消耗の漏斗**

ストックホルムのカロリンスカ大学教授マリー・アスベルグはバーンアウトについての専門家です。彼女は消耗の漏斗を使って、それがどのように起こるかを説明しています。

一番上の円は、完全にバランスのとれた生活をしているときを表しています。しかし、忙しくなると、重要なことに集中するために、それ以外のことを断念していきます。円が小さくなることは、生活の幅が狭くなることを表します。さらにストレスがあれば、より多くのことを断念し、円はより狭くなっていくのです。

　人は生活の中で、一番栄養を与えてくれる活動ではあるものの、必須ではないと思われることをまず断念する傾向があります。その結果、自分の資源を枯渇させ、自分に栄養を与えたり癒してくれることのない、仕事やストレスの原因だけが残り、疲れきってしまうのです。

　アスベルグ教授は、消耗の漏斗の下降を続ける人は、最も良心的で、仕事での成果を自己評価に深く結びつけるような、働き者で熱心な労働者に多く見られると言っています。図はマリッサが楽しい付き合いなどは必要ないと考えて、漏斗が狭くなり疲れ果ててしまった頃に経験した、症状の蓄積の連鎖を示しています。すぐに解決しなければならない問題に集中することで、生活の円を狭めるように漏斗は作られています。

　漏斗を下降しながら徐々により多くの（必須ではないと思いがちな）楽しみを断念し、より重要な仕事などに時間を費やすようになります。さらに、下降するにつれて、より多くの栄養を与えてくれる活動をあきらめ、すっかり疲れ果てて、優柔不断になり、そして不幸せな気分になっていってしまうのです。そして、漏斗の底にまで落ち込んで、すっかり、昔の自分へと逆戻りしてしまうのです。

　消耗の漏斗に陥ることはとても簡単なことです。働きすぎたり忙しすぎたりするとき、生活を一時的にシンプルにして時間をつくりだそうとするのは、まったく自然なことです。一般的には、趣味や社会参加などをあきらめて、仕事に時間を費やすことになりますが、マリッサは、毎週行っていた合唱の練習をあきらめました。しかしこの合唱の練習が、彼女の心にどれだけ栄養を与えていたかを考えていませんでした。毎週の練習は、彼女の生活の中心となっていましたが、楽しみは欠かせないものではなく、無用なものと考えるようになりました。より重要なことがあれば、いつでも辞めるものだと思うようになったのです。仕事により多くの時間を費やしても、それは一時的なことのように思えるかもしれませんが、これがすぐに裏目に出ました。合

唱の練習という休息のない状態で、彼女は元気を失い、創造性や効率性をも失ってしまったのです。彼女は以前のように仕事をやり遂げられなくなり、時間もより長くかかるようになってしまいました。

　仕事のためにさらに時間をつくろうと、彼女は、毎月参加していた読書クラブも断念することにしました。なぜなら、これまで貪るように本を読んでいた彼女には、もう読書のための時間など残されていなかったからです。

　このことが裏目に出てしまい、仕事の効率がさらに悪くなりました。その後数か月間は、仕事の重圧が彼女の生活をさらに窮屈にしてしまいました。今度は9歳の娘を放課後クラブに通わせ、2時間程度勤務時間を延長したのです。しかし、これにもまた予期しない落とし穴がありました。まもなく彼女は、娘の面倒をみてやれなくなったことに罪悪感を抱くようになったのです。罪悪感はしばしば彼女の睡眠を邪魔し、いっそう仕事の効率が悪くなっていきました。

　そこで、上司リアンがマリッサに提案した解決策がノートパソコンだったのです。これで、娘が大好きなテレビ番組を見ている間にも、マリッサは仕事ができるようになりました。マリッサが夜中までスプレッドシートを分析したり、忠実に仕事をこなしていることが上司に分かるように、メールをガンガン送ったりするようになったことは想像のとおりです。その後もまた、彼女が何か別のことをあきらめなければならなかったのは言うまでもありません。それは食生活でした。

　マリッサと娘のエラは、時々テイクアウトの料理を持ち帰って食べるのが好きでしたが、この頃からそれが続くようになり、脂っこく味の濃い、栄養価の低い食べ物に飽きてきていました。料理時間を節約するため、健康的な食事がとれなくなっただけではありません。気づかぬうちに会話までも失ってしまっていたのです。育ち盛りの娘とのキッチンでの長い会話は消え、コマーシャル中に連続ドラマの出演者の噂話などをまれに交わす程度になってしまいました。マリッサは嫌いになってしまった仕事のために、彼女の大好きだった栄養を与えてくれる活動を徐々に、そして最終的にはすべて断念していったのです。仕事が好きだったのは、すっかり昔のことになってしまっただけでなく、仕事は彼女にとって罠となり、生活を枯渇させ、彼女を疲れさせ、だんだん不幸せな気分にしてしまう存在へと変わってしまいました。

しかし、彼女の上司リアンは、さらにスマートフォンという解決策を打ち出してきたのです。彼女はベッドの中でさえ、やろうと思えば仕事ができるようになってしまいました。初めのうちは、高性能なメールや文書を一日中交換できることにわくわくしました（リアンが、新婚旅行で仕事の報告書をスマートフォンで完成させ送信したことが原因で、彼女の2回目の結婚生活が怪しくなってきたことをマリッサに打ち明けたことがありましたが、それはさておき）。

マリッサは再び元気と力を取り戻したように思いましたが、それも2、3週間だけでした。上司たちが、より遅くまで働くことを競い合っているということ、夜中にメールを交換することが、同僚や上司にとって重要だということが明らかになりました。マリッサは疑問を感じながらもその罠からどうやったら抜け出せるのか分からずにいました。

最後にマリッサを自由へと解放してくれたのは、彼女が働いていた病院の作業療法士でした。その作業療法士は臨床試験の一部として、瞑想によって、ふだん精神的に健康な人が仕事上のストレスを軽減し、より幸せでリラックスできるかどうかを見るために、マインドフルネスのコースを実施していました。コースを始めてからすぐに、マリッサと作業療法士は、マリッサの精神状態がかなり不健康であることに気づきました。開始前のインタビューで、よく起こるストレス症状のチェックリストを渡されましたが、マリッサはほとんどの項目が該当することに気づきました。具体的には、以下のようなものです。

- 機嫌が悪くなったり、イライラすることが多くなっている。
- 社会参加が減っている、または人に会いたくない。
- 封書の開封、請求書の支払い、電話をかけなおすなどの用事をしたくなくなる。
- 疲れやすくなっている。
- 運動をやめている。
- 締切を延ばす、または締切に間に合わない。
- 睡眠習慣の変化（睡眠時間が長く、または短くなった）。
- 食事習慣の変化[*1]。

あなたにも当てはまることがあるでしょうか。

一見、マリッサは多忙で有能なビジネスウーマンの体をうまく保っていましたが、内面の深いところでは、過労でボロボロになっていたのです。最初、彼女は、自分に問題があることを信じようとしませんでした。夜に2、3日よく眠れれば大丈夫と思っていました。彼女が学んだ瞑想により、彼女はよく眠れるようになりましたが、マインドフルネスのそれ以外の効果も見られるようになり、マリッサは自分が崩壊寸前まで来ていたことに気づいたのです。

## 遊ばずに仕事だけ？

マリッサが消耗したときの経験からも明らかなように、ただリラックスできる、または楽しいというだけでなく、もっと深いレベルで私たちに栄養を与えてくれる活動もあります。それらは生活上のストレスや過労から回復する力を与えてくれるだけでなく、生活のより美しい部分の微妙なニュアンスも敏感に感じとれるようにしてくれます。それ以外の活動は、私たちを枯渇させるものです。私たちを枯渇させる活動は、エネルギーを消耗させ、人生のジェットコースターを急降下するように、私たちをより脆弱にしていきます。また、人生を十分に楽しむ力を蝕んで、急速に私たちの生活を独占していってしまうものです。プレッシャーを感じるとき、私たちは、自分に栄養を与えてくれる活動を徐々に、そしてほとんど無意識のうちに断念し、その結果、消耗の漏斗の中心へと放り込まれることになってしまうのです。

あなたの生活のどれぐらいが栄養を得られる活動にあてられ、どれぐらいがエネルギーを消耗させる活動にあてられているか、少し考えてみてください。まず、ふだん行っている活動を思い浮かべてみましょう。思い出すために目を閉じても構いません。一日中同じことをして過ごしているとしたら、活動をより細かく分けてみてください。たとえば、同僚と話をする、コーヒーを淹れる、書類を整理する、文書を作成する、ランチを食べる、などです。夜や週末には、ふだんどのようなことをして過ごしているでしょうか[*1]。

次に、次の空欄にふだんしている活動を10〜15個ぐらい書き出してみてください。

| ふだんする活動 | ＋／− |
|---|---|
|  |  |
|  |  |
|  |  |
|  |  |
|  |  |
|  |  |
|  |  |
|  |  |
|  |  |
|  |  |
|  |  |
|  |  |
|  |  |
|  |  |
|  |  |
|  |  |

リストができたら、次の質問に答えてください。

1．書き出した活動の中で、あなたに栄養を与えてくれるものは何でしょうか。気分を盛り上げ、元気を与えてくれ、落ち着いて集中できるものはどれでしょうか。ただそこにいるというだけでなく、実際に生きている、いきいきとしていられるという感覚を与えてくれるものはどれでしょうか。それが栄養を与えてくれる活動です。

2．書き出した活動の中で、あなたを枯渇させるものはどれでしょうか。あなたを落ち込ませ、エネルギーを消耗させ、緊張したり未熟だと思わせるものはどれでしょうか。生きている、いきいきと存在しているという実感を失わせ、ただそこにいるだけという感覚をもたらすものはどれでしょうか。そ

れが枯渇させる活動です。

　次に、それぞれの活動の右側に、栄養を与えてくれるものには"＋"、枯渇させるものには"－"と記入して表を完成させてみましょう。どちらにも当てはまる場合は、初めに感じたとおりに記入してください。選べない場合は、＋／－または－／＋と記入してください。「状況によって……」と思うかもしれませんが、そんなときは、「どんな状況によるのか」ということを知ることが効果的かもしれません。

　この練習の目的は、あなたにショックを与えたり、不安になってもらうことではなく、生活の中で栄養を与えてくれるものと枯渇させるもののバランスを理解してもらうことです。栄養を与えてくれる一つの大好きな活動が、いくつかの枯渇させる活動を相殺するほどのパワーをもつことがあるので、それぞれの数が同じである必要はありません。しかし、枯渇させる活動とのバランスをとるためには、栄養を与えてくれる活動を少なくともいくつかは用意するほうが賢明です。長風呂に入る、読書をする、しっかりと散歩する、大好きな趣味にふける、など簡単なことで構いません。「遊ばずに仕事ばかりしているとなまけ者になってしまう」ということわざがありますが、他の文化圏でも同じような言い習わしがあることでしょう。医者が「元気がなくなったのはいつからですか？」と聞く代わりに、「ダンスをやめたのはいつですか？」と聞く文化圏もあるようです。

## ダンスをもう一度

　生活のうちのどれほどの時間が、枯渇させる活動に費やされているかを知ることも大事ですが、枯渇させる活動を減らしたり、または栄養を与えてくれる活動に、もっと時間を使うための行動をとることも大事なことです。マインドフルネスコースの第7週の焦点は、栄養を与えてくれる活動と、枯渇させる活動のバランスをとるための行動を起こすことです。

### ステップ1　日常生活のバランスを調整する

　先ほど作成した表の、栄養を与えてくれる活動と枯渇させる活動のバラン

スをどのように調整するか、数分間よく考えてみてください。家族や信頼できる同僚など、生活を共有している人と一緒に考えてもよいでしょう。

　生活の中には、今すぐには変えられないこともあります。たとえば、仕事が一番の問題だったとしても、経済的な理由から辞められない（たとえそれが最も適切な解決方法だとしても）といったようなことです。もし根本的に状況を変えることができない場合、選択肢は二つあります。一つは、栄養を与えてくれる活動に費やす時間と試みを増やし、枯渇させる活動に費やす時間と努力をできるだけ減らすことです。二つ目は、枯渇させる活動を違ったやり方で取り組んでみることです。それがとても退屈で不快なことだとしても、しっかりと向き合う練習をするためです。それらを評価したり排除したいと願うのではなく、十分にマインドフルになれるようトライできるかもしれません。一瞬一瞬、より多くの時間、今にとどまり、あなたが欲するものや必要な物事についてマインドフルな決断をすることで、日々過ごす中で起きる良いことも悪いことも徐々に受け入れられるようになるでしょう。また、幸せや満たされる感覚を得られる思いがけない方法を見つけられるかもしれません。

　ベスの場合を見てみましょう。彼女は大きな銀行の事務員でした。彼女によると、いつもやらなければならないことが次々とあふれていたそうです。リラックスしたり、一人で深く考えたりするような時間はありませんでした。自宅での数週間のマインドフルネスの練習で、彼女は自分の日々の忙しさにより注意を払うようになりました。そして、最も多忙なときでも、小さな隙間があることに気づいたのです。たとえば、行方不明のファイルを探すために他部署へ電話やメールで問い合わせるのに多くの時間を費やしているときなどです。彼女は何度も電話やメールをしていましたが、相手はなかなかつかまりませんでした。この、誰かからの返信を待つことが、彼女の仕事の中で最もいらだつことでした。彼女はそんなとき、「なぜ彼らは私みたいにデスクに座って仕事をしないのかしら！」と怒りながらつぶやいていました。

　その瞬間、彼女は今こそ自分を取り戻すときであること、自分を落ち着かせ自分を取り戻すための静寂の瞬間であることに気づいたのです。彼女は、このちょっとした時間を使って、ミニ呼吸空間法を行い、精神的な混乱から一歩距離をとれたのでした。そして他にも、たとえば、毎朝パソコンが立ち上がるのを待っているときとか、自販機の飲み物ができ上がるのを待ってい

るとき、会議室まで歩いているとき、昼食のサンドイッチを買うために並んでいるときなど、混乱している状態から一歩引く時間がたくさんあることに気づきはじめたのです。それまでは、マインドフルネスの練習は、昼食時や外でコーヒーを飲みながら行うのが一番と考えていました。しかし今では、一日の中で自分の思考や感情、習慣を変えるためのほんの少しの時間を探せることが分かってきたのです。栄養を与えてくれる活動の時間を劇的に増やしたり、枯渇させる活動に費やす時間を減らしたりする必要はなく、避けることのできない枯渇させる活動との関わり方をただ変えるだけなのです。そして彼女は、最も忙しい日でも、穴を開けることさえできない壁のように思えていた仕事の壁に割れ目を発見できるようになったのです。

彼女自身のやり方で、ベスは自分の体験から逃げたり避けたりするのではなく、それに向き合う方法を見つけ出したのです。これもまた、あなたが学んできたマインドフルネスです。日々の難しい局面をあなたの信条や期待とともに受け止め、それに寄り添うことです。まさしくこれが、これまで6週間、身体の感覚、感情、そして思考に注目した練習で学んできたことなのです。

さて、いよいよあなたの生活で枯渇させる活動と栄養を与えてくれる活動のバランスを改善するための、あなた自身のマップを描く時間です。空欄にバランスを改善するために行うことを、できれば5つ書き出してください。今すぐに5つ思いつかなくても、後で思いついたときに書けば大丈夫です。この練習で大事なことは、生活の小さなことに焦点を当てるということです。「仕事を辞める」とか「登山する」などと書かないようにしてください。できるだけ簡単に達成できることを選んでください。たとえば、「2時間おきにコーヒーブレイクする」「運転せずに、歩いて子どもを学校に送る」「週一回テイクアウト料理を減らして自炊する」などです。次に枯渇させる活動についても小さく分けてみてください。食器棚または机上を「きれいになるまで整理する」代わりに、「5分間だけ整理する」というのでもいいでしょう。あるいは、就業時間ギリギリまでメールの返信に追われて、その後の予定に遅れてしまうのではなく、15分早くパソコンの電源を切って、翌日の業務予定を考える時間にするなど、仕事の終わり方を変えるのもいいかもしれません。時間に余裕があるだけで、枯渇させる活動にも上手に対応できることがあることを覚えておきましょう。また、枯渇させる活動の前後にちょっと

した休みがとれるか考えてみましょう。それから枯渇させる活動や栄養を与えてくれる活動は、人それぞれですから、他人と比べずに、自分自身の生活の中から考えてよいということを忘れないでください。

> 以下の方法で、栄養を与えてくれる活動と枯渇させる活動のバランスを変えようと思います。

_____

_____

_____

_____

　中でも最も大切なことは、栄養を与えてくれる活動と枯渇させる活動のどちらをしているときも、特にそれらのバランスを意識的に変えているときも、マインドフルでいられるかということです。とても小さな、あまり重要でない変化が、あなたの考えや気分をどのように変えるのか、また、あなたの身体にどのような影響を与えるのかを感じとってみてください。

　頻繁に、週一回程度は、このリストを再確認するといいでしょう。気持ちが落ち込んでいるときは特に大切です。小さな変化を感じられればよいということを忘れないでください。

　道理的で利他的な理由から、栄養を与えてくれる活動と枯渇させる活動のバランスを変えることを避けたり後回しにしたりする人もたくさんいます。たとえば、「母親、キャリアウーマン、妻、主婦としてやりくりしている私に、自分のための時間なんてありえないわ」という人もいるでしょうし、職場や家庭で大きな計画などに携わっていれば、「今は無理だから、この計画が終わってから……」という人もいるでしょう。

　表面的には、この取り組みは道理にかなっているように見えますが、長い目で見たときに本当にそうか、検討してみましょう。結局は、私たちが自分たちの生活のバランスを変えない限り、あらゆることの効率がどんどん落ちていくのです。そして、喜びを失い、眠れず、愚鈍にもなっていくでしょう。下に

挙げるのは、生活のバランスを変えない人たちからよく聞かれる理由です[*1]。

- 仕事に行くなどのように、どうしてもやらなければならないことがある。
- 頑張り続けなければ、遅れをとってしまう。
- 職場で弱みを見せるのは恥ずかしい。
- 自分のために時間をとるように、教育されていない。
- 他人や仕事に対する義務を果たさない限り、自分が喜ぶことをしてはいけない。
- たくさんの責任を負っているから、自分のことを優先できない。

　上のような理由があなたにも当てはまるようなら、こうした理由の多くが、中庸がなく白か黒かで決めつけてしまう古くからの習慣にとらわれた結果、生まれてきていることに気づくでしょう。マインドフルネスは、極端に走らず、繊細だったり、そうではない方法などで、あなた自身に栄養を与えてくれるクリエイティブな方法を見つけてくれます。ベスのように、一日の中でちょっとした時間を見つけることから始めるのがよいでしょう。そして、そのうちに栄養を与えてくれる活動と枯渇させる活動のバランスを上手にとれるようになれば、あなたを含めたすべての人にとって一番良いことになるのです。

　栄養を与えてくれるものと枯渇させるもののバランスを、正確に把握することはもちろん大切なことですが、そこには、それ以外にももっと深い意味があるのです。まず最初に、あなたの行動と気分の関係を知るのに役立つということがあります。不幸せな気分のとき、ストレスがあるとき、あるいは疲れ果てているときには、それに対して自分ができることは何もないと心の底から感じてしまいがちです。まるでセットポイントをとられたときのようです。もしストレスの中で、お手上げだと感じれば、何もできないと考え、さらにストレスが溜まるのです。そしてそこで止まってしまうのです。同様に、疲れ果てているときや、エネルギーを使い果たし活力を失っているときにも、「これが当たり前なのだ」とか「この状況は変えられない」と感じることでしょう。

　しかし、毎日の生活のバランスをどのように整えるかを考えるための時間をとることで、こうした考えが、ただの考え——考えが正しいのかどうか吟

味さえさせないようにする「プロパガンダ」──にすぎないということを思い出させてくれるのです。

　さらに、もし栄養を与えてくれる活動と枯渇させる活動のバランスが変わったときに、そのことにより簡単に気づければ、気分が悪くなる際のサインをいち早く知ることができます。またバランスのとれた幸せな生活に戻るためのマップとしても役立ちます。どの活動が栄養を与えてくれるか知っていれば、不幸せな気分でストレスが溜まり、疲れていると感じはじめたときに、もっとその活動を増やすことができるのです。また、気分が悪くなっていると感じたときに、すべき活動を選ぶ際のメニューにもなりえます。慢性的な不幸せな気分、ストレス、そして疲弊はあなたの決断力を奪ってしまうので、このマップはとても重要なものかもしれません。そのような不測の事態に備えておけば、少しの気分の落ち込みは、苦悩への踏み石ではなく、より大きな幸せへの踏み台となるのです。あなたを枯渇させるネガティブな考えは、この騒々しい世の中を生きていく上で避けては通れないものですが、だからといって、わざわざそれに傾倒する必要はないのです。

[ 第7週の練習 ]

　来週までの7日間のうちの6日間、三つの瞑想を続けてみてください。今週は、これまでのように指示どおりの瞑想を実行してもらうわけではありません。以前に試したことのある二つの瞑想を、CDからあなた自身が選んで、瞑想実践の計画を立ててください。

　一つは、あなたが実際にリラックスできたものとか、世の中についてただ良い気分を感じられたものなど、栄養を与えてくれる効果を実感できた瞑想です。もう一つは、難しかったとか、くり返せば効果が得られるかもしれないといったような理由で、一、二度試したけれどもうまくいかなかった瞑想です。二つの瞑想に20〜30分使ってみてください。

　一つ目の瞑想については、CDを聞きながら、または一日の別の時間帯にも行ってみてください。二つ目の瞑想の順番は気にしなくても大丈夫です。CDまたはMP3プレイヤーに、二つの瞑想のプレイリストを作成しておくとよいかもしれません。そして、大切なことは、些細なこ

とではなく、瞑想するときの気持ちなのだということを忘れないようにしてください。

　まずは、やってみようと思う瞑想を二つ書いてください（時間をかけてじっくり考えても構いません）。

1. ＿＿＿＿＿＿＿＿＿＿＿＿＿＿＿＿＿＿＿＿＿＿＿＿＿＿
2. ＿＿＿＿＿＿＿＿＿＿＿＿＿＿＿＿＿＿＿＿＿＿＿＿＿＿
3. ３分間呼吸空間法（一日の特定の時間に２回、そして必要なとき —— 119ページ参照）

## ステップ２　呼吸空間法の次にすること

　この章の最初のテーマは、枯渇させる活動と栄養を与えてくれる活動のバランスに気づくということ、そして両者のバランスを最適化するということでした。二つ目のテーマは、具体的な行動と３分間呼吸空間法を組み合わせることで、素早く、意味のある感じ方ができるようになることです。呼吸空間法は、気づきをより広がりのあるものにするだけではありません。呼吸空間法は、あなたがより適切な行動をとるための強力な踏み台の役割も果たすのです。

　マインドフルネスの練習ですでに経験したかもしれませんが、常に色メガネで見てきたこの世界が、だんだんと明確になり、そして現実をよりはっきりと見渡せるようになっていることに、気づくかもしれません。瞑想によって、しっかりと地に足をつけることができれば、適切な行動をとる準備ができているということです。そこで今週は、ストレスを感じたとき、いつものようにまず呼吸空間法を行い、次にどのような行動をとるべきかを考えてみましょう。ここで言う行動は、ビジネス的にも、またプライベートの意味でも、特に生産的である必要はありません。ただし、適切でふさわしいと感じる行動でなければなりません。衝動的であったり習慣的であったりするものではなく、あなたの生活の質を積極的に高めてくれる行動でなければなりません。

　これまで見てきたように、ただマインドフルに状況そのものが自然に改善

するのを待つことが最適な行動であることがしばしばあります。しかし、特に今週は、ちょうど行動実験を行うように、特定の行動に注意を向けてみて欲しいのです。これらの行動を必ずしも「やりたい」と思う必要がないことを覚えておいてもらうために、「行動」という言葉をあえて使います。なぜなら、気分がすぐれないときには、モチベーションのプロセスが、通常とはまったく逆になっていることが、研究で明らかになってきたからです。ふだん私たちが何か行動を起こすとき、行動より先に、まずそれをやろうという気持ちが起きています。しかし、気分が落ち込んでいるときには、先に何か行動を起こさなければ、モチベーションは高まらないのです。行動に伴ってモチベーションが高まるのであって、モチベーションがあるから行動するわけではないのです。たとえば、「疲れているから楽しめそうにない」という理由で、友達と出かける約束を危うくキャンセルするところだったけれど、実際に行ってみると予想外にとても楽しめた、というような経験はないでしょうか。私たちはこのようなことを何度も経験しているはずなのに、不思議なことに同じことを何度もくり返してしまうのです。それは、気分が良くないときには、強力なプロパガンダが、過去の楽しかった記憶へのアクセスを阻害し、何か行動するタイミングではないと私たちに語りかけてくるからです。これらをまとめると、疲れているとき、不幸せな気分のとき、ストレスが溜まっているとき、不安なときに、やる気が出るまで行動するのを待つことは、最も賢いやり方はないということです。そうではなく、まずは行動を起こす必要があるのです。

**気分が落ち込んでいるときは、行動することでやる気が起きてきます。
いつもとは逆なのです。
まずは行動すること、そうすれば、やる気もついてきます。**

ですから今週は、ストレスを感じて呼吸空間法をした後、少し立ち止まって自分に問いかけてみてください。

- いま自分に必要なことは何か。
- どうすれば、今自分を大事にしてあげられるだろうか。

適切に行動するための三つの選択肢があります。

- 自分が楽しいと思うことをする。
- 満足感や達成感を得られることをする。
- マインドフルに行動し続ける。

なぜ上記の三つなのでしょうか。それは、疲労とストレスがあなたの生活の質を最も蝕み、ここに挙げた、楽しみを受け入れる余裕、仕事で好調を維持する力、そしてマインドフルでいようとする気持ちに著しく影響をおよぼすからです。それぞれ順に見てみましょう。

**・楽しいと思うことをする** 疲弊、ストレス、そして気分の落ち込みを感じることで、純粋に生活を楽しめなくなり、生活に喜びを見いだせない「快楽の消失状態」へと陥っていきます。まるで、あなたと喜びの間が、濃い霧のバリアで遮られているかのようです。かつての楽しみを失い、価値があると思えるものがなくなってしまうのです。研究によると、脳の「喜びを感じる部分」が、それらを活性化していた刺激に対して鈍感になってしまうからです。そのため、鈍感になってしまった回路を再生させるためにマインドフルな行動をとり、かつて楽しんでいた、あるいは今楽しめそうだと思う活動を選び、そしてそれらがあなたに喜びをもたらすかどうかを知るために、試しにやってみることから、少しずつ取りかかっていくのです。

**・達成感またはコントロール感を高める** 不安、ストレス、疲弊、そして不幸せな気分は、あなたの生活のコントロール感を減退させます。長年の研究によると、生活の一部がコントロールできないと、まるでウイルスのように生活の他の部分にまで影響がおよぶと言われています。そして、「もう何もできない」「力が出ない」と無力になってしまうのです。

この「無能ウイルス」はとても強力で、小さなことにも影響をおよぼします。その結果、手紙を投函したり、請求書の支払いをしたりすることすら、それがたとえ5分もかからない用事であったとしても、したくなくなってしまうのです。そのウイルスは、あなたを毎日責め続け、うまく対処できていない

ことを思い出させます。小さなことがだんだんと積み重なり、最後には、生活の最も奥深いところまでコントロールできなくなってしまうのです。ですから、少しずつで大丈夫なので、あなたができる小さな行動を選び、それを達成していくことが重要です。そうすることで、自分が思っているほど無力ではないということが、心の底から分かってくるのです。

• **マインドフルネスを強化する**　このコースで毎週見てきたように、ストレスを感じたとき、あなたを助けようとして「することモード」が活性化されますが、皮肉なことに、それによって、ストレスと疲労が引き起こされる結果となるのです（そしてさらに「することモード」が活性化されるのです）。「することモード」が活性化すると、生活が窮屈になる、考えすぎや過剰な努力、「弱さ」の抑圧、自動操縦、マインドレスな食事、マインドレスな歩行、そして生活すべてがマインドレスになってしまうといった副作用が起きます。そこで今週は、呼吸空間法の後に、これまでとは違ったやり方をとってみます。マインドフルに行動し、感覚に戻ってみるのです。目で何を見ているのか、耳で何を聞いているのか、どんな匂いがするのか、何に触れられるのか、どんな姿勢なのか、どんな表情なのか、ここに何があるのか、マインドフルな気づきの瞬間があったか、など。

## 具体的に行動を選択する

　最も適切だと思う行動を選んでください。下にいくつかのアイデアがありますが、それ以外のことでも結構です。ベストだと自分が感じることをしてみてください。興味本位でも構いません。ただし、奇跡が起きることを期待しないでください。自分が計画したことをしっかり実行できるかどうかを見てみます。状況が劇的に変化することを期待して、自分に余計なプレッシャーをかけることは現実的ではありません。その行動をしたいかしたくないかにかかわらず、実行に移します。むしろ行動そのものが、あなたの喜び、コントロール感、マインドフルな気づきといった全体的な感覚を、気分の変化という形で、再構築してくれるのです。

## 1. 楽しいことをしましょう[*1]

- **身体に優しくしましょう**　心地良い熱めのお風呂に入る／30分以内の昼寝をする[*2]／罪悪感を感じずに好きな食べ物を食べたり、好きな温かい飲み物を飲んだりして自分をいたわる

- **楽しめる活動をしてみましょう**　散歩する（犬の散歩）／友達を訪ねる／趣味のために必要なものを集める／ガーデニングをする／運動をする／しばらく連絡をとっていなかった友達に電話をかける／好きな人と一緒に過ごす／ケーキを焼く／買い物に行く／面白くて楽しいテレビ番組を見る／映画を観に行く／楽しめる読書をする（かたい内容ではなく）／長い間聴いていなかった音楽を聴く／前章の「習慣を手放す」の中から一つ選んでやる。

下のリストにどんなことを記入できるでしょうか。

| 身体に優しいことをする | 楽しめる行動 |
| --- | --- |
|  |  |
|  |  |
|  |  |
|  |  |

## 2. 熟達感、満足感、達成感またはコントロール感が得られることをしましょう[*3]

　こういった行動が、疲労を和らげるのではなく、逆に疲労を増してしまうように思えて、こうした行動をとることが難しいときがあります。そんなときは、小さな行動を試しにやってみることをおすすめします。行動の後で自分がどのように感じるかを予測しないようにしてください。その行動がどんな方法で役に立つかは気にしないでください。

　具体的な例としては、以下のようなものです。家の掃除をする／食器棚や引き出しの整理をする／お礼の手紙やしばらく連絡をとっていなかった人への挨拶の手紙を書く／請求書の支払いをする／後回しにしてきたことに手を

つける／運動をする。これらの行動を小さなステップに分けて、一度に一段階ずつやってみてもよいでしょう。選んだ行動を、たとえ一部でも完了できたとき、自分をほめてあげるのが特に大事です。たとえば、部屋の掃除を10〜20分しようと決めたのに、5分しかできなかったとしても、です。この行動によって得られる満足感、達成感、コントロール感を味わってください。

下のリストにどんなことを記入できるでしょうか。

| 達成感、満足感、やり遂げた感じ、コントロール感を感じられる行動にはどのようなものがあるでしょうか。 |
| --- |

_____
_____
_____
_____
_____
_____
_____

## 3. マインドフルに行動しましょう[*3]

何をしていても、ひと呼吸する時間さえあれば、マインドフルネスは十分に実践できるものです。今まさに取り組んでいることに、すべての集中力をただ注ぐだけなのです。こんなふうに、今この瞬間に気持ちを集中させることができるか見てみましょう。「今、私は列に並んで立っています……。今、私は手にかごを持っています……。今、私は前に進みました……。今、私はバッグを取ろうとしています……。」他のことをしながら自分の呼吸に気づき、立ちながら、そして歩きながら、自分の足と地面とが触れていることに気づいてください。マインドフルネスを実践していることを誰にも気づかれることなく、あなたの一日を変えることができるのです。

あなたがやりたいかやりたくないかにかかわらず、あなたのやり方を少し変えることで、感じ方を根本的に変えられることはよくあることです。わずかに前に進むことで、再び力が湧いてきて、ストレスが消え、気持ちが上向いてきます。たとえば、ちょっとした散歩は疲労を和らげ、一杯のお茶を飲むことで気持ちが上向き、好きな雑誌を10分間読むことでストレスを減らすことができるかもしれません。マインドフルな行動は、危機的な状況で感じるひどい不安を和らげるのに、何が最も有効かを見つけるのに役立ちます。それらの行動は、あなた固有のものかもしれませんし、しばしば取るに足らないほんの小さなステップにしか見えないものかもしれません。しかしながら、これらの小さな行動を呼吸空間法と組み合わせることで、とても重要で大きなパワーをもった何かが生み出されるのです。これは、私たちが、それぞれ自分自身で体験して感じとらなければなりません。つまり、この話を何千回聞いても、どんな科学的なエビデンスを見せられたとしても、実際に自分自身で感じない限り、力を発揮しないのです（下記「マインドフルネスの鐘」を参照）。そしてこれが第7週の狙いの核心なのです。

ほんの小さな行動が、あなたの世界への関わり方を<br>根本から変えていくのです。

### [ マインドフルネスの鐘 ]

　ふだんの生活の中で、「マインドフルネスの鐘」、つまり立ち止まって、注意を注ぐことを思い出させてくれる行動をいくつか探してみましょう。下に挙げるのは、あなたが鐘を鳴らすきっかけにできそうな行動のリストです。このリストをコピーして、思い出すために冷蔵庫に貼っておいてはいかがでしょうか。

- **食事の準備**　食事の準備はマインドフルネスの良い機会になります——視覚、聴覚、嗅覚、触覚を使って、野菜やその他の食材を切るときのナイフの感覚や、野菜を切ったときに生じるそれぞれの香りに集中してみてください。

- **食事** テレビやラジオをつけずに、静かなところで食事をしてみましょう。食べ物にしっかり集中してください──色、形はどのようであるか、また食べ物がどのように自分の口にたどり着くのか、食べるという感覚はどのようなものか。最初の一口は、その後に比べてどれだけ楽に味わうことができるかを感じてみてください。四口目はどんな味でしょうか。
- **食器洗い** 感覚を探索し、今この瞬間に戻り続ける良い機会です。皿をすすぐこと、水の流れ、温度の感覚、など。
- **運転** 運転中、どこに注意を注ぐか決めてみましょう。次の会議のことなどに注意を向けようと決めたなら、それがあなたの決断です。運転以外の何かに注意を向けようと決めても、必要なときには、注意が素早く運転に戻っていることにも気づきましょう。ただし、実際の運転から注意が離れすぎていないか注意してください。一定の時間、運転に集中してみてください──すべての感覚、手や足の動き、目の動き、視野を近くから遠くへ移動する際の視覚の変化など。
- **歩くこと** 歩いているときの「生の」感覚に注意を向けましょう。いつ心がさまよい、いつ再び「ただ歩くこと」に注意が戻るか、に気づきましょう。
- **模範的な市民になる** 道を渡るとき、静かに立ち、呼吸に注意を向ける機会にしましょう。信号無視をしないで、歩行者用信号にしたがってみましょう。
- **赤信号** 静かに落ち着いて立ち、呼吸に気づきを向ける機会にしましょう。
- **聞くこと** 話を聞いている間、いつ、実際には話を聞いていないか──どんな返事を返そうかなど、他のことを考えているかなど──に気づきましょう。そしてもう一度しっかりと聞くことに集中しましょう。

## ストレスと疲弊に圧倒されるとき──マリッサが気づいたこと

マリッサはマインドフルネスを実践しているにもかかわらず、時々、人生

に押しつぶされそうな感情が突然湧き起こってくることに気づきました。すべてが順調でうまくいっているように見えていても、とても疲れていて元気が出なかったり、怒りや悲しみで気持ちがいっぱいになり、突然目覚めることがあるのです。

このようなことが突然起きるときはいつも、彼女自身の経験に由来する思考パターンが湧き出てくるのです。過去に気持ちが落ち込んだことがあるため、疲労がきっかけとなって、過去の思考の癖、特に、ダメージを受けたもの —— 過度に一般化された記憶や、この状態が永遠に続いてしまうという予測や、そして「自分はダメだ」とくり返し非難する考えなど —— が思い出されてくるのです。

これらの思考パターンは非常にしつこいものであるため、完全に忘れ去るのは難しいと彼女は感じましたが、しばらくして、これらのパターンには、共通する一つの重要な特徴があることに気づきました。それは、それらはすべて、栄養を与える活動をしようとする彼女のモチベーションをダメにしてしまうということです。「こんな気持ちだからといって、このままでいなければいけないわけじゃない」と、自分に言い聞かせることが有効だと気づきました。

「この落ち込んでいる状態を乗り切るために、自分にどんなことをしてあげられるだろう？」とマリッサは考えてみました。落ち着くために呼吸空間法を行いました。特に役立ったのは、第5週に行った実践でした。それは、気分がどのように身体の感覚に反映されるかを知ることから始めて、しばらく身体の中に注意を向ける実践でした。これにより、自分の状況を、より広い視野から眺められるようになりました。そして、広い視野をもつことによって、過去の思考の習慣がいかに大きな影響をもっているかということに気づくと同時に、彼女が取りうる、より適切な行動が何かということにも、同時に気づけるようになったのです。そうすることで、彼女は傷つきやすくなっているときの自分に、より適切に対応できるようになったのでした。

人生は毎日、あなたに限りない機会を与えてくれる。
立ち止まり、注意を注ぐ機会を。
今まさに、この瞬間にとどまっていることを思い出させてくれる機会を。

# 第12章
# 第8週　あるがままの尊い人生
Mindfulness Week Eight: Your Wild and Precious Life

気にかけることが重要である。
感じることが重要である。
気づくことが重要である。

――ロジャー・キース『北斎は言う』

　その昔、別の宮殿に移り住もうと考えた王がいました[*1]。王は、この機会を利用した敵から攻撃を受け、宝物が盗まれるのではないかと恐れ、信頼していた将軍を呼びつけてこう言いました。「将軍よ、私は一日で新たな宮殿に移り住まなくてはならない。おまえは長い間わしの信頼できる部下であり、軍人であった。この任務は信頼しているおまえ以外の誰にも頼むことができない。おまえだけしか、この宮殿と今度の宮殿とを結ぶ地下通路網を知らない。この任務を遂行し、私の最も貴重な宝をすべておまえ自らが運んでくれるならば、おまえと家族を自由にしてやろう。おまえを私に仕える身から解放してやる。そして、何年にもわたる忠誠に対する褒美として、おまえが安住できるように財産と土地を分け与えよう。そうすれば、おまえや子孫の代まで経済的に安定するだろう。」

　宝物を移す日が来ました。将軍は一生懸命働きました。彼は年をとっていましたが、それでも頑張りました。その任務は、一日で終える必要があったのです。それ以上の時間をかけるのは危険だったからです。残り数分のところで、彼は仕事を終わらせました。将軍が王に会いに行くと、王はたいそう喜びました。王は約束を守る人で、彼に、約束した宝物の一部や、国中でも有数の美しい肥沃な土地を与えました。

　将軍は自宅に戻って風呂に入りました。湯船に身体を横たえ、彼は達成し

たすべてのことを振り返りながらくつろいでいました。引退できること、これまで対応してきた案件、重要な任務を終わらせたということに、彼はとても大きな満足感を感じていました。その瞬間、彼はすべてやりきったという感覚を感じていました。

　この瞬間がどのようなものか分かるでしょうか。過去に物事がうまく運んだときなどに、もしかすると似たようなことを経験したことがあるかもしれません。やりきったという感覚、仕事をやり終えたという感覚です。

　目も回るくらい忙しい毎日を過ごす中で、最も難しいことの一つは、日々の生活の中で感じられる、ささやかな「達成感」を感じる余裕がなくなるということです。私たちは、しばしば仕事から仕事へと駆け回っているので、一つの仕事の終わりは、次の仕事の始まりに他ならないのです。その間、少し立ち止まったり、評価したり、やり遂げたことを実感したりする、ほんの少しの時間さえありません。それとは反対に、「自分は今日、何一つ達成していない」という自分の声を何度も聞くことになるのです。しかも、こうしたつぶやきは、仕事が最も忙しいときほど聞こえてくるものなのです。もっと別のアプローチはないものなのでしょうか。

　今はまだ、わずかにしか、また、おぼろげにしか達成感を感じられないかもしれませんが、もしあなたが達成感を育んでいくことができれば、「まだダメだ」「まだ幸せじゃない」「まだ満たされていない」などと言い続ける心に、今よりもうまく対処できるようになるかもしれません。あなたは、今のままで十分に大丈夫なのだということに気づけるようになるかもしれません。

　毎週行う実践の細部にどっぷり浸かっていくにつれて、全体の目標やプログラムの構造がだんだん見えなくなっていくかもしれません。そのような時に、あなたが実践してきたことを思い出させてくれるヒントを次に示しておきます。

　初期のセッションの目的は、フォーマル、インフォーマルなマインドフルネスの実践を通して、さまざまな形で「することモード」に気づいて、その代わりに「あることモード」を育てはじめる多くの機会を提供することです。注意は、いとも簡単に今ある心配ごとにハイジャックされてしまいます。そのため、初期の瞑想では、一つのものに持続的に注意を払う方法として、私たちがごく当たり前だと感じているさまざまな行動、食事の味や身体感覚、

呼吸、あるいはいつもの見慣れた光景の色や形といったものに意図的に注意を向けることが役に立つはずです。こうしたことから気が逸れるときの心のパターンを学び、頭の中の絶え間ないおしゃべりが感覚を鈍くし、今この瞬間から色や質感を失わせることを理解しました。また、判断や自己批判をせずに、何度でも何度でも注意の焦点を戻すことも学びました。この段階での中心テーマは、どのようにして、優しさをもって、意図的に、注意を向けるかということでした。心に一つだけのことを思い浮かべるという単純な行為の実践は、私たちの感覚を研ぎすまし、「することモード」が自己主張していることに気づく非常に多くの機会を与えてくれるのです。

　「することモード」は、間違ったものでも、追い払うべき敵でもありません。しかし、それが適切でない場面で自動的に働き、それを止められなくなると問題が起きるのです。そうすると、ヘトヘトになって問題がほとんど解決できないという状況になるまで、問題やプロジェクトについて考え続けるはめに陥ってしまうのです。仕事の計画や考えが頭から離れず、すべてを使い果たし、どうすればそこから抜け出せるのかが分からなくなってしまうのです。

　そのため、後半のセッションでは、意識を広げることに焦点を当てました。それは、日頃の暮らしの中で、慌ただしい日常生活のストレスが、いつ「することモード」を過剰に働かせはじめるきっかけになるのかを認識できるようにするためです。そして、「することモード」から離れ、「あることモード」に移行することを学んでいきます。多忙で、ストレスや過度な疲労によって圧倒されていると感じるときに、よりうまく対応するやり方を選びとる戦略を学んでいくのです。ここで中心となるポイントは、「することモード」から距離をとることです。そうすることで、あなたの心に打ち勝ち、自分や他の人に対して思いやりをもてるようになるのです。

　マインドフルネスの実践は、私たちに無理矢理「することモード」をやめさせるものではありません。必要なときに選択するスキルを私たちに与えてくれるものなのです。日々の生活の中のちょっとした瞬間にくり返し実践してきた「手放すことへの洞察」があれば、困難で不快な感情が湧き上がってきたときでも、その感情との間に空間をとり、必要に応じて、思いやりと勇気をもって、これらの感情を探索することができるようになるでしょう。

## 慌ただしい世界で安らぎを見つけること

　慌ただしい世界で安らぎを見つけることは、簡単なことではありません。あたかも、私たちの苦悩を最大化し、疲労困憊へと駆り立てるために、この世界が徹頭徹尾設計されているかのようでさえあります。ストレスや不安には抗しがたく、そして本格的な落ち込みには、まるで出口がないように感じることもあります。「世の中すべてが敵だ」と思ってしまうのは分からなくもないのですが、そのような姿勢は、私たちを縛ってしまうものでもあります。その考え方では、私たちが抱える問題の多くが、実は自分の生き方に起因しているという事実が無視されてしまっています。簡単に言うと、自分の殻に閉じこもってしまうのです。不安、ストレス、不幸せな気分、疲弊は、多くの場合、その奥にもっと大きくて深い不快感があることを示す徴候です。そういった感情は、どこか他から飛んできたわけではなく、自分自身と世界との関わり方から生じる徴候でもあります。それは、生活の中で何かまずいことが起こっていることを示す合図であり、注意を向ける必要のあるサインでもあるのです。

　もしあなたが、こうしたことをすべて受け入れれば、まったく違った生き方への扉が開かれることでしょう。人生を明日まで先延ばしにするのではなく、今この瞬間をしっかりと生き続けることを促す生き方への扉です。私たちにはみな、人生を先延ばしにする傾向があります。「週末には睡眠不足が解消されるだろう」「仕事が少し楽になったら子どもともっと関われるだろう」「夏になったらリラックスして必要なだけ休みをとろう」などといったことを、これまで何回自分に言い聞かせたことでしょうか。今この瞬間こそが、先週や先月、あるいは昨年、あなたが自分に約束した「未来」なのです。今という時間は、あなたがもてる唯一の瞬間です。このことに気づくことが、マインドフルネスなのです。「〜だったらよかったのに」という人生ではなく、あなたの手の中にある人生にはっきりと気づくようになることです。

　マインドフルネスは、人生をより良くするための心理療法の代替版や、新しいタイプの「セルフヘルプ」ではありません。過去を理解したり、常軌を逸した、あるいは間違った今の考え方を矯正する手法でもありません。人生に入ったひびにテープを貼ってごまかすのではなく、そのひびのパターンを

探索し、そこから学びを得ることなのです。マインドフルネスは、困難な状況を直接扱うわけではありません。その代わりに、困難な状況の奥底に潜んでいる困難の源に対して、鋭くも思いやりのある気づきをもたらしてくれるものです。マインドフルネスは、ふだん意識にのぼらない私たちの人生に関するテーマに対処するものです。また、そのテーマに気づいた瞬間、突如として驚くべきことが起きるのです。ネガティブなテーマが自然に解決しはじめるのです。永遠の格闘、視野が狭くなり思い悩むこと、自分の考えの中で道を見失うこと、自動操縦に突き動かされること、心に栄養を与えてくれることをあきらめてしまうこと、などはすべて、「することモード」が最大限に働いているときに起こることです。しかし、これらを私たちを打ち負かす敵と見るのをやめたとき、開かれた気づきによって、これらのすべては、溶け去っていくのです。

このことは科学的なデータでも証明できますが、本当の意味で、これを理解するためには、あなた自身が体験しなければなりません。

私たちは、たえず間違った夢を編み続けていますが、本当に編まないといけないのは、人生がうまくいかなくなったり、ダメになりはじめたときに使うパラシュートのほうです。マインドフルネスは、そんなパラシュートを編むことにもたとえることができます[*2]。しかし、破滅に向かって真っ逆さまに落ちている最中にパラシュートを編み込んでも間に合いません。私たちが毎日パラシュートを編まなければならないのは、いつでも緊急時に使えるようにするためなのです。マインドフルネスプログラムの最初の7週間は、このプロセスを味わいはじめるのに有用でしたが、第8週は、7週間分合わせたものに匹敵するほどとても重要なものになります。

第8週は、あなたの残りの人生すべてに関わるものです。

今回の課題は、マインドフルネスの実践を継続できる習慣として、日常生活の中に組み込んでいくことです。

[ 自分自身のパラシュートを作ること：慌ただしい世界
で安らぎを維持するためにマインドフルネスを使うこと ][*3]

　マインドフルネスは緊急用のパラシュートとして役立ちます。緊急事態に直面したときに、すぐに使えるようにするためにも、毎日編み込んでおくことが必要です。下記を参考にしてください。

- **マインドフルネスで一日を始める**　目を開けるとき、しばし時間をとり、それから入念に5回息をしてみましょう。そうすることで、あなたは自分の身体とつながりなおすことができます。もし疲れや心配、不幸せな気分、あるいはどのようなものであれ、不快な感覚を感じたら、これらの感情や思考を「心の出来事」として捉え、気づきの中にそれを集め、そして解消していきます。もし身体のどこかが痛むなら、それらを感覚として認識してみます。そして、思考や感情や感覚を、優しく思いやりのある方法で、すべて受け入れられるかどうか確かめてみてください。思考、感情、感覚を無理に変えようとする必要はありません。あらゆる感覚を受け入れてみるのです。なぜなら、これらの感覚はもうすでにそこにあるものだからです。このようにして、自動操縦から抜け出すことができたら、1、2分間、ボディスキャンをするか、呼吸に集中するか、ベッドから出る前に軽いストレッチを行ってみるかしてみましょう。
- **日常の区切りに呼吸空間法を使う**　決まった時間に呼吸空間法を行うことで、「今、ここ」に再び注意を集めることができます。そうすることで、思考、感情、身体感覚に対して智慧と思いやりをもって反応することができるようになります。
- **マインドフルネスの実践を継続する**　できるだけ、フォーマルな瞑想の実践を続けてください。そうすることで、呼吸空間法を行い、日々の生活の中でできる限りマインドフルネスを継続していきやすくなります。
- **感覚と親しくなる**　すべての感覚に対して、それがどのようなものであろうと心を開き、優しさのある気づきを向けられるかを確かめてください。ルミの「ゲストハウス」の詩（150ページ）を思い出してください。

倦怠感、恐れ、不満、喪失、罪悪感、悲しみといったようなつらい思考でさえも、喜んで迎え入れることを忘れないでください。そうすることで、自動的な反応が弱まり、反応の連鎖が、選択の連続へと変わっていくでしょう。

- **疲労や不満、不安、怒り、その他の強い感情を感じるときには呼吸空間法を行う**　そうすることで、考えを「地面に下ろし」、否定的な感情を拡散させ、身体の感覚を取り戻すことが可能になります。その結果、上手な決断をしやすくなるでしょう。たとえば、疲労を感じたときに、身体を目覚めさせ、疲労を回復させるために、少しストレッチを行うことを選んでもいいかもしれません。

- **マインドフルな活動**　何をするときでも、一日のうちできるだけ長い間、マインドフルでいられるかどうか確かめてください。たとえば、皿を洗うときは、水やお皿の感覚、さまざまに変化する手の感覚を感じるようにしてみてください。外出したときは、あたりを見回して、あなたのまわりの世界の景色、音、匂いをとらえ、観察してみましょう。靴を通して歩道を感じることができるでしょうか。空気の味、匂いを感じることができるでしょうか。空気が髪を通り抜けて、肌を優しく撫でるのを感じられるでしょうか。

- **身体活動のレベルを上げる**　散歩、サイクリング、ガーデニング、ジムに行くなどといった、身体を動かすことは、パラシュートを編む手助けになります。身体を動かすときは、身体に対してマインドフルで好奇心のある態度を向けられるかどうかを確かめてみましょう。思考や感情は、浮かんでくるままにしておくことに注意してください。しっかりと注意を向けて、「歯を食いしばる」必要があるかどうか、嫌悪感や他のネガティブな思考や感覚を感じはじめるかどうかを見てみましょう。身体の感覚が現れてくるままに、その感覚にそっと気づけるかどうかを確かめてみます。感覚の強さを感じながら呼吸をしたり、あるいは強い感覚が生じているところに息を吹き込んだりしてみます。ゆっくりとエクササイズの長さや強度を増していってください。ただ、マインドフルでい続けようとすることは、いつも忘れないでください。

- **呼吸を思い出す**　呼吸はあなたのために、いつでもそこにあります。

> あなたを今という瞬間につなぎ止めてくれるものです。それは、まるで親友のようでもあります。あなたが、あるがままの状態でいてもよいのだということを思い出させてくれるのです。

　現実的であることは重要です。私たちが瞑想を続けるためには、ポジティブな理由が必要です。しかし、「ポジティブ」という言葉は、その言葉がもつ本当の意味を必ずしも表現しきれているわけではありません。プログラムが進むにつれて、なぜこれを継続したいと思うのか、あなたはその答えが分かってくるようになるでしょう。しかし、それでもなお、改めてその理由を本当の意味で自分に問うことは重要です。あなた自身のマインドフルネスの経験に基づいて、これを育て続けることがなぜ重要なのか、ということをです。

　そのためには、目を閉じて、深い井戸に小石を落とすことを想像してみるとよいでしょう。小石は質問を意味しています。「この実践は、私の人生の、どの部分に一番役立てられるのだろうか？」

　小石が水面から下へと落ちていくのを感じてください。急いで答えを見つける必要はありません。答えが一つ浮かんできたら、さらに小石を深くまで落としていき、他の答えが浮かんでくるか確かめてみます。たとえ仮のものであったとしても、答えがいくつか聞こえてきたら、しばらくの間、内省し、その答えをカードか紙に書き留め、どこか安全な場所にしまっておきます。そして、マインドフルネスの実践に落胆してしまったときにすぐに見ることができるようにしておくのです。質問からいくつかの答えを見つけられるかもしれません。たとえば、

- 両親のために
- 子どもたちのために
- 自分の幸福を守るために
- 穏やかでエネルギッシュでい続けるために
- 怒り、苦しみ、冷笑的な態度から自由でいるために

　こうしたことを自分に問いかけられるようにしておくのは、「やらないと

いけない義務」としてではなく、主体的に実践を継続することが、一日一日、瞬間瞬間、より深い形であなたの人生を取り戻すことにつながることを伝えるためです。すでにいっぱいになってしまっている「日々のすることリスト」に、これ以上「すべきこと」や「して当然なこと」を加える必要はありません。したがって、カードに自分の答えを書いたり保管したりすることで、マインドフルネスの実践の中であなたが見つけた、さらに深い探索へと誘うポジティブな発見を思い出しやすくなるのです。マインドフルネス実践への決意が揺らいだり薄らいだりすることが、これから先、何度もあるでしょう。自分に落胆したり、腹を立てたりするかもしれません。そうした時に、そもそもの動機を思い出させてくれるものがすぐそばにあることは、とても素晴らしいことなのです。

## 選択する

　どの実践（の組み合わせ）が、長い目で見たときに、あなたに最も合っているのかを決める時期に来ています。ただし、現実的に考える必要がありますし、また、一度決めた選択を変えられることも覚えておいてください。あなたが求めるものや、実践の中であなたが探っていきたいことに合わせて、また時期によっても、それを変えていくことは可能なのです。ボディスキャン（91ページ）で身体とつながりなおす必要を感じるときがあるかもしれませんし、第5週で実践した、困難を探索する瞑想（154ページ）で、不安や問題を実践の中心にもってくることを意図的に選択するときもあるかもしれません。何を選ぶかはあなた次第です。すでにあなたは、それを自分で決めるだけのスキルをもっているのです。

　どのくらいの時間、瞑想すべきでしょうか。それは、実践していく中で自然に分かってくるでしょう。瞑想が、最初に行われたのは人間がまだ屋外で暮らしていたときであったことを思い出してください。実際、瞑想を意味する英語 meditation は、もともとパーリ語で「栽培（cultivation）」を意味します。もともとは、畑での穀物や庭での花の栽培を意味するのです。毎日、マインドフルネスの庭を耕すのにどれぐらいの時間をかけるべきでしょうか。それは、庭に行って自分で見てみるのが一番です。あるときは、瞑想の庭での実

践は10分で十分かもしれませんが、いったんそこへ行ってみると、苦もなく20〜30分瞑想できるかもしれません。最短あるいは最長といった時間の制限はありません。時計ではかられる時間は瞑想の時間とは別のものなのです。正しいと感じるものや、あなた自身を生まれ変わらせたり、あなたに栄養を与えてくれるようなあらゆる最高の機会をただ試してみましょう。一分一分がとても重要なのです。

　ほとんどの人にとって、規則的に行うフォーマルなマインドフルネスと、生活の中でのマインドフルネスとを組み合わせることが最も有効です。実践を毎日行うことには、重要な何かがあります。ここでいう「毎日」とは、週の大半の日、時間は短くても実践することを意味しています。

　ヨガの先生のアドバイスを思い出してください。ヨガで最も難しい動きは、ヨガマットに乗るときの動きです。同じように、フォーマルなマインドフルネスの実践で最も難しいのは、椅子やクッションに座るときの動きです。ですから、もしあなたがしばらくご無沙汰しているようなら、ちょっと1分間、座ってみてはいかがでしょうか。たった1分でいいですから。

　あなたの心はどのように反応しているでしょうか。「何？　たった1分だって！　そんなの意味がないに決まっている。どんなこともきちんと行わないかぎり意味がない。」あなたの心の声のトーンに耳を傾けてください。その声は、あなたを助けてくれるものでしょうか。それとも、完璧主義を振り払おうとするあなたの必死の取り組みを邪魔するものでしょうか。

　さあ、たった1分でいいんです。邪魔する声を止めようとする必要はありません。声はそのままにしておき、ただ座っているこの貴重な1分間に感じられる素晴らしい恵み――これまでとは違う、より賢明で、より静かな声が聞こえることをあなたの心と身体が思い出す瞬間――をあなた自身に与えてください。今日は、それで十分です。

　どの実践を選ぶにせよ、多くの人は、呼吸空間法を実践することが恵みの多いものであると感じています。ストレスや不幸せな気分を感じるときにはいつでも、これを実践してみるとよいでしょう。これは、あなた自身に触れる最高の方法なのです。最終的にどの瞑想を自分にとってのメインの実践として選ぼうと、さまざまな形で、それが呼吸空間法をサポートすることにつながります。それは、あなたにとってのパラシュートなのです。私たちのコースに参

加した人の多くは、それが学んだことの中で最も重要なことであると言っています。

　　あなたの人生が、マインドフルネスに依存しているのではないか
　　　　と思えるくらい、実践してください。
　　　　　　人生はさまざまな意味で、
　　　　実際にマインドフルネスに依存しているものです。
そうすることで、あなたはあなた自身の人生を生きることができるのです。
　　そうして、本当に意味のある人生を生きることができるのです。

[ 北斎は言う*4 ]

北斎は言う、
注意深く見よと。
彼は言う、注意を払い、そして気づきをもてと。
彼は言う、見続け、そして興味をもち続けよと。
彼は言う、見ることに終わりはないと。
彼は言う、年老いることを楽しみに待てと。
彼は言う、変わり続けろ、そうすれば自分が何者なのかより分かると。
彼は言う、それが興味深いものである限り、夢中になり、受け入れ、
そしてくり返せと。
彼は言う、自分が愛することをやり続けよと。
彼は言う、祈り続けよと。
彼は言う、私たちはみな子どもであり、老人であり、そして私たちには
身体があると。
彼は言う、私たちはみな恐れていると。
彼は言う、私たちはみな、恐れとともに生きていく方法を見つけなければならないと。
彼は言う、すべてのものは生きている、貝殻、建物、人々、魚、山々、
そして木々。
木は生きている。

水は生きている。

すべてのものには、固有の生命がある。
すべてのものは、私たちの中で生きている。
彼は言う、自分の中の世界で生きよと。

彼は言う、絵を描こうが、本を書こうが問題ではないと。
木こりであろうが、漁師であろうがそんなことは問題ではないと。
家にいて、庭のアリを見ていようが、木の影を見ていようが、庭の芝を見ていようが問題ではないと。

気にかけることが重要である。
感じることが重要である。
気づくことが重要である。
あなたを生ききる人生が重要である。

充実とは、あなたを生きる人生である。
喜びとは、あなたを生きる人生である。
満足そして強さとは、あなたを生きる人生である。
平和とは、あなたを生きる人生である。
彼は言う、恐れるなと。
恐れるな。

見よ、感じよ、その手であなたの人生をつかめ。
あなたの人生を生きよ。

# 注

[第1章]

*1
- Ivanovski, B. & Malhi, G. S. (2007), 'The psychological and neurophysiological concomitants of mindfulness forms of meditation', *Acta Neuropsychiatrica*, 19(2), pp. 76-91.
- Shapiro, S. L., Oman, D., Thoresen, C. E., Plante, T. G. & Flinders, T. (2008), 'Cultivating mindfulness: Effects on well-being', *Journal of Clinical Psychology*, 64(7), pp. 840-62.
- Shapiro, S. L., Schwartz, G. E. & Bonner, G. (1998), 'Effects of mindfulness-based stress reduction on medical and premedical students', *Journal of Behavioral Medicine*, 21(6), pp. 581-99.
- Siegel, D., *Mindsight: The New Science of Personal Transformation* (Random House, 2010) ［山藤奈穂子、小島美夏訳『脳をみる心、心をみる脳：マインドサイトによる新しいサイコセラピー──自分を変える脳と心のサイエンス』星和書店　2013年］

*2
- Fredrickson, B. L. & Joiner, T. (2002), 'Positive emotions trigger upward spirals toward emotional well-being', *Psychological Science*, 13(2), pp. 172-5.
- Fredrickson, B. L. & Levenson, R. W. (1998), 'Positive emotions speed recovery from the cardiovascular sequelae of negative emotions', *Cognition and Emotion*, 12(2), pp. 191-220.
- Tugade, M. M. & Fredrickson, B. L. (2004), 'Resilient individuals use positive emotions to bounce back from negative emotional experiences', *Journal of Personality and Social Psychology*, 86(2), pp. 320-33.

*3 Baer, R. A., Smith, G. T., Hopkins, J., Krietemeyer, J. & Toney, L. (2006), 'Using self-report assessment methods to explore facets of mindfulness', *Assessment*, 13(1), pp. 27-45.

*4
- Jha, A., Krompinger, J. & Baime, M. J. (2007), 'Mindfulness training modifies subsystems of attention', *Cognitive Affective and Behavioral Neuroscience*, 7(2), pp. 109-19.
- Tang, Y. Y., Ma, Y., Wang, J., Fan, Y., Feng, S., Lu, Q. et al. (2007), 'Short-term meditation training improves attention and self-regulation', *Proceedings of the National Academy of Sciences (US)*, 104(43), pp. 17152-6.
- McCracken, L. M. & Yang, S.-Y. (2008), 'A contextual cognitive-behavioral analysis of rehabilitation workers' health and well-being: Influences of acceptance, mindfulness, and values-based action', *Rehabilitation Psychology*, 53(4), pp. 479-85.
- Ortner, C. N. M., Kilner, S. J. & Zelazo, P. D. (2007), 'Mindfulness meditation and reduced emotional interference on a cognitive task', *Motivation and Emotion*, 31(4), pp. 271-83.
- Brefczynski-Lewis, J. A., Lutz, A., Schaefer, H. S., Levinson, D. B & Davidson, R. J. (2007), 'Neural correlates of attentional expertise in long-term meditation practitioners', *Proceedings of the National Academy of Sciences (US)*, 104(27), pp. 11483-8.

*5 Hick, S. F., Segal, Z. V. & Bien, T., *Mindfulness and the Therapeutic Relationship* (Guilford Press, 2008).

*6 Low, C. A., Stanton, A. L. & Bower, J. E. (2008), 'Effects of acceptance-oriented versus evaluative emotional processing on heart rate recovery and habituation', *Emotion*, 8(3), pp. 419-24を参照。

223

* 7 ・Kabat-Zinn, J., Lipworth, L., Burney, R. & Sellers, W. (1986), 'Four-year follow-up of a meditation-based program for the self-regulation of chronic pain: Treatment outcomes and compliance', *The Clinical Journal of Pain*, 2(3), p. 159.
  ・Morone, N. E., Greco, C. M. & Weiner, D. K. (2008), 'Mindfulness meditation for the treatment of chronic low back pain in older adults: A randomized controlled pilot study', *Pain*, 134(3), pp. 310-19.
  ・Grant, J. A. & Rainville, P. (2009), 'Pain sensitivity and analgesic effects of mindful states in Zen meditators: A cross-sectional study', *Psychosomatic Medicine*, 71(1), pp. 106-14.
* 8 Speca, M., Carlson, L. E., Goodey, E. & Angen, M. (2000), 'A randomized, wait-list controlled trail: The effect of a mindfulness meditation-based stress reduction program on mood and symptoms of stress in cancer outpatients', *Psychosomatic Medicine*, 62(5), pp. 613-22.
* 9 Bowen, S., Witkiewitz, K., Dillworth, T. M., Chawla, N., Simpson, T. L., Ostafin, B. D. et al. (2006), 'Mindfulness meditation and substance use in an incarcerated population', *Psychology of Addictive Behaviors*, 20(3), pp. 343-7.
* 10 Davidson, R. J., Kabat-Zinn, J., Schumacher, J., Rosenkranz, M., Muller, D., Santorelli, S. F. et al. (2003), 'Alterations in brain and immune function produced by mindfulness meditation', *Psychosomatic Medicine*, 65(4), pp. 567-70.
* 11 Godden, D. & Baddeley, A. D. (1980), 'When does context influence recognition memory?', *British Journal of Psychology*, 71(1), pp.99-104.

[第2章]
* 1 http://www.who.int/healthinfo/global_burden_disease/projections/en/index.html
* 2 Zisook, S., Lesser, I., Stewart, J. W., Wisniewski, S. R., Balasubramani, G. K., Fava, M. et al. (2007), 'Effect of age at onset on the course of major depressive disorder', *American Journal of Psychiatry*, 164(10), pp. 1539-46. doi: 10.1176/appi.ajp.2007.06101757.
* 3 Klein, D. N. (2010), 'Chronic depression: Diagnosis and classification', *Current Directions in Psychological Science*, 19(2), pp. 96-100.
* 4 Twenge, J. M. (2000), 'The age of anxiety? Birth cohort change in anxiety and neuroticism, 1952-1993', *Journal of Personality and Social Psychology*, 79(6), pp. 1007-21.
* 5 Michalak, J., Troje, N. F. & Heidenreich, T. (2010), 'Embodied effects of mindfulness-based cognitive therapy', *Journal of Psychosomatic Research*, 68(3), pp. 312-3.
* 6 Strack, F., Martin, L. & Stepper, S. (1988), 'Inhibiting and facilitating conditions of the human smile: A nonobtrusive test of the facial feedback hypothesis', *Journal of Personality and Social Psychology*, 54(5), pp. 768-77.
* 7 Way, B. M., Creswell, J. D., Eisenberger, N. I. & Lieberman, M. D. (2010), 'Dispositional mindfulness and depressive symptomatology: Correlations with limbic and self-referential neural activity during rest', *Emotion*, 10(1), pp. 12-24.
* 8 Watkins, E. & Baracaia, S. (2002), 'Rumination and social problem-solving in depression', *Behaviour Research and Therapy*, 40(10), pp. 1179-89.

[第3章]

* 1 「することモード」と「あることモード」の区別は、Kabat-Zinn, J., *Full Catastrophe Living: Using the Wisdom of Your Body and Mind to Face Stress, Pain and Illness* (Piatkus, 1990), pp. 60-1, 96-7 [春木豊訳『マインドフルネスストレス低減法』北大路書房　2007年] に最初に記述された。
* 2 詳細については、ジョン・カバットジンの *Coming to Our Senses: Healing Ourselves and the World through Mindfulness* (Piatkus, 2005) を参照のこと。
* 3 Brown, K. W. & Ryan, R. M. (2003), 'The benefits of being present: Mindfulness and its role in psychological well-being', *Journal of Personality and Social Psychology*, 84(4), pp. 822-48 から許可を得て転載。
* 4 この本では、マインドフルネスの利点を直接体験していただける8週間のコースを解説している。著者らの外来〔訳者補足：オックスフォード大学の外来〕では、8週間かけてもっと長い瞑想をおすすめしている。ご興味のある方は、www.mindfulnessCDs.comと、本書のもとになっている *The Mindful Way through Depression: Freeing Yourself from Chronic Unhappiness* (Williams, J. M. G., Teasdale, J. D., Segal, Z. V. & Kabat-Zinn, J., Guilford Press, 2007) [越川房子、黒澤麻美訳『うつのためのマインドフルネス実践――慢性的な不幸感からの解放』星和書店　2012年] を参照のこと。
* 5 Davidson, R. J. (2004), 'What does the prefrontal cortex "do" in affect: Perspectives on frontal EEG asymmetry research', *Biological Psychology*, 67(1-2), pp. 219-33.
* 6 Davidson, R. J., Kabat-Zinn, J., Schumacher, J., Rosenkranz, M., Muller, D., Santorelli, S. F. et al. (2003), 'Alterations in brain and immune function produced by mindfulness meditation', *Psychosomatic Medicine*, 65(4), pp. 564-70.
* 7 Lazar, S. W., Kerr, C. E., Wasserman, R. H., Gray, J. R., Greve, D. N., Treadway, M. T. et al. (2005), 'Meditation experience is associated with increased cortical thickness', *NeuroReport*, 16(17), pp. 1893-7.
* 8 Craig, A. D. (2004), 'Human feelings: Why are some more aware than others?' *Trends in Cognitive Sciences*, 8(6), pp. 239-41.
* 9 Farb, N. A., Segal, Z. V., Mayberg, H., Bean, J., McKeon, D., Fatima, Z. & Anderson, A. K. (2007), 'Attending to the present: Mindfulness meditation reveals distinct neural modes of self-reference', *Social Cognitive and Affective Neuroscience*, 2(4), pp. 313-22.
* 10 Singer, T., Seymour, B., O'Doherty, J., Kaube, H., Dolan, R. J., Frith, C. D. (2004), 'Empathy for pain involves the affective but not sensory components of pain', *Science*, 303(5661), p. 1157.
* 11 Farb, N. A. S., Anderson, A. K., Mayberg, H., Bean, J., McKeon, D. & Segal, Z. V. (2010), 'Minding one's emotions: Mindfulness training alters the neural expression of sadness', *Emotion*, 10(1), pp. 25-33.
* 12 Fredrickson, B. L., Cohn, M. A., Coffey, K. A., Pek, J. & Finkel, S. M. (2008), 'Open hearts build lives: Positive emotions, induced through loving-kindness meditation, build consequential personal resources', *Journal of Personality and Social Psychology*, 95(5), pp. 1045-62.
バーバラ・フレドリクソンのウェブサイト http://www.unc.edu/peplab/home.html も参照。
* 13 Schroevers, M. J. & Brandsma, R. (2010), 'Is learning mindfulness associated with improved affect after mindfulness-based cognitive therapy?', *British Journal of Psychology*, 101(1), pp. 95-107.

*14 http://www.doctorsontm.com/national-institutes-of-health を参照。

*15 Schneider, R. H., Alexander, C. N., Staggers, F., Rainforth, M., Salerno, J. W., Hartz, A. et al. (2005), 'Long-term effects of stress reduction on mortality in persons ≥55 years of age with systemic hypertension', *American Journal of Cardiology*, 95 (9), pp.1060-64 (http://www.ncbi. nlm.nih.gov/pmc/articles/PMC1482831/pdf/nihms2905.pdf).

*16 ・Ma, S. H. & Teasdale, J. D. (2004), 'Mindfulness-based cognitive therapy for depression: Replication and exploration of differential relapse prevention effects', *Journal of Consulting and Clinical Psychology*, 72(1), pp. 31-40.

・Segal, Z. V., Williams, J. M. G. & Teasdale, J. D., *Mindfulness-based Cognitive Therapy for Depression: A New Approach to Preventing Relapse* (Guilford Press, 2002)［越川房子監訳『マインドフルネス認知療法——うつを予防する新しいアプローチ』北大路書房　2007年］

*17 ・Kenny, M. A. & Williams, J. M. G. (2007), 'Treatment-resistant depressed patients show a good response to Mindfulness-based Cognitive Therapy', *Behaviour Research and Therapy*, 45(3), pp. 617-25.

・Eisendrath, S. J., Delucchi, K., Bitner, R., Fenimore, P., Smit, M. & McLane, M. (2008), 'Mindfulness-based cognitive therapy for treatment-resistant depression: A pilot study', *Psychotherapy and Psychosomatics*, 77(5), pp. 319-20.

・Kingston, T., Dooley, B., Bates, A., Lawlor, E., Malone, K. (2007), 'Mindfulness-based cognitive therapy for residual depressive symptoms', *Psychology and Psychotherapy*, 80(2), pp. 193-203.

*18 Godfrin, K. A. & van Heeringen, C. (2010), 'The effects of mindfulness-based cognitive therapy on recurrence of depressive episodes, mental health and quality of life: A randomized controlled study', *Behaviour Research and Therapy*, 48(8), 738-46. doi: 10.1016/j.brat.2010.04.006.

*19 ・Kuyken, W., Byford, S., Taylor, R. S., Watkins, E., Holden, E., White, K. et al. (2008), 'Mindfulness-based cognitive therapy to prevent relapse in recurrent depression', *Journal of Consulting and Clinical Psychology*, 76(6), pp. 966-78.

・Segal, Z. V., Bieling, P., Young, T., MacQueen, G., Cooke, R., Martin, L. et al. (2010), 'Antidepressant monotherapy versus sequential pharmacotherapy and mindfulness-based cognitive therapy, or placebo, for relapse prophylaxis in recurrent depression', *Archives of General Psychiatry*, 67(12), pp. 1256-64.

*20 ・Weissbecker, I., Salmon, P., Studts, J. L., Floyd, A. R., Dedert, E. A. & Sephton, S. E. (2002), 'Mindfulness-based stress reduction and sense of coherence among women with fibromyalgia', *Journal of Clinical Psychology in Medical Settings*, 9(4), pp. 297-307.

・Dobkin, P. L. (2008), 'Mindfulness-based stress reduction: What processes are at work?', *Complementary Therapies in Clinical Practice*, 14(1), pp. 8-16.

［第5章］

*1 この実験は、http://viscog.beckman.illinois.edu/flashmovie/12.php のビデオで視聴可能である。

*2 ・Kabat-Zinn, J., *Full Catastrophe Living: Using the Wisdom of Your Body and Mind to Face Stress, Pain and Illness* (Piatkus, 1990)［春木豊訳『マインドフルネスストレス低減法』北大路書房　2007年］

- Santorelli, S., *Heal Thy Self: Lessons on Mindfulness in Medicine* (Three Rivers Press, 2000)
- Williams, J. M. G., Teasdale, J. D., Segal, Z. V. & Kabat-Zinn, J., *The Mindful Way through Depression: Freeing Yourself from Chronic Unhappiness* (Guilford Press, 2007)［越川房子、黒澤麻美訳『うつのためのマインドフルネス実践――慢性的な不幸感からの解放』星和書店 2012年］

［第6章］
* 1　Wells, G. L. & Petty, R. E. (1980), 'The effects of overt head movements on persuasion', *Basic and Applied Social Psychology*, 1(3), pp. 219-30.
* 2　T. S. Eliot, *Burnt Norton* in *Four Quartets* (Faber & Faber, 2001)
* 3　著者らの臨床プログラムでは、30〜40分のボディスキャンを毎日1回行っている。
    - Kabat-Zinn, J., *Full Catastrophe Living: Using the Wisdom of Your Body and Mind to Face Stress, Pain and Illness* (Piatkus, 1990), pp. 92-3.［春木豊訳『マインドフルネスストレス低減法』北大路書房　2007年］
    - Williams, J. M. G., Teasdale, J. D., Segal, Z. V. & Kabat-Zinn, J., *The Mindful Way through Depression: Freeing Yourself from Chronic Unhappiness* (Guilford Press, 2007), pp. 104-6［越川房子、黒澤麻美訳『うつのためのマインドフルネス実践――慢性的な不幸感からの解放』星和書店　2012年］を参照のこと。この本では、15分間のボディスキャンを毎日2回行うようすすめている。もっと長いものを試したい方は、末尾「資料」を参照のこと。
* 4　David Dewulf, *Mindfulness Workbook: Powerfully and Mildly Living in the Present*から許可を得て転載。

［第7章］
* 1　Douglas Adams, *The Hitchhiker's Guide to the Galaxy* (Pan Macmillan, 1979)［安原和見訳『銀河ヒッチハイク・ガイド』河出文庫　2005年］
* 2　Friedman, R. S. & Förster, J. (2001), 'The effects of promotion and prevention cues on creativity', *Journal of Personality and Social Psychology*, 81(6), pp. 1001-13.
* 3　スティーブ・ジョブズのスタンフォード大学での2005年6月の講演。http://www.ted.com/talks/steve_jobs_how_to_live_before_you_die.htmlを参照。
* 4　この第3週の練習に加えて、ボディスキャンを毎日続けてもよい。マインドフルな動きの瞑想と坐瞑想は、Kabat-Zinn, J., *Full Catastrophe Living: Using the Wisdom of Your Body and Mind to Face Stress, Pain and Illness* (Piatkus, 1990)［春木豊訳『マインドフルネスストレス低減法』北大路書房　2007年］による。www.mindfulnessCDs.comとWilliams, J. M. G., Teasdale, J. D., Segal, Z. V. & Kabat-Zinn, J., *The Mindful Way through Depression: Freeing Yourself from Chronic Unhappiness* (Guilford Press, 2007)［越川房子、黒澤麻美訳『うつのためのマインドフルネス実践――慢性的な不幸感からの解放』星和書店　2012年］も参照。
3分間呼吸空間法は、
- Segal, Z. V., Williams, J. M. G. & Teasdale, J. D., *Mindfulness-based Cognitive Therapy for Depression: A New Approach to Preventing Relapse* (Guilford Press, 2002), p. 174.［越川房子監訳『マインドフルネス認知療法――うつを予防する新しいアプローチ』北大路書房　2007年］
- Williams, J. M. G., Teasdale, J. D., Segal, Z. V. & Kabat-Zinn, J., *The Mindful Way through*

*Depression: Freeing Yourself from Chronic Unhappiness* (Guilford Press, 2007), pp. 183-4.〔越川房子、黒澤麻美子訳『うつのためのマインドフルネス実践——慢性的な不幸感からの解放』星和書店　2012年〕
を参照のこと。
* 5　Vidyamala Burch, *Living Well with Pain and Illness: Using Mindfulness to Free Yourself from Suffering: The Mindful Way to Free Yourself from Suffering* (Piatkus, 2008), Chapter 8 を参照。

[第8章]
* 1　Segal, Z. V., Williams, J. M. G. & Teasdale, J. D., *Mindfulness-based Cognitive Therapy for Depression: A New Approach to Preventing Relapse* (Guilford Press, 2002)〔越川房子監訳『マインドフルネス認知療法——うつを予防する新しいアプローチ』北大路書房　2007年〕
* 2　Allport, G. W. & Postman, L., *The Psychology of Rumor* (Henry Holt & Company, 1948)〔南博訳『デマの心理学』岩波書店　2008年〕
* 3　「音の風景」については、Kabat-Zinn, J., *Coming to Our Senses: Healing Ourselves and the World through Mindfulness* (Piatkus, 2005), pp. 205-210を参照。
音と思考の瞑想は、
・Kabat-Zinn, J., *Full Catastrophe Living: Using the Wisdom of Your Body and Mind to Face Stress, Pain and Illness* (Piatkus, 1990)〔春木豊訳『マインドフルネスストレス低減法』北大路書房　2007年〕
・Williams, J. M. G, Teasdale, J. D, Segal, Z. V. & Kabat-Zinn, J., *The Mindful Way through Depression: Freeing Yourself from Chronic Unhappiness* (Guilford Press, 2007)〔越川房子、黒澤麻美子訳『うつのためのマインドフルネス実践——慢性的な不幸感からの解放』星和書店　2012年〕
による。
* 4　Segal, Z. V., Williams, J. M. G. & Teasdale, J. D., *Mindfulness-based Cognitive Therapy for Depression: A New Approach to Preventing Relapse* (Guilford Press, 2002)〔越川房子監訳『マインドフルネス認知療法——うつを予防する新しいアプローチ』北大路書房　2007年〕より引用。

[第9章]
* 1　Rosenbaum, Elana, *Here for Now: Living Well with Cancer through Mindfulness*, 2nd Edition (Satya House Publications, 2007), pp. 95ff.
* 2　*Ibid*, p. 99.
* 3　Segal, Z. V., Williams, J. M. G. & Teasdale, J. D., *Mindfulness-based Cognitive Therapy for Depression: A New Approach to Preventing Relapse* (Guilford Press, 2002)〔越川房子監訳『マインドフルネス認知療法——うつを予防する新しいアプローチ』北大路書房　2007年〕
* 4　Barnhofer, T., Duggan, D., Crane, C., Hepburn, S., Fennell, M. & Williams, J. M. G. (2007), 'Effects of meditation on frontal alpha-asymmetry in previously suicidal individuals', *NeuroReport*, 18(7), pp. 709-12.
* 5　Way, B. M., Creswell, J. D., Eisenberger, N. I. & Lieberman, M. D. (2010), 'Dispositional mindfulness and depressive symptomatology: Correlations with limbic and self-referential neural

activity during rest', *Emotion*, 10(1), pp. 12-24.
* 6　Rodin, J. & Langer, E. J. (1977), 'Long-term effects of a control-relevant intervention with the institutionalized aged', *Journal of Personality and Social Psychology*, 35(12), pp. 897-902.
* 7　Rosenbaum, Elana, *Here for Now: Living Well with Cancer through Mindfulness*, 2nd Edition (Satya House Publications, 2007), p. 12.

［第10章］
* 1　PTSDについての詳細は以下を参照のこと。http://www.rcpsych.ac.uk/mentalhealthinfo/problems/ptsd/posttraumaticstressdisorder.aspx
* 2　イスラエル・オーバックの精神的な痛みの研究による。Orbach, I., Mikulincer, M., Gilboa-Schechtman, E. & Sirota, P. (2003), 'Mental pain and its relationship to suicidality and life meaning', *Suicide and Life-Threatening Behavior*, 33(3), pp. 231-41.
* 3　「痛みを伴う関わり方」とは、目指すものにはたどり着かないのに、一方でそれを手放せず、自分の幸せがそれを手に入れることにかかっているかのように感じている状態のことをいう。
・MacLeod, A. K. & Conway, C. (2007), 'Well-being and positive future thinking for the self versus others', *Cognition and Emotion*, 21(5), pp. 1114-24.
・Danchin, C. L., MacLeod, A. K. & Tata, P. (2010), 'Painful engagement in deliberate self-harm: The role of conditional goal setting', *Behaviour Research and Therapy*, 18(9), pp. 915-20 を参照。
* 4　より詳細は、Paul Gilbert, *The Compassionate Mind* (Constable, 2010) を参照のこと。
* 5　Williams, J. M. G., Barnhofer, T., Crane, C., Hermans, D., Raes, F., Watkins, E. & Dalgleish, T. (2007), 'Autobiographical memory specificity and emotional disorder', *Psychological Bulletin*, 133(1), pp. 122-48 を参照。
* 6　Bryant, R. A., Sutherland, K. & Guthrie, R. M. (2007), 'Impaired specific autobiographical memory as a risk factor for posttraumatic stress after trauma', *Journal of Abnormal Psychology*, 116(4), pp. 837-41.
* 7　Kleim, B. & Ehlers, A. (2008), 'Reduced autobiographical memory specificity predicts depression and posttraumatic stress disorder after recent trauma', *Journal of Consulting and Clinical Psychology*, 76(2), pp. 231-42.
* 8　Williams, J. M. G., Teasdale, J. D., Segal, Z. V. & Soulsby, J. (2000), 'Mindfulness-based cognitive therapy reduces overgeneral autobiographical memory in formerly depressed patients', *Journal of Abnormal Psychology*, 109(1), pp. 150-5.
* 9　Baer, R. A., Smith, G. T., Hopkins, J., Krietemeyer, J. & Toney. L. (2006), 'Using self-report assessment methods to explore facets of mindfulness', *Assessment*, 13(1), pp. 27-45. ベーアとSage Publications より許可を得て引用。
* 10　「思いやりの瞑想（the befriending meditation）」は、loving and kindness meditation と呼ばれることもあるが、原語であるパーリ語の metta の意味は「友達になること（befriending）」という翻訳により近い。
* 11　Singer, T., Seymour, B., O'Doherty, J., Kaube, H., Dolan, R. J. & Frith, C. D. (2004), 'Empathy for pain involves the affective but not sensory components of pain', *Science*, 303(5661), p. 1157,

doi: 10.1126/science.1093535.

*12 Barnhofer, T., Chittka, T., Nightingale, H., Visser, C. & Crane, C. (2010), 'State effects of two forms of meditation on prefrontal EEG asymmetry in previously depressed individuals', *Mindfulness*, 1(1), pp. 21-7.

*13 Williams, J. M. G., Teasdale, J. D., Segal, Z. V. & Kabat-Zinn, J., *The Mindful Way through Depression: Freeing Yourself from Chronic Unhappiness* (Guilford Press, 2007), p. 202.［越川房子、黒澤麻美訳『うつのためのマインドフルネス実践──慢性的な不幸感からの解放』星和書店 2012年］

*14 人生を取り戻すという考え方は、トラウマを受けた後に、私たちがいかに何もかも、もとに戻らないように変わってしまったと考えるか、というアンケ・エーラスらの研究に直接基づくものである。

・Kleim, B. & Ehlers, A. (2008), 'Reduced autobiographical memory specificity predicts depression and posttraumatic stress disorder after recent trauma', *Journal of Consulting and Clinical Psychology*, 76(2), pp. 231-42.

*15 www.bookcrossing.com を参照。

*16 アインシュタインが、ノーマン・サリットに宛てた手紙（1950年3月4日）。

［第11章］

*1 Segal, Z. V., Williams, J. M. G. & Teasdale, J. D., *Mindfulness-based Cognitive Therapy for Depression: A New Approach to Preventing Relapse* (Guilford Press, 2002), pp. 269-87.［越川房子監訳『マインドフルネス認知療法──うつを予防する新しいアプローチ』北大路書房 2007年］

*2 睡眠の研究者は、日中の過眠は、30分以内にすべきだと述べている。それ以上になると、睡眠が深くなり、目覚めが悪くなるからだ。

*3 この節は、Segal, Z. V., Williams, J. M. G. & Teasdale, J. D., *Mindfulness-based Cognitive Therapy for Depression: A New Approach to Preventing Relapse* (Guilford Press, 2002), pp. 286-7［越川房子監訳『マインドフルネス認知療法──うつを予防する新しいアプローチ』北大路書房 2007年］による。

［第12章］

*1 Yongey Mingyur Rinpoche, *Joyful Wisdom: Embracing Change and Finding Freedom* (Harmony, 2010) の話から。

*2 Jon Kabat-Zinn, 'Meditation' in Bill Moyers (ed.), *Healing and the Mind*, (Broadway Books, 1995), pp. 115-44.［小野善邦訳『こころと治癒力──心身医療最前線』草思社　1994年］

*3 *Mindfulness for Chronic Fatigue* (unpublished) by Christina Surawy, Oxford Mindfulness Centre より引用。

*4 詩は時に、どんな説明よりも適切にある考えを描写するものである。ロジャー・キースによるこの詩は、彼が長年にわたって葛飾北斎（1760-1849）を研究していてインスピレーションを受けたものである。北斎は『富嶽三十六景』や大変高齢になるまで絵を描き続けたことで有名。転載を許可してくれたロジャー・キースに感謝する。

# 資　料

❖ ウェブサイト
- www.franticworld.com
  本書のウェブサイト。自身の経験について語ったり、他の人の経験から学ぶためのフォーラムもあります。その他の有益な瞑想法や書籍のリンク、講演会、イベント、リトリートの予定なども掲載されています。

- www.mbct.co.uk
- www.oxfordmindfulness.org
  オックスフォード大学のウェブサイト。MBCTの一般的な解説。トレーニングに関する情報も掲載されています。

- www.gaiahouse.co.uk
  Gaia House, West Ogwell, Newton Abbot, Devon TQ12 6EW
  洞察瞑想のリトリートセンター

- www.dharma.org
  洞察瞑想の機会を提供するセンターについての情報

- www.bangor.ac.uk/mindfulness
  医療におけるマインドフルネス的アプローチの修士レベルでのトレーニングは、マーク・ウィリアムズがオックスフォードに移ってくる前に勤務していたバンガー大学にあります（現在では、オックスフォード大学等にもあります http://www.oxfordmindfulness.org/train/masters-degree-in-mbct/）。

- www.mindfulnesscds.com
  ジョン・カバットジンのインストラクションによる瞑想実践のテープおよびCD

- www.umassmed.edu/cfm
  マサチューセッツ大学メディカルスクール　マインドフルネスセンターのウェブサイト

- www.investigatingthemind.org
  マインド・アンド・ライフ　インスティチュート

❖ 治療者のためのMBCTマニュアル
- Segal, Z. V., Williams, J. M. G. & Teasdale, J. D., *Mindfulness-based Cognitive Therapy for Depression: A New Approach to Preventing Relapse* (Guilford Press, 2002) ［越川房子監訳『マインドフルネス認知療法――うつを予防する新しいアプローチ』北大路書房　2007年］

❖ セルフヘルプガイド
- Williams, J. M. G., Teasdale, J. D., Segal, Z. V. & Kabat-Zinn, J., *The Mindful Way through Depression: Freeing Yourself from Chronic Unhappiness* (Guilford Press, 2007) ［越川房子、黒澤麻美訳『うつのためのマインドフルネス実践―慢性的な不幸感からの解放』星和書店

❖サマリーテキスト
- Crane, R., *Mindfulness-based Cognitive Therapy: Distinctive Features* (Routledge, 2008)［大野裕監修、家接哲次訳、『30のキーポイントで学ぶマインドフルネス認知療法入門――理論と実践』創元社　2010年］

❖瞑想

以下は、洞察瞑想を紹介するため、また興味がある人がさらなる理解を深めるための書籍等のリストです。これらの書籍の著者や瞑想指導者には、ここに挙げられた書籍以外にも多くの著書や瞑想用のテープ／CDがあります。

- Beck, C. J., *Everyday Zen: Love and Work* (Thorsons, 1997)［田中淳一訳『エブリデイ禅――今この瞬間を生きる、愛と営み』サンガ　2012年］
- Boorstein, S., *It's Easier than You Think: The Buddhist Way to Happiness* (Harper San Francisco, 1996)
- Chödrön, P., *The Wisdom of No Escape: How to Love Yourself and Your World* (Element, 2004)
- Dalai Lama, *Advice on Dying: And Living a Better Life,* translated and edited by Jeffrey Hopkins (Rider, 2004)［ハーディング祥子訳『ダライ・ラマ　死と向きあう智慧』地湧社　2004年］
- Goldstein, J., *Insight Meditation: The Practice of Freedom* (Newleaf, 1994)
- Goldstein, J., *One Dharma: The Emerging Western Buddhism* (Harper San Francisco, 2002)
- Gunaratana, B. H., *Mindfulness in Plain English* (Wisdom Publications, 2002)［出村佳子訳『マインドフルネス――気づきの瞑想』サンガ　2012年］
- Hanh, T. N., *The Miracle of Mindfulness: A Manual on Meditation* (Rider, 1991)［池田久代訳『〈気づき〉の奇跡――暮らしのなかの瞑想入門』春秋社　2014年］
- Hanh, T. N., *Peace Is Every Step: The Path of Mindfulness in Everyday Life* (Rider, 1995)［池田久代訳『微笑みを生きる――〈気づき〉の瞑想と実践』春秋社　2011年］
- Kabat-Zinn, J., *Full Catastrophe Living: Using the Wisdom of Your Body and Mind to Face Stress, Pain and Illness* (Piatkus, 1990)［春木豊訳『マインドフルネスストレス低減法』北大路書房　2007年］
- Kabat-Zinn, J., *Wherever You Go, There You Are: Mindfulness Meditation in Everyday Life* (Piatkus, 1994)［田中麻里監訳、松丸さとみ訳『マインドフルネスを始めたいあなたへ』星和書店　2012年］
- Kabat-Zinn, J., *Coming to Our Senses: Healing Ourselves and the World through Mindfulness* (Piatkus, 2005)
- Kornfield, J., *A Path with Heart* (Rider, 2002)
- Kornfield, J., *After the Ecstasy, the Laundry: How the Heart Grows Wise on the Spiritual Path* (Bantam Books, 2001)
- McLeod, K., *Wake Up to Your Life: Discovering the Buddhist Path of Attention* (Harper San Francisco, 2002)
- Orsillo, S. M. & Roemer, L., *The Mindful Way through Anxiety* (Foreword by Segal, Z. V.) (The Guilford Press, 2011)
- Rabinowitz, I. (ed.), *Mountains Are Mountains and Rivers Are Rivers: Applying Eastern

Teachings to Everyday Life (Hyperion, 2000)
- Rinpoche, S., *The Tibetan Book of Living and Dying* (Rider, 1998)［大迫正弘、三浦順子訳『チベットの生と死の書』講談社＋α文庫　2010年］
- Rosenberg, L. with Guy, D., *Breath by Breath: The Liberating Practice of Insight Meditation* (Shambhala Publications, 2004)［井上ウィマラ訳『呼吸による癒し──実践ヴィパッサナー瞑想』春秋社　2001年］
- Rosenberg, L. with Guy, D., *Living in the Light of Death: On the Art of Being Truly Alive* (Shambhala Publications, 2001)
- Salzberg, S., *Loving-kindness: The Revolutionary Art of Happiness* (Shambhala Publications, 2004)
- Salzberg, S. & Goldstein, J., *Insight Meditation: A Step-by-step Course on How to Meditate* (Sounds True, 2002)
- Santorelli, S., *Heal Thy Self: Lessons on Mindfulness in Medicine* (Three Rivers Press, 2000)
- Shafir, R. Z., *The Zen of Listening: Mindful Communication in the Age of Distraction* (Quest Books, 2003)
- Sheng-Yen (Master) with Stevenson, D., *Hoofprint of the Ox: Principles of the Chan Buddhist Path as Taught by a Modern Chinese Master* (Oxford University Press, 2002)
- Smith, J. (ed.), *Breath Sweeps Mind: A First Guide to Meditation Practice* (Riverhead Trade, 1998)
- Tolle, E., *The Power of Now: A Guide to Spiritual Enlightenment* (Hodder, 2001)［飯田史彦監修、あさりみちこ訳『さとりをひらくと人生はシンプルで楽になる』徳間書店　2002年］
- Wallace, B. A., *Tibetan Buddhism from the Ground Up: A Practical Approach for Modern Life* (Wisdom Publications, 1993)

## ❖瞑想と心理学

- Bennett-Goleman, T., *Emotional Alchemy: How the Mind Can Heal the Heart* (Harmony Books, 2001)
- Brazier, C., *Buddhist Psychology: Liberate Your Mind, Embrace Life* (Robinson Publishing, 2003)［藤田一照訳『自己牢獄を超えて──仏教心理学入門』コスモス・ライブラリー　2006年］
- Epstein, M., *Thoughts without a Thinker: Psychotherapy from a Buddhist Perspective* (Basic Books, 2005)［井上ウィマラ訳『ブッダのサイコセラピー──心理療法と"空"の出会い』春秋社　2009年］
- Epstein, M., *Going to Pieces without Falling Apart: A Buddhist Perspective on Wholeness* (Thorsons, 1999)
- Epstein, M., *Going on Being: Buddhism and the Way of Change, A Positive Psychology for the West* (Broadway Books, 2001)
- Goleman, D., *Emotional Intelligence: Why It Can Matter More than IQ* (Bantam Books, 1995)［土屋京子訳『EQ──こころの知能指数』講談社＋α文庫　1998年］
- Goleman, D., *Working with Emotional Intelligence* (Bantam Books, 1998)［梅津祐良訳『ビジネスEQ──感情コンピテンスを仕事に生かす』東洋経済新報社　2000年］
- Goleman, D., *Destructive Emotions: A Scientific Dialogue with the Dalai Lama* (Bantam Books, 2004)［加藤洋子訳『なぜ人は破壊的な感情を持つのか』角川書店　2003年］

# 索引

❖ **人名索引**

## 【ア行】

アイゼンドラス，スチュワート（Eisendrath, Stuart） 49
アインシュタイン，アルバート（Einstein, Albert） 187, 188
アスベルグ，マリー（Åsberg, Marie） 190, 191
アントノフスキー，アレン（Antonovsky, Aaron） 50, 51
ウェルス，ゲーリー（Wells, Gary） 86

## 【カ行】

カバットジン，ジョン（Kabat-Zinn, Jon） v, vii, xi, 4, 45, 46, 51, 160, 225
クイケン，ウィレム（Kuyken, Willem） 50
ケニー，モーラ（Kenny, Maura） 49
コバサ，スザンヌ（Kovasa, Suzanne） 50, 51

## 【サ行】

サイモン，ダニエル（Simons, Daniel） 65
シーガル，ジンデル（Segal, Zindel） v, ix, xi, 4, 50
ジャラルディン・ルミ（Jalaluddin Rumi） 150, 152, 216
ステッパー，サビン（Stepper, Sabine） 20
ストラック，フリッツ（Strack, Fritz） 20

## 【タ行】

ティーズデール，ジョン（Teasdale, John） v, ix, xi, 4
デビッドソン，リチャード（Davidson, Richard） 45, 46, 160

## 【ハ行】

バークマン，オリバー（Burkeman, Oliver） 21, 22
ファン・ヘーリンゲン，キー（Heeringen, Kees van） 50
ブライアント，リチャード（Bryant, Richard） 171
ブラウン，カーク（Brown, Kirk） 48
プルースト，マルセル（Proust, Marcel） 31
フレドリクソン，バーバラ（Fredrickson, Barbara） 48, 225
ペティ，リチャード（Petty, Richard） 86
ポールトン，ヒュー（Poulton, Hugh） 127

## 【マ行】

マーティン，レオナルド（Martin, Leonard） 20
ミシャラク，ヨハネス（Michalak, Johannes） 20

## 【ラ行】

ライアン，リチャード（Ryan, Richard） 48
ラザール，サラ（Lazar, Sarah） 46

ランガー，エレン（Langer, Ellen） 163
ロジャー・キース（Keyes, Roger） 211, 230

## ❖ 事項索引

### 【ア行】

アメリカ国立衛生研究所 49
ありよう vii, 242
あるがままの尊い人生 x, 211
あることモード 33-36, 38, 40-43, 58, 98, 99, 120, 212, 213, 225
アンチ・ゴール 40
意識的なギアシフト 42
意識的な選択 34
椅子を変える 84
痛みを伴う関わり方 167, 229
1分間瞑想法 4, 5
『今ここで』 148, 164
今この瞬間 vii, 34, 36, 38, 53, 59, 72, 76, 99, 100, 116, 118, 120, 133, 155, 178, 179, 207, 209, 213, 214
　　——に感謝する 100
受け止めること 70, 130, 146, 160
うつ的な身体 20
うつ的な気分 20
うつ病 ix, xi, 4, 6, 16, 17, 49, 161, 241, 242
　　——の臨床ガイドライン 4, 49
噂 123-126, 128, 187
　　——クリニック 125
　　——にさらされる 128
　　心の（中の）—— 124, 126, 187
英国国立医療技術評価機構（NICE） 4, 49
栄養
　　——を与えてくれる活動 42, 191, 192, 194-202, 220
　　——を与える 42, 57, 58, 180, 210, 215
　　——を枯渇させる活動 191, 192, 194-202
『エッセンシャル　ルミ』 150
オックスフォード大学 v, ix, 3, 161, 170, 225, 231, 242
オックスフォード・マインドフルネスセンター v, ix
音と思考の瞑想 57, 128-131, 133, 134, 153, 228
思いやり 80, 90, 95, 107, 114, 118, 146, 151, 157-159, 162, 174, 175, 177, 179-184, 186-188, 213, 215, 216, 242, 243
　　——の瞑想 57, 175-182, 184, 229, 242, 243

### 【カ行】

回避 40, 43, 46, 65, 182
　　——型課題 104
　　——システム 105, 161
　　——モード 174
科学の扉 241, 243
過去や将来について考えること 41
価値判断 vii, xi, 98, 113, 114

過度に一般化された記憶　170-172, 185, 210
身体と呼吸のマインドフルネス瞑想　55, 56, 76, 78, 84
身体に気づきをもたらす　79
感情
　　――に関するサーモスタット　44-46
　　――のABCモデル　124
　　――の定位置仮説　45
期待と現実　93
気分インデックス　45, 46
苦痛　41, 85, 88, 117, 139, 142, 166, 167
　　一次的――　139
　　二次的――　139
　　精神的――　166
苦しむ心　18
グローニンゲン大学メディカルセンター　48
嫌悪システム　105
元気づけられる活動　22, 39, 187
健康　iv, viii, ix, 6, 42, 47-49, 149, 164, 177-179, 192, 193
現在の瞬間にとどまること　41
肯定的あるいは接近型のパズル　104
幸福感　viii, xii, 3, 6, 8, 11-13, 16, 17, 19, 21, 22, 27-29, 33, 37, 42, 44-47, 51, 54, 63, 77, 100, 101, 107, 143, 164, 167-171, 177-179, 182, 184, 193, 197, 201, 212, 218, 229
呼吸空間法　118-120, 138-143, 153, 162, 176, 185, 189, 190, 197, 202, 203, 205, 208, 210, 216, 217, 220
　　――の次にすること　202

砂時計の形をした――　118, 120, 140, 162
呼吸と身体の瞑想　108, 109, 114-116, 128, 153, 154, 174
呼吸の感覚に注意を向ける　79
心がさまようことに上手に対処する　80
心の解説　124
心の出来事として思考を捉える　39
コミットメント　50
コントロール　vii, 6, 16, 21, 38, 39, 50, 51, 55, 61, 64, 65, 67, 74, 79, 80, 82, 85, 88, 115, 116, 118, 129, 132, 136, 140, 204-207
困難と共に生きることを簡単と感じた王様の話　151
困難を探索する　162, 174
　　――瞑想　57, 151, 153, 154, 158, 159, 163, 219

【サ行】

再発見　2, 143
3分間呼吸空間法　55, 108, 117-119, 128, 138, 176, 202, 227
思考
　　――と気分の観察　133
　　――と心の関係は音と耳の関係と同じである　57
　　ぐるぐる回り続ける――　90, 166, 172
自己防衛　125
姿勢を定める　78

| | | | |
|---|---|---|---|
| 事前に感じる | 41 | 何が情緒を作っているか？ | 19 |
| 事前に体験する | 41 | 衝動 | 18, 19, 22, 26, 30, 120, 121, 124, 139, 140, 152, 177, 183, 202 |
| 実況解説 | 124 | 消耗させられる活動 | 42 |
| 実践を妨げる思考（PIT, PITs） | 144 | 消耗の漏斗 | 190, 191, 194 |
| ――の落とし穴 | 144 | 事例 | |
| 自動操縦 | 34, 35, 42, 55, 64-68, 84, 98, 128, 138, 205, 215, 216 | アイルサ | 96 |
| | | アリエル | 112 |
| ――モード | 139, 159 | アレックス | 64, 74 |
| 自分自身のための時間 | 23, 59, 90, 199 | エラナ・ローゼンバウム | 145, 148, 149, 164 |
| 自分自身のパラシュートを作ること | 215-217 | | |
| 自分らしくなるための時間 | 59 | カラ | 179-182 |
| 習慣を手放す | ix, 13, 54, 58, 59, 84, 90, 102, 108, 153, 176, 185, 206 | ケイト | 165-168, 170 |
| | | サイモン | 134, 135 |
| 映画館に行く | 143 | ジェイソン | 85, 88 |
| 散歩に出かける | 99 | ジェシー | 181, 182 |
| 種をまく | 163 | ジェニー | 101 |
| テレビの習慣を見なおす | 108, 121 | ジャック | 113 |
| 充足感 | viii, 2, 3, 17, 33, 51, 54, 62, 63, 204, 206, 207, 212 | シャロン | 135 |
| | | スー・エレン | 140 |
| 主観的な幸福度 | 46 | ソニア | 160, 161 |
| 10本の指を使った感謝のワーク | 101 | ダナ | 133 |
| 首尾一貫性の感覚 | 51 | トム | 136 |
| 受容 | 38, 43, 55, 149-153, 156, 158, 160, 161, 163 | ハリー | 159-161 |
| | | ハンナ | 74, 81, 82 |
| ――へのヒント | 152 | フラン | 94 |
| 瞬間瞬間 | vii, viii, xi, xii, 36, 38, 55, 78, 80, 109, 115, 118, 124, 132, 150, 154, 158, 160, 174, 219 | フレディ | 107 |
| | | ベス | 197, 198, 200 |
| | | ベンジャミン | 93, 94 |
| 情緒 | 12, 18, 19, 21, 22, 27, 29, 30, 67, 68, 86, 125 | マージ | 112, 113 |
| | | マリッサ | 189-194, 209, 210 |
| ――のスパイラル | 22 | | |

| | | | |
|---|---|---|---|
| リアン | 189, 190, 192, 193 | 脱中心化 | 57, 242 |
| ルーシー | 15-18, 22-24 | 探検家 | 158 |
| レベッカ | 182 | 探索型 | 160 |

人生の時間を倍に増やす方法　　35, 36
身体感覚　　18, 19, 24, 28, 56, 79, 80,
　　91, 97, 110, 112, 115, 119-121, 124, 140,
　　152, 154-158, 160, 162, 163, 176, 177,
　　　　　185, 198, 210, 212, 216, 217
心理的な投影　　125
ストレス
　　――と疲弊に圧倒されるとき　209
することモード　　27, 29, 30, 33-40, 42,
　　97-99, 106, 120, 149, 158, 205, 212,
　　　　　213, 215, 224
接近　　40, 46, 161, 182
　　――システム　　105
接近型　　160
　　――課題　　105
絶対的な事実として思考を捉える　39
選択する　　38, 43, 180, 205, 213, 219
ソフトな限界　　113

智慧　　vi, xi, xii, 63, 77, 187, 216
チャレンジ　　50
注意事項（プログラム実践の際の）　61
注意を広げる　　119, 163
注意を向けなおす　　162, 163
超越瞑想　　49
蝶のように飛び回る心　　82
チョコレート瞑想　　14, 52, 53, 68
積み重ねと洗練　　106
テレビの習慣を見なおす　　108, 121
島　　46, 47, 183, 184
「闘争―逃走」反応　　21, 25, 26

## 【ナ行】

脳イメージング　26, 34, 44, 47, 161, 184, 241
濃縮されたシロップ（の中）　　23

## 【タ行】

対応できるという感覚　　51
耐久力　　50, 51
第二次世界大戦中の米軍の「心理作戦」125
闘う　　21, 38
　　――か逃げるかのモード　　161
ただの記憶　　41
ただの予測　　41, 242

## 【ハ行】

ハードな限界　　113
激しい行列の際の瞑想法　　139
パルス　　134
　　――に引き続くしっぽ　　134
左前頭葉前部皮質　　45
否定的あるいは回避型のパズル　　104
不幸せな気分　　3, 4, 9, 11, 12, 16-18, 22,
　　24, 27-29, 39, 41, 42, 45, 54, 56, 59,

| | |
|---|---|
| | 86, 89, 107, 126, 141, 171, 172, 190-192, 200, 201, 203, 204, 214, 216, 220 |
| 再び感じる | 41 |
| 再び体験する | 41 |
| 仏教における瞑想の核心 | viii |
| 負のスパイラル | 6, 158, 160 |
| ――につながる連鎖 | 160 |
| 不満 | 15, 16, 21, 95, 217 |
| プラス思考 | 126 |
| プロパガンダ | 11, 201, 203 |
| 分析する | 11, 29, 37, 159 |
| 『北斎は言う』 | 211, 221 |
| ボディスキャン | 56, 89-99, 102, 109, 116, 155, 160, 174, 216, 219, 227, 242 |

## 【マ行】

| | |
|---|---|
| マインドフルな動き | 56, 110, 112, 174 |
| ――の瞑想 | 108-110, 114, 227 |
| マインドフルネス | |
| ――と自動操縦 | 66 |
| ――と主体性 | 48 |
| ――とレジリエンス | 50 |
| ――の鐘 | 208 |
| ――の受容 | 149-151, 161 |
| ――は孤立することではない | 149 |
| ――プログラム | 43, 54, 72, 81, 89, 106, 118, 128, 181, 215 |
| マインドフルネスストレス低減法（MBSR） | viii, xi, 4 |
| マインドフルネス認知療法（MBCT） | v, viii, ix, xi, 3, 4, 49, 50, 231 |
| マインドフルネス瞑想 | 4, 5, 11, 12, 33, 35, 42, 44, 46-48, 50, 52, 54, 56, 69, 76, 81, 88 |
| ――の効果 | 6 |
| ――プログラム | 13, 69 |
| マサチューセッツ大学メディカルセンター | xi, 3 |
| 右前頭葉前部皮質 | 45 |
| 無意識のうちに行ってしまいがちな習慣的な行動 | 72-75 |
| シャワーを浴びること | 73, 74 |
| 歯を磨くこと | 73 |
| 瞑想 | |
| ――とうつ病 | 49 |
| ――と身体の健康 | 49 |
| ――と抗うつ薬 | 50 |
| 迷路の問題を解くというゲーム | 104 |

## 【ヤ行】

| | |
|---|---|
| 優しさ | viii, ix, 47, 57, 58, 61, 80, 146, 178, 183, 187, 213, 216, 242, 243 |
| 安らぎ | viii, xi, xii, 2, 3, 8, 11-13, 16, 22, 61, 84, 88, 120, 135, 174, 175, 214, 216, 244 |
| 有意義感 | 51 |
| 喜び | viii, 3, 4, 13, 16, 52, 72, 85, 97, 100, 107, 133, 150, 166, 190, 199, 204, 205, 222 |

## 【ラ行】

理解性　　　　　　　　　　　　51
レーズン瞑想　　　　68-72, 74, 75, 84, 174
レジリエンス　　　　　　　　　50, 51

## 【ワ行】

ワーキングメモリ　　　　　65, 66, 242

**監訳者あとがきにかえて ── "科学の扉"から入るマインドフルネス**

　「医者は、2種類に分けられる。内科と外科ではない。精神科とそれ以外だ。」医師の間で時折ささやかれる言葉である。
　これはなにも、精神医学の崇高さを賛美する言葉ではない。科学を拠り所にする医学において、心という主観を扱う精神医学が、ほとんど「科学たりえない」さまを揶揄する言葉だ。
　精神医学の歴史は、医学の一分野として生き残るため、必死に「科学たりえよう」と格闘してきた歴史とも言える。操作的診断基準の導入、精神療法における無作為化割付試験の実施、脳イメージングによる脳機能の解明など、これらは、先人たちの並々ならぬ努力の結晶以外のなにものでもない。
　そうした心性を内包する多くの精神科医にとって、自らの専門領域にスピリチュアリティや宗教性といった"非科学的"な内容を持ち込むことは、ある種のアイデンティティクライシスを伴いかねず、時として非常に過酷な作業になりうる。
　かくいう私もそうした一人である。マインドフルネスの概念を最初に耳にしたのは、2003年前後であったと思うが、当時の私はまったく興味をもたなかった。いや、嫌悪に近い感情を抱いたというほうが正しいかもしれない。「瞑想やヨガで気分が良くなる？　科学じゃないよね。」
　そうした私が、マインドフルネスの概念に再び触れるようになるまでには、ずいぶんと長い時間を要した。2010年頃、研究室の書棚を所在なく眺めながら、見覚えのあるタイトルを見つけたときのことだ。なんとはなしに手にしたその本は、『マインドフルネス認知療法──うつを予防する新しいアプローチ』（Ｚ・Ｖ・シーガル、Ｊ・Ｍ・Ｇ・ウィリアムズ、Ｊ・Ｄ・ティーズデール著、越川房子監訳）であった。「ああ、あのマインドフルネスね。」半ば冷ややかな気持ちでパラパラとページをめくっていた私であったが、思いがけず、その理論に引き込まれてしまった。そこに述べられていたのは、

・思考の反芻がうつ病の再発に大きく関与すること

・思考と距離をとる「脱中心化」が再発予防に大きく関連すること
・ワーキングメモリ（一時的に情報を保持し処理する際に使われる脳のメモリ）の容量には限界があるため、それが他のことで満たされると反芻は止まること
・脱中心化のトレーニングとして瞑想が用いられていること

などであった。そこには、宗教でも、スピリチュアリティでもない、紛れもない"科学"があった。そして、この仮説は、明らかに私の精神科医としての臨床経験とも一致するものであった。私が拠り所とする"科学"と、怪しいと遠ざけてきた"マインドフルネス"とが初めて接点をもった瞬間であった。

それから私は、その本を教科書にして、見よう見まねで瞑想に取り組んでみた。そうすると、確かに心のありようが変わることが感じられた。そのうち、一度実際のクラスを受けてみたいという衝動にかられ、2011年11月、オックスフォード大学に飛び、マーク・ウィリアムズのワークショップを受講することにしたのである。会場に入ると、一番前の講師席で瞑想をしていたマークが、ゆっくりと目を開け、微笑みながら私のほうに歩み寄ってきてくれた。私が自己紹介すると「日本からようこそ」と、柔らかく、そして優しく微笑みかけてくれた。そして、彼が手渡してくれたのが、サイン入りの本書だったのである。

ワークショップは、なぜマインドフルネスがうつ病の再発予防に効果があるのか、その科学的根拠の説明と実際の瞑想のエクササイズとの両者がバランスよく組み合わされていたが、医療者対象ということもあり、"科学"に力点が置かれていた。また、瞑想のエクササイズも、本書にある呼吸瞑想、ボディスキャンといった集中瞑想が主体であり、必ずしも"思いやりの瞑想"が含まれていたわけではない。それでも、参加者から出てくる必ずしも肯定的とは言えないコメントに対しても、それをきちんと受け入れ、真摯に、そして丁寧に答える彼の姿勢から、誠実さ、温かさ、思いやりが十分すぎるほど伝わってきた。これらは、決して書物だけでは学ぶことのできないものだった。

マインドフルネスは、本書でも述べられているように、単なる注意のコントロール術ではない。そこには、温かさや優しさ、思いやりといった感情が伴う必要がある。そうでなければ本当の意味での苦悩からの解放は望めない

はずだ。

　とはいえ、かつての私がそうであったように、すべての人が、思いやり、優しさ、慈悲という言葉を抵抗なく受け入れられるわけではあるまい。とても自分には無理だ、と考えたり、宗教的で怪しい、と感じてしまう人たちだって多くいることだろう。しかし、できることならそのことで、マインドフルネスを遠ざけないで欲しい。"思いやりや慈悲の扉"以外にもマインドフルネスにはさまざまな扉があるからだ。かつて私がそうしたように、"科学の扉"からマインドフルネスの世界へ足を踏み入れてみることだって可能なのだ。科学的興味から実践を重ねるうちに、知らず知らずのうちに思いやりや優しさの効果の大きさに気づくことになるかもしれない。そのとき初めて、"科学"という自らのアイデンティティを失うことなく、思いやりなどのスピリチュアリティについて議論できることに気づくのではなかろうか。

　先述のとおり、マークから直接原書を手渡された感動が、翻訳の出発点である。しかし、この領域には数多くの先達がいるため、自分のような浅学者が大家の書の翻訳を手がけてよいものか、大きな不安と葛藤が心を覆い尽くしたのも事実である。原著の意図や魅力が十分に発揮されていない点、また、改善すべき点があれば、是非ともご指摘をいただけるとありがたい。

　翻訳の常であるが、原語にどのような日本語をあてるかについては苦労を強いられた。まず、「compassion」については、当初「慈悲」をあてていたが、この語のもつ本来の意味が十分に伝わらない可能性を考え、あえて「思いやり」という語をあてることにした。また、「practice」については、「実践」を基本とし、文脈に応じて「練習」も使用している。「befriending」も訳しにくい日本語であったが、「親しみ」「友人」などの語を使用した。また、「befriending meditation」については、その意図がcompassionにあることを鑑み、「思いやりの瞑想」と訳している。

　最後に、本書の作成にあたっては、多くの方々から多大なる協力をいただいた。創元社の柏原隆宏氏、小林晃子氏の両氏には、当初の予定より大幅に遅れた監訳作業を辛抱強く支えていただいた。また、慶應義塾大学で実施さ

れたマインドフルネス教室の参加者にも深い感謝を申し上げる。彼らの熱心な取り組みや気づきから、実に多くのことを学ばせてもらった。彼らこそ私たちの師である。また、マインドフルネス教室の運営を支えてくれた数々のスタッフにも感謝したい。全員の名前を挙げることは困難であるが、その中でも特に、朴順禮先生、二宮朗先生、藤澤大介先生、佐藤寧子さんのサポートには感謝したい。彼らの精神的な支えがなければ、瞑想という「とても奇妙な介入」を大学病院で継続することはできなかったはずだ。それ以外にも、同僚や友人が、初期の練習会に熱心に参加してくれた。また、草稿に丁寧なコメントをくれた友人にも心からお礼を言いたい。休日も翻訳のために時間がとられることになったが、それを許してくれた家族にも感謝したいと思う。こうした一人ひとりの協力が本書の出版につながっている。

　この本を通じて、一人でも多くの方が、マインドフルネスの神髄に触れ、この慌ただしい世の中に、安らぎと幸せとを見つけられるようになることを切に願う。

2016年2月

佐渡充洋

### 著者略歴

#### マーク・ウィリアムズ　Mark Williams

英国オックスフォード大学で臨床心理学教授とウェルカム・トラスト主任研究員を務め、現在、英国オックスフォード大学名誉教授。マインドフルネス認知療法の共同開発者であり、国際的なベストセラーである"The Mindfulness Way through Depression（越川房子、黒澤麻美訳『うつのためのマインドフルネス実践』星和書店）"の著者でもある。

#### ダニー・ペンマン　Danny Penman

英国の大衆紙『デイリーメール』の特集・コメント執筆者。また、英国の高級紙『ザ・インディペンデント』、英国国営放送のBBCでも活動している。博士号（生化学）も取得している。

### 監訳者略歴

#### 佐渡充洋（さど・みつひろ）

岡山大学医学部医学科卒業。同大学病院麻酔・蘇生科で初期研修後、1999年、慶應義塾大学医学部精神・神経科学教室入局。2005年ロンドン大学大学院修士課程への留学などを経て、2008年より、慶應義塾大学医学部精神・神経科学教室勤務。現在、同教室および同大学ストレス研究センター専任講師。医学博士。

#### 大野　裕（おおの・ゆたか）

慶應義塾大学医学部卒業後、コーネル大学医学部、ペンシルベニア大学医学部留学。慶應義塾大学教授、独立行政法人国立精神・神経医療研究センター認知行動療法センター長を経て、現在、認知行動療法研修開発センター理事長。ストレスマネジメントネットワーク代表。著書書に『こころが晴れるノート』『うつと不安の認知療法練習帳』『うつを克服するための行動活性化練習帳』『うつを克服するためのポジティブサイコロジー練習帳』（いずれも創元社）、『簡易型認知行動療法実践マニュアル』（ストレスマネジメントネットワーク）など多数。『こころのスキルアップ・トレーニング』（http://www.cbtjp.net/）発案・監修。

### 翻訳担当者　（五十音順）

| | |
|---|---|
| 阿部　晃子 | 慶應義塾大学医学部精神・神経科学教室 |
| 新井万佑子 | ソニーコーポレートサービス株式会社人事センター産業保健部 |
| 家接　哲次 | 名古屋経済大学短期大学部保育科 |
| 猪飼紗恵子 | 慶應義塾大学医学部精神・神経科学教室 |
| 石原　智香 | 杉並区保健福祉部障害者施策課 |
| 榊原佐和子 | 東北大学学生相談・特別支援センター |
| 佐渡　充洋 | 慶應義塾大学医学部精神・神経科学教室／慶應義塾大学ストレス研究センター |
| 嶋田　博之 | 東日本少年矯正医療・教育センター |
| 竹内　麻理 | 慶應義塾大学医学部精神・神経科学教室 |
| 野上　和香 | 慶應義塾大学医学部精神・神経科学教室 |
| 朴　　順禮 | 慶應義塾大学看護医療学部 |
| 藤澤　大介 | 慶應義塾大学医学部精神・神経科学教室 |
| 吉村　公雄 | 慶應義塾大学医学部医療政策・管理学教室 |

## 自分でできるマインドフルネス
### 安らぎへと導かれる8週間のプログラム

2016年7月10日　第1版第1刷　発行
2022年2月10日　第1版第8刷　発行

著　者　　マーク・ウィリアムズ／ダニー・ペンマン
監訳者　　佐渡充洋／大野　裕
発行者　　矢部敬一
発行所　　株式会社創元社
　　　　　https://www.sogensha.co.jp/
　　　　　本社 〒541-0047 大阪市中央区淡路町4-3-6
　　　　　Tel.06-6231-9010　Fax.06-6233-3111
　　　　　東京支店 〒101-0051 東京都千代田区神田神保町1-2 田辺ビル
　　　　　Tel.03-6811-0662
装　丁　　寺村隆史
印刷所　　株式会社太洋社

Ⓒ 2016, Printed in Japan　ISBN978-4-422-11621-1 C3011

〔検印廃止〕
本書の全部または一部を無断で複写・複製することを禁じます。
落丁・乱丁のときはお取り替えいたします。

JCOPY〈出版者著作権管理機構 委託出版物〉
本書の無断複製は著作権法上での例外を除き禁じられています。複製される場合は、そのつど事前に、出版者著作権管理機構（電話 03-5244-5088、FAX 03-5244-5089、e-mail: info@jcopy.or.jp）の許諾を得てください。

〔館外貸出不可〕
本書に付属のオーディオCDは図書館およびそれに準ずる施設において館外に貸し出すことはできません。

本書の感想をお寄せください
投稿フォームはこちらから ▶▶▶